어떻게 이 삶을 사랑할 것인가

무의미한 삶을 지탱하는
10가지 깨달음

마이클 노턴 지음 | 홍한결 옮김

부·키

옮긴이 홍한결

서울대학교 화학공학과와 한국외국어대학교 통번역대학원을 나와 책 번역가로 일하고 있다. 쉽게 읽히고 오래 두고 보고 싶은 책을 만들고 싶어 한다. 옮긴 책으로 《오래된 우표, 사라진 나라들》《걸어 다니는 어원 사전》《어른의 문답법》《스토리 설계자》《수상한 단어들의 지도》《먼저 우울을 말할 용기》《인간의 흑역사》《썰의 흑역사》 등이 있다.

어떻게 이 삶을 사랑할 것인가

초판 1쇄 발행 2025년 4월 2일

지은이 마이클 노턴
옮긴이 홍한결
발행인 박윤우
편집 김송은 김유진 박영서 백은영 성한경 장미숙
마케팅 박서연 정미진 정시원 함석영
디자인 박아형 이세연
경영지원 이지영 주진호
발행처 부키(주)
출판신고 2012년 9월 27일
주소 서울시 마포구 양화로 125 경남관광빌딩 7층
전화 02-325-0846 | 팩스 02-325-0841
이메일 webmaster@bookie.co.kr
ISBN 979-11-93528-53-2 03100

만든 사람들
편집 박영서 | 표지 디자인 studio forb | 본문 디자인 이세연 | 조판 김지희
일러스트 | 이슬아

멜에게

인생은 의외로 길고도 지루하다. 단순하고 무미건조하다. 고만고만하게 태어나서 자라고 공부하고 성인이 되고 직장을 얻어 고군분투하다가 직장에서 물러나면 한 장의 낙엽처럼 가볍게 뒹굴며 살다가 어느 날 가뭇없이 사라져버린다. 허무하지 않은가? 이런 단순하고도 무미건조하고 허무한 인생을 좀 더 의미 있고 탱탱한 인생으로 살 수 있는 방법은 없을까? 나이 먹은 사람들에게가 아니라 젊은 사람들, 어린 사람들, 인생이 구만리같이 창창한 사람들에게 필요한 방법 말이다. 그걸 미리 알고 자칫 의미 없을 뻔한 인생을 의미 있는 인생으로 바꿀 수 있는 세심한 방법을 알려주는 책이 나왔다. 인생에서는 '무엇'이 아니라 '어떻게'가 언제나 심각하게 중요하다는 사실을, 이 책을 통해 깨닫기를 바란다. 먼 길을 준비하는 청춘들에게 도움이 될 것으로 믿는다.

· **나태주**(시인)

우리는 대개 비슷한 일상을 반복하며 하루하루를 살아갑니다. 때때로, 아니 어쩌면 자주 일상의 무미건조함을 느끼며 무엇인가 마음속에 솟구치는 의지를 되찾고 싶어 하지만 그마저도 쉽지 않습니다. 하지만 《어떻게 이 삶을 사랑할 것인가》의 저자 마이클 노턴은 그러한 일상의 틈에서도 삶을 의미 있고 소중하게 만드는 방법이 존재한다고 말합니다. 그는 자기계발서에서 흔히 볼 수 있는 '습관'을 만들라는 조언 대신, 감정과 의미를 담은 새로운 의식, 즉 '리추얼'을 통해 우리의 삶을 재조명할 수 있다고 이야기합니다.

여기서 '리추얼'이란 단순한 반복 행위가 아니라, 삶을 사랑하는 방식임을 다양한 사례와 연구를 통해 설득력 있게 제시합니다. 특히, 우리가 사랑하는 사람과 관계를 유지하고, 직장에서 소속감을 고취시키며, 상실을 극복하는 과정에서 리추얼이 어떤 역할을 하는지를 깊이 탐구하며, 인생의 본질적인 질문에 대한 해답을 찾을 수 있도록 안내합니다.

저는 법의학자로서 죽음과 애도의 문제를 다루는 10장이 매우 인상적이었습니다. 망자를 기억하고 관계를 지속하는 방법으로서 '리추얼'이 단순한 추모를 넘어, 우리를 삶이라는 땅에 발을 딛고 힘차게 앞으로 나아가게 하는 힘이 된다는 사실을 깨닫게 했습니다.

일상의 무료함에 지쳐 삶의 의미를 되찾고, 매 순간을 더 사랑하며 살고 싶은 분들에게 이 책을 추천합니다. 무심코 지나쳤던 작은 행동들이 얼마나 깊은 힘을 가질 수 있는지를 발견하는 과정에서, 더 나은 삶을 살 수 있는 영감을 얻게 될 것입니다.

· 유성호(서울대학교 의과대학 법의학교실 교수)

유쾌하고 흥미로운 책. 사소한 리추얼로 일상 속에서 작은 마법을 일으킬 수 있다는 희망을 준다.

| 《가디언》

평범한 일상에 의미를 부여하는 리추얼의 놀라운 힘을 예찬한다. 우리 삶에 리추얼이라는 윤활유를 더할 수 있는 방법을 아낌없이 알려주는 책.

| 《월스트리트저널》

우리 삶 곳곳에 스며 있는 리추얼이 우리의 기분, 정체성, 성과에 미치는 놀라운 힘을 더없이 흥미롭게 탐구한 책. 이 책을 읽고 나면 평소 가졌던 생각과 인간관계를 새로운 시선으로 바라보고, 일상 속 평범한 활동을 경이와 즐거움의 원천으로 바꿀 수 있게 된다.

| 다니엘 H. 핑크, 미래학자, 《후회의 재발견》《드라이브》《언제 할 것인가》 저자

마이클 노턴은 인류의 가장 오래되고도 기이한 행동을 재치와 통찰이 넘치는 분석으로 풀어낸다. 리추얼의 심리적 효과를 이해하고 활용해 삶과 생각의 질을 끌어올리고 싶다면 이 책을 읽으라.

| 로리 산토스, 예일대학교 심리학과 교수, 팟캐스트 〈해피니스 랩〉 진행자

그간 우리가 알게 모르게 고수한 하루 일과의 숨겨진 비밀을 알려주고, 보다 풍요로운 일상을 만들어갈 방법을 깨우쳐주는 책.

| 애덤 그랜트, 펜실베이니아대학교 와튼스쿨 조직심리학과 교수, 《히든 포텐셜》
《싱크 어게인》 저자, 팟캐스트 〈Re:Thinking〉 진행자

우리가 이미 수행하고 있는 리추얼과 직접 만들 수 있는 리추얼이 무엇이며, 평범한 일상에 얼마나 큰 의미와 감정을 불어넣을 수 있는지 일깨워준다.

| 앤절라 더크워스, 펜실베이니아대학교 심리학과 교수, 《그릿》 저자

생생한 스토리텔링과 최신 연구로 풀어나간 흥미진진한 책. 한 번 읽으면 쉽게 잊히지 않는다.

| 찰스 두히그, 저널리스트, 《습관의 힘》 저자

통찰과 영감을 선사한다. 우리 삶을 이루는 일상적 행동을 새로운 시각으로 보게 해준다.

| BJ 포그, 스탠퍼드대학교 행동설계연구소장, 《습관의 디테일》 저자

목차

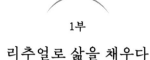

3부

사랑으로 이어지다

4부

함께 살아가다

다시 마법에 빠지다

🌿 "사랑은 서로를 바라보는 것이 아니라, 함께 같은 방향을 바라보는 것이다."

— 생텍쥐페리

우리는 때때로 삶의 의미를 잃어버린 채, 그 무게에 짓눌려 힘겹게 살아가곤 한다. 그러나 우리가 이 삶을 사랑할 방법을 찾고 실천하는 순간, 삶의 본질은 그 어느 것보다 특별하고 아름답게 다가온다.

삶을 사랑하는 것은 단 하나의 특별한 순간이 아니라 매일 반복되는 일상 속에서 이루어진다. 이 사랑은 우리가 같은 곳을 바라보고 평행선을 걸을 때 더욱 빛을 발한다. 그렇게 사랑은 반복적이고, 때로는 작고 사소한 의식을 통해 깊어진다. 그러한 의식儀式, 즉

'리추얼*ritual*'이야말로 우리의 삶을 사랑하는 가장 특별한 방식이다.

해 뜨기 전, 플래너리 오코너*Flannery O'Connor*는 어머니와 함께 보온병에 든 커피를 마시며 하루를 시작하고, 아침 7시에는 가톨릭 미사에 참석한다. 같은 시각, 마야 안젤루*Maya Angelou*는 집에서 멀지 않은 모텔 방에 도착한다. 벽에 걸린 그림은 모텔 측에 요청하여 모두 떼어놓았다. 오전 중 어느 때, 빅토르 위고*Victor Hugo*는 옷을 모두 벗고 그날 목표한 분량의 원고를 다 쓸 때까지 집중한다. 오후 3시 30분 정각, 이마누엘 칸트*Immanuel Kant*는 어김없이 산책하러 문밖을 나서, 마을 사람들에게 정확한 시간을 알려준다. 저녁 무렵, 애거사 크리스티*Agatha Christie*는 욕조에 몸을 담그고 사과 하나를 먹는다. 긴 하루가 끝나면, 찰스 디킨스*Charles Dickens*는 늘 지니고 다니는 나침반을 꺼내 침대가 북쪽을 향하고 있는지 확인한 후 촛불을 끄고 잠자리에 든다.[1]

위 문단은 세계적으로 유명한 작가 여섯 명의 일상생활에서 한 부분씩 따서 하루로 조합해본 것이다. 그들이 각자의 일상에서 반복하는 이 행위는 단순한 습관*habit*이 아니다. 그들에게는 이 모든 것이 삶을 사랑하고 유지하기 위한 하나의 방식, 즉 '리추얼'이다. 언뜻 임의적으로 보일지 몰라도, 본인들에게는 더없이 적절할 뿐 아니라 실제로 좋은 효과가 있는 행위였다.

시인, 소설가, 철학자처럼 창작에 매진하는 사람이라면 뭔가 기이한 행동을 하는 게 일반적이라고 생각할지 모른다. 하지만 창작의 세계에 국한하지 않고 다양한 분야에서 뛰어난 성과를 낸 사람들은 모두 자신만의 방식으로 삶을 사랑했다. 그들이 매일 반복한 리추얼은 의식적인 사랑의 실천이었다.

롤링 스톤스*Rolling Stones*의 키스 리처즈*Keith Richards*는 무대에 오르기 전에 항상 미트 파이 한 조각을, 그것도 반드시 첫 조각을 먹었다. 콜드플레이*Coldplay*의 크리스 마틴*Chris Martin*은 무대에 오르기 전에 항상 칫솔과 치약을 특정한 방식으로 집어 들고 신속하고 정확하게 이를 닦았다. 마리 퀴리*Marie Curie*는 안타깝게도 자신이 발견한 방사능 물질 라듐이 든 작은 병을 항상 머리맡에 두고 잠을 잤다. 버락 오바마*Barak Obama*는 선거일마다 몇몇 친구들과의 농구 시합을 꼼꼼히 계획해놓고 농구를 하면서 시간을 보냈다.[2]

그렇다면 다음은 누구의 리추얼일까? 중요한 활동을 하기 전에 이런 행동을 한다고 한다.

🌿 손가락 마디를 뚝뚝 꺾고 손가락으로 몸의 특정 부위를 두드린다. 그런 다음 머리끝부터 발끝까지 몸 상태를 점검한다.

🌿 눈을 감고 내 개와 함께 있다고 상상한다. 그리고 눈에 보이는 것 4가지, 맡을 수 있는 냄새 3가지, 들리는 소리 2가지, 느껴지는 촉감 한 가지를 짚어본다.

어떻게 이 삶을 사랑할 것인가

테니스 선수 세리나 윌리엄스*Serena Williams*? 미식축구 선수 톰 브래디*Tom Brady*? 그럴듯한 추측이다. 두 사람의 실제 리추얼 몇 가지는 뒤에서 알아보겠다. 하지만 정답은 아니다. 위 두 사례는 평범한 일반인 두 사람의 리추얼로, 내가 동료 연구자들과 함께 10년 이상 리추얼의 과학을 연구하면서 수행했던 설문조사의 응답 중 일부다.

나는 심리학자, 경제학자, 신경과학자, 인류학자 등 하버드와 세계 각지의 여러 연구자들과 함께 실로 광범위한 개인과 집단의 리추얼을 조사했다. 우리의 목표는 리추얼이란 무엇이며, 어떤 식으로 작용하는지, 일상 속의 어려움에 대처하고 기회를 활용하는 데 어떤 도움이 되는지, 그리고 삶에서 사랑과 유대감을 어떻게 증진시키는지 알아보는 것이었다. 10여 년에 걸쳐 전 세계 수만 명을 대상으로 설문조사를 진행하고 실험을 벌였으며, 뇌 영상 촬영을 통해 신경과학적 원리를 파고들기도 했다.

이 책이 바로 그 연구 결과다. 개인과 직업인으로서의 삶에서, 사적인 영역과 공적인 영역에서, 다양한 문화와 정체성을 가진 집단 간의 접촉에서, 리추얼은 활력을 불어넣고 영감을 주며 정신을 고양시키는 촉매제다. 우리가 수행한 연구는 구체적인 리추얼을 이루는 요소를 낱낱이 분리해 각각의 효과를 고찰함으로써 리추얼의 작동 원리를 고스란히 밝혀줄 것이다. 궁극적으로는 리추얼이 우리의 감정을 다채롭게 하고 사랑의 힘을 키우는 데 어떻게 기여하는지 논의할 것이다.

그리고 다음과 같은 여러 문제를 다룬다. 리추얼은 습관이나 강박과 정확히 어떻게 다른가? 리추얼은 어떻게 생겨나는가? 리추얼이 독이 아닌 약이 되게 하려면 어떻게 해야 하는가?

또한 양말을 뒤집어진 달팽이처럼 모로 세워 가지런히 서랍에 넣는 행동에서 기쁨을 느낄 수 있는 이유, 힘들기만 한 가족끼리의 저녁 식사를 즐겁게 바꾸는 방법, 스타벅스의 "나만의 리추얼에서 평안을 찾자*Take Comfort in Your Rituals*" 같은 기업 슬로건이 주효한 이유도 살펴본다. 한편 개방형 사무 공간이 실패하는 진짜 이유, 전통 사회의 기우제라든지 회사에서 시키는 귀찮고 무의미해 보이는 팀 단합 활동이 실제로 효과가 있는 이유, 다양한 감정을 불러일으켜 '감정다양성*emodiversity*'을 높여주는 리추얼의 힘이 심리 건강에 중요한 이유도 알아본다.

자신에겐 리추얼이 없다고 주장하는 독자라 해도, 가족 혹은 연인과 대화할 때, 일터에서 인간관계를 맺을 때, 중요한 날을 기념할 때, 혼자만의 시간을 가질 때, 심지어 음식을 먹고 마시고 이를 닦는 등 일상을 살아가는 모든 순간에 리추얼이 큰 역할을 하고 있음을 깨닫게 될 것이다.

우리는 스스로 잘 의식하지 못하지만 리추얼이 있기에 일상의 경험을 음미할 수 있다. 하루를 잘 시작하고 평안하게 마무리하는 데도, 일터에서나 삶 속에서 사람들과의 유대를 강화하는 데도,

어떻게 이 삶을 사랑할 것인가

전시와 평시에도, 자동화된 삶을 생동하는 삶으로 변화시키는 데도 유용한 리추얼의 다양한 면모를 살펴보겠다.

우리 일상의 근간을 이루는 리추얼의 세계로 떠나는 과학적 여정에 당신을 초대한다. 이 책을 통해 당신은 삶에서 리추얼을 발견하고, 그 리추얼이 주는 사랑과 힘을 경험하게 될 것이다. 그리하여 인생의 수많은 난관을 넘어서고 헤쳐나가 이겨낼 수 있길, 또한 삶의 가치를 더해주는 일들을 더 많이 하게 되길 기원한다.

우리 삶을 풍요롭게 마법처럼 변화시키는 리추얼의 다양한 역할, 즉 '리추얼 효과*ritual effect*'가 바로 이 책이 전하고자 하는 이야기다.

1부

———

리추얼로 삶을 채우다

1장

인생의 의미를 찾아서

메이비: 혹시 'T'라고 새겨진 금목걸이 어디서 파는지 아세요?

마이클: 그거 십자가야.

메이비: 짜가라고요?

— 시트콤 〈못말리는 패밀리*Arrested Development*〉

나는 어렸을 때 일요일만 되면 아일랜드계 가톨릭 신자였던 부모님과 목청 대결을 벌이며, 성 테레사 성당에 미사를 보러 가지 않겠다고 박박 우겼음에도 매번 뜻을 이루지 못했다. 내가 특히 싫었던 것은 설교가 아니라("남에게 대접받고자 하는 대로 남을 대접하라"라는 말은 늘 지당하다고 생각했다), 대본처럼 짜인 순서였다. 걸어 들어가서, 앉고, 일어서고, 성호를 긋고, 앉고, 일어서고, 걷고, 촛불을 켜고, 먹고, 마시고, 무릎 꿇고, 앉고, 일어서고, 악수하고, 앉고, 일어서고, 노래하고, 걸어 나오는 식이었다. 내가 누구보다 사랑하고 존경하는 사람들을 포함해 그 자리에 모인 신도들은 누구나 그 순서에 큰 의미를 부여했다. 하지만 나는 마치 기계적으로 시늉만 하는 기분이었다.

그 특정한 리추얼은 내게 맞지 않았지만, 내게 딱 맞는 경우도 있었다. 대부분의 사람처럼 나도 애호하는 리추얼이 따로 있었다. 거룩한 날을 좋아하진 않았지만, 특히 할로윈부터 추수감사절과 크리스마스를 거쳐 새해 전야에 이르는 연말 연휴가 좋았다. 이유는 아마 짐작할 것이다. 촛불, 달콤한 사탕, 다정한 친척들, 느슨한 취침 시간, 선물…. 여덟 살 아이가 그런 리추얼을 더 좋아한 건 어쩌면 당연했다. 사탕과 장난감의 강렬한 매력은 물론 부정할 수 없다.

하지만 내가 가장 사랑했고 지금까지 마음속에 남아 있는 것은, 우리 가족만의 방식으로 명절을 보냈던 기억이다. 일 년에 한 번 트는 아버지의 턴테이블에서는 조니 마티스*Johnny Mathis*의 《메리 크리스마스*Merry Christmas*》 앨범에 담긴 노래가 지직거리며 흘러나왔고, 추수감사절이면 칠면조 속을 3가지 재료로 준비하곤 했다(나는 이 3가지 다 싫어했지만). 명절과 관련 없는 리추얼도 많았다. 예를 들면, 우리 가족은 각자 식탁에 앉는 자리가 몇십 년 동안 일정했다(나는 어머니 맞은편에 앉았고, 내 양옆에는 아버지와 누나 한 명

어떻게 이 삶을 사랑할 것인가

이 앉았다). 다섯 남매 중 누구라도 자리를 바꾸려고 시도하면 난리가 났다. 어머니는 참다 참다 못 하겠으면 "셋까지 센다"라며 그만하라고 경고했다. 어머니가 "하나, 둘…"까지 세면 꼭 한 아이가 끼어들어 "세 배로 아리따운 여인*Three times a lady*"이라는 가사의 노래를 불렀다. 그러면 어머니는 더 화를 냈다. 수십 년 후, 어머니는 형의 결혼식에서 그 노래에 맞춰 춤을 추었다. 지금도 그 노래를 들을 때면 세상을 떠난 어머니가 잠시 내 곁에 돌아오는 듯하다. 그런 독특한 행동들이 어째서인지 중요해진 것이다. 세월에 걸쳐 리추얼로 자리 잡은 그 행동들이 있었기에 우리 가족은 우리 가족일 수 있었다. 그 리추얼이 곧 우리 가족이었다.

세속의 시대가 열리다

돌이켜보면, 내가 전통적인 종교 의식을 싫어하고 예배 참석을 거부하면서도 여러 세속적 의식, 특히 우리 가족만의 독특한 의식을 열렬히 수용하던 모습은, 철학자 찰스 테일러*Charles Taylor*가 '세속의 시대*secular age*'라고 부른 문화적 흐름과 궤를 같이한다는 것을 알 수 있다.[1]

한 예로, 2022년 미국에서는 성인 10명 중 3명이 '무종교'라고 밝혔다. 1990년대에 기독교인이 90%에 달했던 것과 큰 대조를 이루는 수치다. 2070년경에는 미국에서 '어느 종교에도 속하지 않는' 인구가 기독교 인구와 비슷해지리라는 예측도 있다.[2] 2022년 갤럽 조사에 따르면, 대법원이나 기성 종교와 같은 제도권에 대한 미국인들의 신뢰는 역대 최저치를 기록했다.[3] 이 같은 조사 결과에서 나타나는 사실은 명백하다. 20세기와 21세기는 우리 삶의 양식을 규정하던 전통적 권위와 우리를 복속시키던 제도에 대한 신뢰가 광범하게 상실된 시대였다.

한 세기 전에 독일의 법학자이자 경제학자 막스 베버*Max Weber*는 이러한 경향을 예견하는 과감한 설명을 내놓았다. 베버는 고대 로마의 농업 형태 등 그다지 흥미롭지 않은 연구 주제에 몰두했다가 1897년 신경쇠약에 걸려 몸져누웠다. 그리고 아내 마리안의 보살핌을 받으며 현대 사회의 이른바 '탈주술화*disenchantment*'에 관한 글을 쓰기 시작했다. 베버는 기술 체계와 관료제가 사회를 구성하는 새로운 원리가 되었다고 주장했다. 과거에는 종교 교리와 미신, 기타 주술적 사고가 우리의 삶과 일상을 지배했지만, 이제는 과학 기술과 이에 기반한 합리적 절차와 과정이 그 자리를 차지했다는 것이다. 베버는 사후에 출판된 대표작 《경제와 사회*Economy and Society*》에서 "차디찬 어둠의 극야極夜"가 다가오고 있다고 경고했다. 그의 견해에 따르면 인류는 빛과 온기, 의미와 주술이 사라진 세계로 나아가고 있었다.[4] 그 결과는? 리추얼이 자취를 감춘, 탈주술화된 세계였다.

재주술화의 물결

베버의 예견은 어찌 보면 적중했다. 그가 말한 기존의 전통 의식은 지난 100년 동안 쇠퇴의 길을 걸었다. 그러나 오늘날의 세계는 차디찬 합리주의나 탈주술화와는 거리가 멀다. 종교 신자는 여전히 전 세계에 널리 퍼져 있고, 미국의 경우 2022년 기준 81%에 이른다.[5] 세계적으로 여섯 명 중 한 명은 종교가 없다고 응답하지만, 종교 의식에 참여하는 사람은 많다. 예를 들어 중국에서는 종교가 없다고 밝힌 성인의 44%가 최근 1년 안에 무덤이나 묘지에서 제사를 지냈다고 응답했다.[6] 심지어 외계인 등 그 밖의 초자연적 존재에 대한 믿음도 늘고 있다.

의식의 외연을 기성 종교 밖으로 넓힌다면, 20세기 말에서 21세기 초 사이에 세속적이거나 종교적 색채가 엷은 의식이 수없이 많이 생겨난 것은 분명하다. 근래에 성행하면서 단기간에 의식으로 자리 잡은 집단 활동의 예로, 미국의 사막을 찾아가는 각종 순례 행사가 있다. 버닝맨 축제*Burning Man Festival*를 필두로 지금은 코첼라 음악 축제*Coachella Valley Music and Arts Festival*에서 봄베이 비치 비엔날레*Bombay Beach Biennale*에 이르기까지 다양한 행사가 열리고 있다.[7] 요가나 피트니스 관련 기업에서 만들어낸 다양한 입회 의식도 있다. 그룹 운동 프랜차이즈인 오렌지시어리*Orangetheory*의 고강도 훈련 주간 '헬 위크*Hell Week*'에서는[8] 특유의 하이파이브 동작으로 멤버들 간의 결속력을 강화하고, 실내 자전거 운동 프랜차이즈인 소울사이클SoulCycle에서는[9] 촛불을 켠 방에서 수업 내내 설교 비슷한 코칭과 '영혼이 충만한 순간'이 이어진다. 코로나 봉쇄 기간 동안, 운동 기구 제조사 펠로톤Peloton은 사람들이 함께 모여 같이 움직이고자 하는 집단적 욕구를 충족시킴으로써 피트니스 업계의 흐름을 선도했다.[10] 펠로톤의 운동 기구는 다양한 체형의 사람들이 집에서 운동하면서 마치 실제 연습실에서처럼 함께 땀 흘리며 호흡할 수 있는 가상의 공간을 제공했다. "내가 다니는 교회는 헬스장GYM IS MY CHURCH"이라는 문구가 적힌 티셔츠가 인터넷에서 유명해졌고, 미국 전역에서 그런 티셔츠를 입은 사람들을 흔히 볼 수 있다.[11]

리추얼은 또한 끊임없이 효율을 추구하고 주의를 요구하는 디지털 기술의 압박에서 벗어나는 수단으로 의미를 갖는다. 리추얼을 위한 신성한 공간을 따로 지정함으로써 현재의 순간에 집중할 수 있다. 참가자들이 디지털 기기에서 벗어나 함께 시간을 보내는 '나는 여기에 있다I Am Here' 모임이 한 예다. 이 모임을 시작한 언론인 아난드 기리다라다스Anand Giridharadas와 그의 아내이자 작가인 프리야 파커Priya Parker에 따르면 "페이스북으로는 경험할 수 없는 우정과 대화를 만끽하고, 곳곳에 옅게 퍼져 있기보다는 한곳에 짙게 존재하는" 특별한 시간이다.[12] 깊은 교감에 대한 욕구는 일요일마다 브루클린의 프로스펙트 공원에서 똑같은 장소에 모이는

어떻게 이 삶을 사랑할 것인가

십대들에게서도 찾아볼 수 있다. 이들은 통나무를 원형으로 배치하고, 폴더폰을 한쪽에 내려놓고, 종이책의 내용을 토론하며 스케치북에 그린 그림을 서로 보여준다. 이들은 '러다이트 클럽*Luddite Club*'의 회원으로, 비록 몇 시간이라도 각종 소셜 미디어에서 벗어나 스마트폰 이전의 삶을 함께 경험하고 나누고자 그러한 리추얼을 고안했다.[13]

시애틀 무신론자 교회]*Seattle Atheist Church*[14]의 부상도 주목할 만하다. 신을 믿지 않는 사람들이 일요일마다 모여 공동체, 성찰, 노래 등 교회의 장점을 모두 누린다. 단지 신과 관련된 부분만 빠져 있다. 예배가 끝나면 회원들은 둥글게 모여 앉아 '발언 토끼*talking rabbit*'라는 인형을 돌린다. 자신의 감정이나 생각을 나누고 싶은 사람은 그 토템을 들고 발언권을 얻어 이야기를 한다. 이 교회는 그와 같은 각종 리추얼을 통해, 초자연적 존재에 대한 '인지 부조화'를 피하면서 종교 공동체의 혜택을 제공하고자 한다.

이상의 모든 사례에서 리추얼은 건재할 뿐 아니라 번성하고 있다. 다만 리추얼의 통념에 어긋나는 형태를 띠고 있을 뿐이며, 그 때문에 뉴에이지 또는 밀레니얼 세대의 특성이라거나 지나치게 자기만족적이라거나 그냥 특이한 현상쯤으로 치부되곤 한다. 한편 '리추얼'이라는 단어에는 여전히 신성하거나 영묘한 분위기가 감돌고, 그 점을 건강 업계에서 효과적으로 활용하기도 했다. 이제 기업의 리추얼을 컨설팅해주는 리추얼 전문가도[15] 등장했고,

수많은 앱과 온라인 서비스를 통해 명상, 감사하기, 긍정적 사고, 다이어리 쓰기 등을 실천할 수 있다. 이처럼 새롭게 등장한 현상들에 비추어 볼 때 21세기의 리추얼은 우리에게 과연 어떤 의미일까?

리추얼 회의론자의 변심 이야기

나는 근래에 등장한 세속적 리추얼에 대해서도, 어릴 때 접했던 전통적 리추얼에 대해 그랬던 것처럼 회의적이었다. 처음에는 그다지 관심도 없었다. 문화 속에서 나타나는 각종 세속적 리추얼의 사례를 접하고도, 행동과학자로서의 경력 초기에는 리추얼을 연구할 생각이 전혀 없었다. 나는 엄격히 통제된 실험을 설계하는 것을 좋아했다. 내가 연구했던 주제는 예를 들면 돈을 자신에게 썼을 때와 남에게 썼을 때 행복도의 변화를 정확히 수치화하기,[16] '스핀 닥터spin doctor(대변인, 공보비서관)'들이 전달하는 정보의 유형에 따라 정치인에 대한 인식이 어떻게 바뀌는지 측정하기,[17] 정신이 산만해지는 인간의 보편적 경향과 관계 있는 뇌 부위 밝혀내기[18] 등이었다.

실험실에서 리추얼의 효과를 측정한다는 것은 아무래도 벅찬 일 같았고, 행동과학 분야 동료들의 생각도 비슷했다. '리추얼'이라는 단어에서 연상되는 것은 디테일이 풍성하고 지극히 정교하며 특정 문화에 맞춰진, 수백 년 동안 의미가 축적된 관습이었다. 그런 대상을 내가 취했던 과학적 방법으로 분석한다는 건 불가능해 보였다. 그런 관습에서 역사와 문화를 떼어낼 수 있을까? 떼어낸다면 과연 연구할 만한 것이 남을까?

심지어 리추얼의 작용과 원리를 처음 연구하기 시작했을 무렵에도, 나는 여전히 리추얼 회의론자였다. 리추얼 회의론자란 무엇인가? 아마 독자도 공감할 것이다. 주변을 보면 하루 일과를, 더 나아가 삶 전체를 리추얼로 꾸려나가는 사람들이 있다. 플래너리 오코너처럼 정확한 시간에 특정한 방식으로 하루를 시작하여 하루 종일 그런 식으로 보내다가, 찰스 디킨스처럼 정확하고 특정한 방식으로 하루를 마감한다. 나는 그런 사람이 아니었다. 나는 매일 기상하는 시간도, 식사하는 시간도, 휴식하는 시간도, 잠자리에 드는 시간도 그때그때 달랐다. 내 삶에는 리추얼적인 요소가 전혀 없었다. 아니, 그런 줄로만 알았다.

그러던 어느 날, 어떤 사건이 일어났다. 내 딸의 출생이었다. 딸이 태어난 후 나는 순식간에 나도 모르게 샤머니즘적인 광인이 되어버렸다. 한때 치실을 하고 휴대폰을 충전기에 꽂는 등 따분하면서 실용적인 몇 가지 행위가 전부였던 취침 준비 과정이, 어느덧 약 17단계의 리추얼로 변했다. 목표는 단 하나, 아이를 잠재우는 것이었다. 리추얼의 주요 참가자는 나, 아내, 돼지 인형, 갈색 토끼 인형, 그리고 (특히 중요한) 회색 토끼 인형이었다. 주요 플레이리스트도 있어서, 아내가 어느 여름 캠프에서 자주 불렀던 노래, 버디 홀리*Buddy Holly*의 〈에브리데이*Everyday*〉(딸이 부르는 이름은 '롤러코스터 노래'), 제임스 테일러*James Taylor*의 〈스위트 베이비 제임스*Sweet Baby James*〉('카우보이 노래') 등이었다. 사용되는 경전도 있어서, 《잘 자요, 달님*Goodnight Moon*》 《아주아주 배고픈 애벌레*The Very Hungry Caterpillar*》 《네가 생각할 수 있는 생각들*Oh, the Thinks You Can Think!*》 등이었다. 주요 행위도 있었다. 아이를 안고 이층으로 천천히 올라가는 동안 아이는 계단에게 잘 자라고 인사하고 계단에게 자기 전에 필요한 게 있는지 물어보았고, 나는 아이가 잠들 때까지 나직하게 '쉬'라는 소리를 계속 냈다(나는 내가 내는 '쉬' 소리가 세상에서 가장 편안하다고 확신해서, 그 소리를 녹음해 언제든지 10분간 재생할 수 있도록 해두었다).

내가 매일 밤 이런 절차를 밟은 이유는 딸에게 꼭 필요하다고 믿었기 때문이다. 모든 의식이 그렇듯, 나는 언제나 정확한 순서로 같은 행위를 반복했다. 그러지 않으면 딸이 밤새 잠을 자지 않을 게 틀림없다고 생각했다. 그리고 대부분의 의식이 그렇듯, 내 행위에는 임의적인 부분이 있었다. 왜 토끼는 두 마리인데 돼지는 한 마리인가? 왜 다른 동화책, 이를테면 《네가 갈 곳들!*Oh, the Places You'll Go!*》를 사용하면 안 되는가? 왜 아이는 주방 기구에게는 인사하지 않고 계단에게 인사하는가? 이유는 몰랐지만, 우리는 각 단계를 거의 항상 엄밀히 준수했다. 그만큼 중요한 일이었다. 만약 조금이라도 변화를 주거나 어서 자고 싶은 마음에 간소화한다면 모든 노력이 수포로 돌아갈지 모른다는 우려가 항상 있었다. 한 단계라도 생략하거나 바꾸었다가 나른한 잠기운이 찾아오지 않으면, 처음부터 다시 시작해야 했다.

시간이 흐르면서 나는 이 매일 밤의 퍼포먼스를 분석적인 시각으로 바라보기 시작했다. 내가 뭘 하고 있는 걸까? 그것은 내 딸만을 위한 리추얼은 아니었다. 나를 위한 리추얼이기도 했다. 내가 그 일련의 절차를 엄격하게 수행했던 것은 어떤 '효과'가 있다고 믿었기 때문이다. 우리는 매일 밤 이 리추얼을 반복하면서, 그 리추얼에 밤을 무르익게 하고 잠을 불러오는 힘이 있다고 믿게 되었다. 나도 모르는 사이에, 확고한 리추얼 회의론자였던 내가 진정한 리추얼 신봉자가 되어 있었다.

나의 변화를 깨달은 순간, 궁금해졌다. 내가 평소에 길에서 마주치는 사람들도 자신만의 리추얼에 의지하고 있을까? 거기에서 효과를 보고 있을까? 효과가 있다면 그 이유와 원리는 무엇일까? 버닝맨 축제에서 집단적 열광을 추구하는 사람들 혹은 펠로톤이나 오렌지시어리 같은 피트니스 그룹에서 집단 정체성을 리추얼화하는 사례가 아니라도, 나처럼 회의론자를 자처하는 사람들도 실은 리추얼의 숨은 힘에 의지해 일상을 살고 있는 건 아닐까?

딸을 밤마다 재우면서, 내가 리추얼에 대해 가졌던 거의 모든 믿음이 오해이거나 완전히 잘못되었을 가능성을 실감했다. 물론 리추얼은 세대에서 세대로 전해지는 전통과 의례이긴 하지만 자연적으로 생길 수 있는 독특한 행동이기도 하다. 나 자신이 바로, 어떤 행동의 연속도 리추얼이 될 수 있음을 증명하는 본보기였다. 모든 리추얼의 촉매제는 필요성이며, 전통이나 혈통은 필수 조건이 아니다.

나는 부모의 본능으로 리추얼을 동원해 아이를 재우려 했고, 동시에 내 불안도 달래려 했다. 이미 리추얼에 관해 몇 가지 조사를 하고 있던 나였지만, 이제 과학자로서 그 이면의 원리를 더 명확히 알아내고 싶었다. 개인이 자신만의 리추얼을 즉흥적으로 만들 수 있고, 그렇게 만든 리추얼도 경험과 감정을 좌우하는 효과가 있다면, 리추얼이란 정확히 무엇이며 어떤 원리로 작용하는 걸까? 나는 호기심이 동했고, 그 질문의 답을 찾기로 결심했다.

리추얼은 어디에서 유래하는가

어린 시절 종교적 의식의 경험을 제외하면, 내가 알던 의식 관련 지식의 대부분은 기본적으로 인간의 행동을 제시하고 관찰하여 행동의 이유를 알아보고자 하는 인류학 분야의 문화기술지적*eth-nographic* 방법론에서 비롯된 것이다. 현재 정설로 자리 잡은 학문의 상당 부분은 서구 학자들이 비서구 문화를 연구한 결과이며, 그 대부분은 '오랜 세월 동안 전통으로 정착한 의례'라는 리추얼의 한 갈래에 천착했다. '리추얼'이라는 단어를 들으면 가장 먼저 떠오르는, 공동체의 엄격한 관습이 그것이다. 나는 그러한 리추얼을 '유산 리추얼*legacy ritual*'이라고 부른다.

그러한 연구들은 분명 흥미로웠지만, 내가 딸을 재우면서 겪은 경험을 이해하는 데는 도움이 되지 않았다. 봉제 인형 사용법을 선조들에게 전수받은 것도 아니었고, 버디 홀리를 언급한 고대 문헌이 있는 것도 아니었다. 나는 개인이 직접 설계한 경험도 리추얼이 될 수 있다는 사실을 차츰 깨달았다.

리추얼은 어떠해야 한다는 막연한 생각에서 벗어나 엄격한 전통 의례뿐 아니라 개인이 스스로 형성한 관행도 리추얼의 관점에서 바라보니, 주변 곳곳에서 리추얼이 보이기 시작했다. 내가 딸을 재우려고 평온한 분위기를 조성할 때 그랬던 것처럼, 개인과 집단은 현장에서 활용할 수 있는 소품이나 장식이나 연출을 임의로 채택하는 경우가 많다. 때로는 물려받은 유산 리추얼의 요소를 변형하기도 하고, 완전히 새로운 의식을 만들어내기도 하며, 그 둘을 동시에 하는 경우도 많다.

리추얼의 요소는 갑자기 뚝딱 생겨나지 않는다는 게 종래의 관점이었다. 리추얼은 늘 변함이 없다. 우리는 앉으라고 하면 앉고, 일어서라고 하면 일어서며, 먹으라고 하는 음식을 먹는다. 우리가 속한 사회에서는 늘 그랬고, 앞으로도 영원히 그렇게 할 테니까. 그런데 딸의 일을 경험하다보니 리추얼을 완전히 다르게 생각해보고 싶었다. 어느 시대에서나 사정에 따라 가지고 있던 재료와 도구를 이용해 리추얼을 쇄신하지 않았는가. 내가 어릴 적에 교회 의식을 싫어했던 것처럼, 윗세대에서 내려온 유산 리추얼이 맞지 않는 사람이 있었을 수도 있다. 아니면 21세기에 찾아온 팬데믹처럼[19] 완전히 새로운 문제가 출현한 상황에서, 필요한 리추얼이 아직 존재하지 않았을 수도 있다.

즉, 개인이 어느 순간 '나는 이걸 다른 식으로 해야겠다'라고 생각할 수 있는 것이다. 그런 시각에서 리추얼의 과학에 접근하니, 모든 것이 행동경제학적 문제가 되었다. 행동경제학은 개인이 의사결정을 내리는 방식을 연구하는 학문이다. 나는 사회심리학으로 박사 학위를 받았고, MIT 슬론 경영대학원에서 행동경제학으로 박사후 연구를 했다. 박사 논문을 막 마치고 경영대학원에 들어갔을 때 내 눈앞에 펼쳐진 것은 지성의 낙원이었다. 사람들은 호기심이 많고 관대했으며, 인간이 결정을 내리는 방식에 관해 예상치 못한 온갖 특이한 질문을 던지고 있었다. 지적 자유가 넘치는 그 분위기 속에서 나는 리추얼의 효과를 측정할 수 있으리라는 가능성을 처음 엿보았다.

종래에는 리추얼이란 집단 및 문화와 뗄 수 없는 관계에 있으므로 실증적으로 연구하는 것이 불가능하다고 생각했다. 실험 참가자를 임의로 갈라 한 그룹은 A라는 문화에 속하게 하고 한 그룹은 B라는 문화에 속하게 할 수는 없는 노릇이다.("자, 주목하세요. 지금부터 이 그룹은 가나 사람이고 이 그룹은 브라질 사람입니다.") 그러나 이제 리추얼을 개인의 의사결정 차원에서 바라보니, 행동경제학의 척도인 '어리석은가, 현명한가'의 기준으로 그 효용을 연구할 수 있게 되었다. 만약 특정한 감정을 불러일으키는 것이 목표라면, 지금 이 리추얼은 시간을 현명하게 쓰는 방법인가, 아니면 어리석게 쓰는 방법인가? 만약 목표가 사랑하는 사람들과 깊은 교감을 나누는 것이거나, 경외심 또는 초월감을 느끼는 것이라면? 달성하려는 목표에 비추어 볼 때 리추얼이 충분히 합리적인가? 우리는 사람들에게 각자의 목표를 물어보고, 목표를 이루는 데 리추얼이 얼마나 도움이 되는지를 측정했다. 이처럼 간단한 접근 방식을 택하자, 리추얼의 효과를 측량할 방법이 보이기 시작했다. 앞으로 나아갈 길이 명확해졌다.

　행동경제학적 사고에 몰두하면서, 내 생각에 또 하나의 중요한 영향을 미친 요인이 있었다. 나는 처음 MIT에 왔을 때 MIT 미디어 랩의 사무 공간을 배정받았다. 미디어 랩은 기술자, 예술가, 몽상가, 발명가들을 위한 유서 깊은 제작 공간이었고, 지금도 그렇다. 그곳에서는 기술이든, 경험이든, 시스템이든 무언가를 만드는 일이 연구나 논문 발표보다 우선시되었다. 미디어 랩의 정신은 항상 실제 공간과 실제 재료를 사용해 무언가를 설계하는 것이었다. 그 철학을 한마디로 요약하면 '시연하지 못하면 폐기한다*demo or* *die*'였다.[20]

나는 연구에 종사한 이래 처음으로, 사회과학을 그저 일반적인 환경 속의 인간을 이해하려는 노력이 아니라 환경 자체를 능동적으로 설계하고 변화시키는 과정으로 보기 시작했다. 그게 바로 리추얼을 바라보는 대안적 관점일 수 있겠다는 생각이 들었다. 21세기를 사는 사람들은 각자의 환경에서 구할 수 있는 것은 무엇이든 활용하여 리추얼화된 경험을 설계하고 있다. 그게 조니 마티스나 버디 홀리든, 사과나 미트 파이든 상관없다.

그러나 나는 지금의 하버드 경영대학원 교수 자리를 얻기 전까지만 해도 리추얼의 효과를 본격적으로 연구할 생각이 없었다. 리추얼의 새로운 개념을 고민하던 중, 캘리포니아대학교 버클리 캠퍼스의 사회학자 앤 스위들러*Ann Swidler*의 연구를 접했다. 스위들러의 저서 《사랑의 말들*Talk of Love*》은 1980년대 북부 캘리포니아의 남녀 기혼자, 미혼자, 이혼자 88명을 인터뷰한 내용을 바탕으로 사람들이 즉흥적으로 리추얼을 만들어 사랑과 앞날의 약속을 표현하는 양상을 분석했다. 그들의 리추얼은 기성 종교, 뉴에이지 사상, 팝송 가사, 할리우드 영화의 클리셰 등 다양한 소재에 착안한 것이었다.[21]

스위들러의 비격식적이고 즉흥적인 접근법은 다양한 감정을 불러일으키는 리추얼의 힘을 활용한 것이었고, 미디어 랩의 실험적이고 발명가적인 정신과 잘 어울린다고 느껴졌다. 무엇보다도,

어떻게 이 삶을 사랑할 것인가

리추얼이 마치 무無에서 불쑥 생겨나는 듯했던 내 경험과 맞아떨어졌다. 내가 고안한 리추얼은 쉽게 손 닿는 것들(인형과 계단 등)을 가지고 뚝딱 만들어낸 것이었다. 스위들러의 획기적인 이론은 인간이 주변 환경을 어떻게 활용하는지 설명해주었고, 나는 그 개념 틀 덕분에 오랜 전통뿐 아니라 새로운 행동도 리추얼이 될 수 있다는 사실을 더 잘 이해하게 되었다. 스위들러는 그 같은 현상을 '역동하는 문화*culture in action*'라고 불렀다.

역동하는 문화: 리추얼 레퍼토리의 확대

스위들러에 따르면, 유구한 전통적 의식도 결국 개인의 '문화 도구함*cultural tool kit*'에 들어 있는 여러 재료 중 하나일 뿐이다. 사람들은 자신이 가진 문화 레퍼토리에서 다양한 방법과 행위를 선택해 조합한다. 예를 들어, 턱시도와 흰색 드레스, 전통적 서약 등이 등장하는 격식 갖춘 결혼식을 생각해보자. 스위들러의 조사 대상자 중 일부는 그런 결혼 의식이 적절해 보인다며, 그 이유는 사랑, 언약, 기쁨 등 결혼식에 걸맞은 감정을 불러일으키기 때문이라고 했다. 한편 일부는 그런 전통적 의식이 불편하다고 응답했다. 가식적이거나 과시적으로 보여서, 결혼식에서 느껴야 할 다양한 감정을 느끼는 데 방해가 된다는 것이었다. 이처럼 다양한 반응이야말로 문화의 역동성을 잘 보여준다고 스위들러는 말한다.

우리는 개인의 자율성을 버리고 '문화'라는 이름의 획일적 집단 현상에 복종한다기보다, 각자가 가진 문화 도구함을 역동적, 전략적으로 활용한다. 똑같은 활동도 때로는 진심으로 열심히 임하기도 하고, 때로는 지루해하거나 애매한 태도로, 심지어 대놓고 비꼬거나 반항하면서 임하기도 한다. 너바나*Nirvana*의 보컬 커트 코베인*Kurt Cobain*이 하와이 해변에서 체크무늬 잠옷을 입고 결혼식을 올렸던 것처럼 말이다.[22]

'역동하는 문화'라는 개념틀은 내 리추얼 연구가 나아갈 방향을 제시해주었다. 과거의 문화기술지학자나 인류학자들과 달리, 나는 공동체나 종교 차원의 큰 행사를 중심으로 하는 기존의 리추얼을 조사하는 데 그다지 관심이 없었다. 나는 사람들이 일상생활에서 리추얼을 어떻게 활용하고 경험하는지 알고 싶었다. 우리가 소중히 여기는 리추얼의 상당수가 혼자만의 독특한 개인적 리추얼이라면, 리추얼을 정의하는 특징은 무엇인가? 리추얼은 하루 종일 이어지는 수많은 루틴*routine*이나 할 일과 어떻게 다른가? 리추얼은 어리석은 것인가, 현명한 것인가? 리추얼이 과연 우리의 삶을 더 낫게 만들 수 있을까?

알고 보니 리추얼을 정의하는 가장 좋은 방법은 '리추얼은 무엇이 아닌가'를 살펴보는 것이었다.

어떻게 이 삶을 사랑할 것인가

리추얼은 습관이 아니다

내가 리추얼과 습관의 차이에 관한 실마리를 처음 잡은 것은 치과에서였다. 치과 의사가 말하길 환자의 입안을 한 번 보기만 하면 그 사람의 칫솔질 패턴을 알 수 있다는 것이었다. 사람들은 대개 처음에는 힘차게 칫솔질을 시작하기에 칫솔이 처음 닿는 이에는 치석이 별로 없지만, 힘이 점점 빠지면서 나중에 닦는 이는 치석이 많다는 것이다. 내가 평소에 어떻게 칫솔질하는지 떠올려보았다. 나도 힘차게 시작했다가 얼버무리는 유형인가? 왼쪽부터 시작하던가, 오른쪽부터 시작하던가? 앞니부터 닦나, 어금니부터 닦나? 그 밖에 옷 입기, 설거지, 출퇴근, 컴퓨터 작업 등 내가 일상적으로 하는 수많은 행동도 떠올려보았다. 그리고 전 세계 사람들에게 이런 질문을 던져보았다.

🌿 질문: 당신은 아침에 일어나서(혹은 잠자리에 들기 전에)

    A: 양치를 하고 샤워를 하는가?

    B: 샤워를 하고 양치를 하는가?

나는 많은 청중 앞에서 강연할 때마다 이 질문을 던진다. 독일, 브라질, 노르웨이, 싱가포르, 스페인, 캐나다, 미국 매사추세츠주 케임브리지, 영국 케임브리지에 이르기까지 모든 곳에서, 심지어 노벨상 수상자 대니얼 카너먼*Daniel Kahneman*과 리처드 세일러 *Richard Thaler* 등 행동경제학자들이 모인 자리에서도 사람들의 대답은 놀랍게도 거의 항상 반반으로 갈렸다. 이 두 활동을 어떤 순서로 하는 것이 '올바르다'는 정설은 없는 듯하다(샤워와 양치를 동시에 한다는 사람들도 소수 있지만, 너무 특이하니 넘어가자).

그런 다음 2가지 일의 순서를 바꿔서 하는 상상을 해보라고 주문한다. 샤워를 먼저 하는 사람은 양치를 먼저 하는 상상을, 양치를 먼저 하는 사람은 샤워를 먼저 하는 상상을 해보는 것이다.

🌿 질문: 순서를 바꿔서 한다고 생각하면 기분이 어떤가?
　　A: 상관없다.
　　B: 기분이 이상한데, 왜 그런지는 모르겠다.

A라고 답했다면, 당신에게 2가지 일은 아침 루틴에 가깝다. 샤워도 하고 양치도 해야 하지만, 그 순서는 중요하지 않다. 해치워야 할 일이므로 하는 것뿐이다. 반면 B라고 답했다면, 즉 이유는 설명하지 못하겠지만 바뀐 순서가 왠지 잘못되었다는 느낌이 조금이라도 든다면, 두 행위의 연속은 당신에게 리추얼에 가깝다. 그 아침 루틴은 당신에게 청결과 건강이라는 보상을 주는 자동화된 습관 이상의 어떤 것이다. 실제적 보상 이외에도 감정적, 심리적 영향이 있는 리추얼이다. 당신에게는 그 일을 하는 것만 중요한 게

아니라, 어떻게 하는지(이 경우는 그 순서)도 중요하다.

　　그렇다면 리추얼을 습관과 구분 짓는 요인은 무엇일까?

습관의 본질은 '무엇을' 하는가에 있다

　　습관은 '무엇'에 해당한다. 양치질을 하고, 헬스장에 가고, 녹색 채소를 먹고, 이메일을 처리하고, 공과금을 내고, 제시간에(또는 늦은 시간에) 잠자리에 들고 하는 행위 자체다. 우리는 나쁜 습관을 좋은 습관으로 바꾸려 하고, 좋은 습관이 자동화되기를 바란다. 그러면 별다른 노력이나 생각 없이도 일정한 루틴을 수행함으로써 A라는 지점에서 B라는 지점으로 나아갈 수 있다. 우리는 일과 중에 초콜릿칩 쿠키 먹는 것을 피하고, 소셜미디어 이용을 줄이고, 아침에 일어나자마자 30분간 운동을 하고, 집 안을 정돈하는 등 좋은 습관을 실천하려고 한다. 그 결과로 체중 감량, 집중력 향상, 집이 난장판 되는 것 막기 등의 중요한 목표를 달성하게 된다.

리추얼의 본질은 '어떻게' 하는가에 있다

　　리추얼은 단순히 행위 그 자체가 아니라 '어떻게' 수행하는가에 달려 있다. 그저 행위를 하는 것이 아니라 특정한 방식으로 하는 것이 중요하다. 또한 리추얼은 본질적으로 감정과 밀접한 연관이 있기에, 긍정적이거나 부정적인 감정을 불러일으킨다는 점에서 대부분의 습관과 다르다. 예를 들어, 아침 리추얼을 정확히 수행하면 '아침을 제대로 시작한' 느낌이고 '하루를 부딪쳐나갈 준비가 된' 기분이라고 하는 사람이 많다. 반면, 평소에는 별로 의식하지 않았던 아침 리추얼이 어그러지면(예를 들어 좋아하는 치약이나 시리얼이 다 떨어져서 가족의 것을 대신 이용하는 경우) 하루 종일 '뭔가가 어긋난' 기분이라고 한다. 나와 동료 연구자들이 수행한 뇌 영상 연구에 따르면, 사람들은 자신의 리추얼이 워낙 적절하다고 느끼기에 남들이 자신과 다르게 리추얼을 수행하는 모습을 보기만 해도 뇌의 '처벌'과 관련된 영역이 활성화된다.[23]

리추얼에 해당하는 행동이 따로 있고 습관에 해당하는 행동이 따로 있는 것이 아니다. 중요한 것은 행동 자체가 아니라 우리가 행동에 부여하는 감정과 의미다. 예를 들어, 두 사람이 똑같이 커피를 내린다고 하자. 한 사람은 커피를 최대한 빨리 내려 카페인을 섭취하는 것이 목표다. 즉, '무엇'이 중요하다. 반면, 다른 한 사람은 '어떻게'가 중요하다. 굵게 간 커피 원두만 사용하고, 프렌치프레스 외에는 쓰지 않는다. 같은 행동이라도 첫 번째 사람에게는 자동화된 습관일 뿐이지만, 두 번째 사람에게는 의미 있는 리추얼이다.

습관의 '무엇'과 리추얼의 '어떻게'의 차이를 행동 변화의 과학을 통해 이해해볼 수 있다. 1930년대에 자칭 '급진적 행동주의자'였던 심리학자 B. F. 스키너B. F. Skinner는 '자극-반응-보상stimulus, response, and reward'이라는 세 단계가 행동을 형성하는 데 매우 중요하다는 사실을 밝히고 이를 '조작적 조건화operant conditioning'라고 불렀다.[24] 우리는 주변 환경에서 받는 긍정적 강화 또는 부정적 강화를 통해 학습한다. 예를 들어, 달리기를 하고 나서 분비되는 엔도르핀 덕분에 만족감이라는 보상을 얻으면 그 행동은 긍정적으로 강화된다. 우리는 다시 그 보상을 기대하며 같은 행동을 반복하고, 보상을 계속 받으면 그 경험을 갈망하게 된다.

찰스 두히그Charles Duhigg는 저서 《습관의 힘The Power of Habit》에서 이 갈망이 바로 습관의 고리를 돌아가게 하는 원동력이라고 설명했다.[25] 좋은 습관은 처음에는 유지하기 어려워도, 일단 습관의 고리가 만들어지면 자동화되어 노력이나 생각 없이도 실행된다. 습관은 우리가 매일 같이 마주하는 도전과 유혹에 대한 검증된 해법이라고 볼 수 있다. 예를 들어, 친구의 문자 메시지가 업무에 집중하는 데 방해가 된다거나, 갓 구운 크루아상 냄새가 아침을 먹었는데도 식욕을 자극한다거나, 힘든 하루를 마친 후 밤새 TV를 보고 싶은 유혹에 사로잡힐 수 있다. 이때 건강, 생산성, 웰빙 같은 보상을 가져오는 습관이 있다면 그런 주변의 신호에 신경을 쓸 필요가 없다. 마치 'A라면 B를 하라If A, then B'라는 알고리즘이 돌아가듯이, 우리 뇌는 익숙한 행위를 자동으로 수행한다. 업무 시간에 전화가 울리면 무음으로 설정하고, 빵집에서 갓 구운 빵 냄새가 진동하면 재빨리 길 건너편으로 걸어간다. 이런 식의 습관은 매우 유용한데, 행동경제학에서는 이와 비슷한 요령으로 행동을 유도하는 넛지*nudge*라는 방법이 유명하다.[26] 넛지는 우리의 행동이 장기적 목표에 부합하도록 '선택 환경'을 설계해 좋은 습관을 형성하는 방법이다. 예를 들면 월급의 일정액이 퇴직연금 계좌로 자동 이체되게 설정하거나, 작은 접시와 그릇을 사용해 음식 섭취량을 줄이는 방법이 있다.

쉽지 않은 과정이지만 자동화를 해놓으면 상당히 유용하다. 하루 동안 내려야 할 결정은 수없이 많고, 우리는 일일이 고민할 시간이 없으니까. 그러나 나는 자동화로 인해 잃는 것도 있지 않을까 하는 생각을 점점 많이 하게 되었다. 'A라면 B를 하라'라는 알고리즘적 대응이 과연 행복과 의미와 사랑을 얻는 최선의 방법일까? 좋은 습관을 실천하지 않는 것은 항상 잘못일까? 디저트를 마음껏 즐기는 경험도 어떤 면에서 성공이 아닐까? 습관은 우리 삶의 일정 측면을 최적화하는 데 유용하지만, 신호, 반복 행동, 보상이라는 기계적 영역에 우리를 가둔다는 한계가 있다. 톰 엘리슨*Tom Ellison*이 문예 웹사이트 〈맥스위니스*McSweeney's*〉에 현대인의 건강 집착을 풍자해 쓴 에세이의 제목이 그 점을 잘 보여준다. 〈마침내 내 건강을 최적화했다. 이제 최대한 오랫동안 재미없게 살 수 있다〉.[27]

우리는 최적화와 효율화에 집착한 나머지 수많은 리추얼을 이루는 독특한 행동이야말로 삶을 가치 있고 더욱 사랑하게 만드는 중요한 요소일 수 있다는 사실을 간과한다. 그 차이는 흑백 영화와 컬러 영화의 차이에 비견할 만하다. 좋은 습관은 삶을 자동화하여 일을 척척 해치울 수 있게 해준다. 반면 리추얼은 삶을 생동하게 하여 한층 더 풍요롭게 마법처럼 변모시킨다.

리추얼은 감정 유발제다

삶을 생동하게 하는 리추얼의 힘은 본질적으로 감정적인 리추얼의 특성에서 비롯된다. 심리학자 이선 크로스Ethan Kross와 에런 와이드먼Aarn Weidman에 따르면, 감정이란 인간이 특정한 필요와 과제를 해결하기 위해 사용하는 도구다. 우리는 슬퍼지면 평소 좋아하던 시트콤을 시청하여 행복감을 불러일으킬 수 있다. 외로워지면 누군가에게 안아달라고 하여 허전함을 달랠 수 있다.[28] 그러나 감정을 도구로 사용하는 데는 한계가 있다. 감정을 마음대로 불러일으킬 수는 없기 때문이다. 슬프거나 우울할 때 행복해지기로 다짐한다고 해서 행복해지지는 않는다. 초조할 때 스스로에게 진정하라고 다그친다고 해서 진정이 되지는 않는다. 기분을 바꾸거나 북돋으려면 영화를 보든 산책을 하든 좋아하는 음악을 틀든 무언가를 해야 한다. 이때 리추얼이 요긴한 역할을 한다. 리추얼의 역할이 '감정 유발제emotion generator'라고 생각해도 좋다. 특정한 일련의 행위가 특정한 감정과 연관되면, 그 일련의 행위로 이루어진 리추얼을 통해 그 감정을 불러일으킬 수 있다. 마치 빵을 구울 때 이스트나 천연발효종이 촉매 역할을 하는 것과 비슷하다.

　　하루 종일 좋은 습관을 실천하면 일이 잘 풀리는 느낌이 들고 뿌듯하다. 그러나 습관으로는 인생의 지극히 폭넓은 감정을 경험하는 데 한계가 있다. 감정의 폭은 중요하고, 그 중요성은 내가 상상했던 것 이상이었다. 조디 쿼이드바흐Jordi Quoidbach가 주도하고 나를 포함한 연구자들이 참여한 연구에서, 우리는 사람들이 경험하는 감정의 다양성, 즉 우리가 제시한 용어로 감정다양성과 웰빙 사이에 뚜렷한 연관성이 있음을 밝혀냈다.[29] 감정다양성은 생물다양성biodiversity과 비슷한 면이 있다. 생태계의 건강은 생물다양성, 즉 종의 풍부함과 다양성에 달려 있다. 가령 포식자가 너무 많고 피식자가 부족한 생태계는 동적인 균형을 유지할 수 없으므로 지속 가능하지 않다.

　　이런 실험을 상상해보자. 긍정적 감정(기쁨, 뿌듯함 등)부터 부정적 감정(분노, 혐오감 등)까지 하루 동안 경험한 감정을 모두 적어본다. 그리고 그날 하루 전반적으로 얼마나 행복했는지도 생각해본다. 우리의 연구 결과에 따르면, 만족감, 즐거움, 기쁨, 신비함, 고마움뿐 아니라 슬픔, 두려움, 불안 등 다양한 감정을 느낄 때 삶이 감정적으로 더 풍부해지면서 전반적인 행복도가 높아지는 경향이 나타난다. 언뜻 생각하기엔 하루에 기쁨을 세 번 느끼는 것이 기쁨을 두 번 느끼고 불안감을 한 번 느끼는 것보다 당연히 더 낫지 않을까 싶다. 기쁨이나 만족감 같은 긍정적 감정이 더 나은 삶의 지표인 것도 맞다. 그러나 우리는 3만 7000여 명을 대상으로 수행한 몇 차례의 연구를 통해 그와 다른, 다소 직관적이지 않은 결론에 이르렀다. 생태계의 생물다양성을 측정하는 데 쓰이는 연구 방법을 활용해, 긍정적 감정의 우세 여부보다는 경험하는 감정의 다양성과 풍부함이 웰빙과 더 밀접히 연관된다는 사실을 밝혀냈다.

감정다양성의 이점에 관한 우리의 연구 결과는 습관이 생활에 질서를 부여한다는 현대 문화의 통념과 뚜렷하게 대비된다. 물론 습관을 활용해 목표(이를테면 근육을 키우거나, 영상물을 밤새 시청하지 않거나, 치석을 줄이는 것)에 더 가까이 다가갈 수 있지만, 다양한 감정을 이끌어내는 데는 습관이 그리 유용하지 않을 수 있다. 감정다양성 연구에서 드러난 사실은, 우리가 감정 레퍼토리의 다양한 측면, 즉 감정의 스펙트럼에 더 주목해야 한다는 것이다. 그림에 비유해보자. 빨강, 노랑, 파랑의 삼원색만으로도 훌륭한 작품을 만들 수 있고, 실제로 피카소는 청색으로 많은 것을 표현했다.[30] 하지만 인간은 색 스펙트럼 전체에 걸쳐 무수한 색조를 인식할 수 있다. 습관은 빨강, 노랑, 파랑과 같다. 반면 리추얼은 개양귀비의 강렬한 주황빛이나 가시광선을 거의 100% 흡수하는 밴타블랙의 칠

흑 같은 검정빛을 선사한다.[31]

감정을 연구하는 학자들은 인간이 경험하는 감정의 범위가 1960년대에 이 분야의 연구를 개척한 폴 에크먼*Paul Ekman*이 제시한 7가지 기본 감정(분노, 놀라움, 혐오감, 즐거움, 두려움, 슬픔, 그리고 가장 최근에 추가된 경멸감)을 넘어선다고 보는 추세다.[32] 하지만 감정의 총 가짓수에 대해서는 정설이 없다. 27~28가지 정도라고 보는 학자도 있고, 150가지에 달한다고 보는 학자도 있다.[33]

리추얼은 실컷 울어도 좋다는 허락일 수도 있고, 분노를 발산할 기회일 수도, 경외감과 신비감을 느끼는 계기일 수도 있다. 나는 리추얼이 인간이 가진 폭넓은 감정 레퍼토리를 소환하는 데 가장 효율적인 도구 중 하나라고 본다. 우리는 리추얼을 통해 즐거움과 신비감과 평온감을 불러일으킴으로써 개인 위생 관리, 집안일, 매일 하는 운동 같은 평범한 활동을 자동화된 경험에서 생동하는 경험으로 변모시킬 수 있다.

그러나 과연 행동과학의 도구를 사용해 리추얼이 일상에서 수행하는 작용을 시험해볼 수 있을 것인가? 행동경제학의 원리로 무장하고 미디어 랩의 발명가적 정신에 고무된 나는, 이제 본격적으로 뛰어들 때가 되었다고 판단했다. 나는 리추얼의 작용을 측정하고 그 효과를 기록할 방법의 설계에 들어갔다. 설계 작업은 실험실 안과 밖에서 이루어졌다.

처음으로 할 일은 리추얼의 효과를 어떻게 평가할지 결정하는 것이었다. 리추얼이 우리 삶의 주관적 경험에 미치는 영향을 측정할 방법을 찾아야 했다. 나는 연구에 종사한 이래 다양한 여러 방법을 써보았지만, 내가 보기에 주관적 경험을 연구하는 최선의 방법 중 하나는 아주 간단하다. 그냥 사람들에게 물어보면 된다. 이전에 행복에 관한 연구를 수행하면서 처음 사용하기 시작한 방법으로, 사람들에게 "~에 얼마나 만족하는가?"라고 물었다. 대상은 자신이 종이를 접어 만든 개구리부터 자신의 특정한 지출, 전반적 삶에 이르기까지 다양했다.

DIY 리추얼: 내 손으로 만드는 관행

같은 이유에서, 나는 리추얼을 연구할 때도 사람들에게 리추얼이 있는지, 있다면 자신의 리추얼에서 어떤 감정을 느끼는지 물어보는 것으로 시작하는 경우가 많다. 나는 수년간 연구팀 동료들과 함께 미국 전역에 거주하는 다양한 연령의 종교 신자와 비신자 수천 명을 대상으로 조사를 벌였다. 특정한 영역에서나 특정한 시기에 리추얼에 의존하는지 물어보았다. 예를 들면 연인과 시간을 보낼 때, 가족과 함께 명절을 보낼 때, 직장 동료들과 일할 때, 하루 일과를 마치고 스트레스를 풀 때 등이다.[34]

응답자들이 말하는 리추얼 중 상당수는 문화, 가족, 종교의 전통에서 유래한 유산 리추얼이다. 이렇게 대대로 내려오는 리추얼은 역사적, 종교적인 무게감이 있고, 시간과 공간을 초월해 개인과 집단을 맺어주는 역할을 한다. 누구나 같은 노래를 부르고, 같은 방식으로 손을 맞잡고, 같은 촛불을 밝히고, 같은 방식으로 걷는 과정에서 '하나'와 '모두'가 융합된다. 유산 리추얼은 우리의 상상에 깊이 각인되는 효과가 있다. 인도에서 빛의 축제 때 거리에서 춤을 추거나, 멕시코에서 망자의 날에 향을 피우고 단 음식을 바치거나, 유대교의 유월절 만찬에서 무교병을 먹는 것처럼 특별한 의상, 불빛, 음악, 춤, 음식 등 풍부한 감각적 경험을 통해 사회적 결속을 강화하기 때문이다.[35]

그러나 거듭하여 관찰되는 사실이 있다. 사람들이 신성하고 전통적인 유산 리추얼만을 실천하는 것은 아니라는 점이다. 사람들은 자신만의 리추얼을 통째로 또는 부분적으로 만들어내고 있었다. 나와 아내가 딸의 엄격한 취침 의식을 즉흥적으로 만들어낸 것과 비슷했다. 나는 그와 같은 독특하고 참신한 관행을 'DIY 리추얼'이라고 부른다. 예를 들면, 부부의 친밀한 관계를 유지시켜주는 리추얼이 있었다. "우리는 키스를 할 때 꼭 세 번씩 한다. 왜 그렇게 되었는지는 모르지만, 22년 동안 그렇게 했으니 이제 세 번을 하지 않으면 너무 이상하다." 독특하면서도 가슴 아픈, 애도의 리추얼도 있었다. "그 사람이 생전에 그랬던 것처럼, 그 사람의 차를 일주일에 한 번씩 깨끗이 닦았다." 공연을 준비하는 리추얼도 있었다. "심

어떻게 이 삶을 사랑할 것인가

호흡을 몇 번 하고, 몸을 흔들어 부정적인 기운을 떨쳐낸다." 하루를 마무리하는 리추얼도 있었다. "퇴근 후 샤워할 때마다 병원이 통째로 물로 변해 배수구로 흘러 나가는 상상을 한다."

미국인의 일상 속 리추얼에 대한 설문조사를 통해 리추얼이 얼마나 생활화되어 있으며 얼마나 독특하고 감정적으로 풍부한 양상을 보이는지 알 수 있었다. 통념과는 달리, 그리고 내가 짐작했던 것과 달리, 리추얼은 우리가 수동적으로 받아들이는 지시나 절차에 국한되지 않는다. 리추얼은 우리가 각자의 문화 도구함에서 다양한 재료를 취사선택하여 스스로 개조하거나 창조해내는 관행이다.

나는 누구인가: 나만의 리추얼 시그니처

DIY 리추얼은 감정 유발제의 역할을 하는 데 그치지 않고, 사회과학 용어로 '정체성 작업*identity work*'이라고 하는 능동적 과정으로 이어지기도 한다.[36] 개인적인 리추얼을 만드는 과정에서 리추얼이 고유한 자아정체감을 부여하고 표현하는 수단이 됨에 따라, 리추얼에 대한 소유감이 생겨난다. 지극히 사소하고 평범한 행위를 포함해 개인의 행위가 구체적으로 이루어지는 방식, 즉 '어떻게'에 해당하는 부분을 나는 그 사람의 '리추얼 시그니처*ritual signature*'

라고 부른다.

　내가 매일 달리기를 하는 것은 습관일지라도, 달리기 애호가라는 나의 정체성을 확인해주는 것은 신발끈을 묶는 나만의 방식이다. 나와 배우자가 매일 같은 시간에 저녁을 먹는 것은 습관일 수 있지만, 우리가 커플임을 확실히 해주는 것은 도예 수업에서 함께 만든 접시를 사용하는 행위다. 우리 가족이 매년 크리스마스를 함께 보내는 것이 습관이라면, 우리를 가족으로 묶어주는 것은 조니 마티스의 앨범을 턴테이블로 듣는 리추얼이다. 요컨대 개인의 고유한 리추얼 시그니처, 즉 리추얼의 방식('어떻게')은 삶의 목적('왜')과 깊이 맞닿아 있다.

　연구가 진전됨에 따라, 나는 개인의 정체성과 소유감에 관련된 리추얼의 측면이 얼마나 중요한지 깨닫게 되었다.

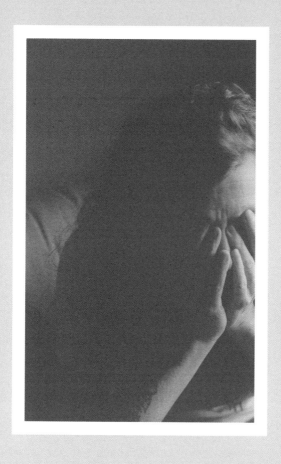

리추얼은 실컷 울어도 좋다는 허락일 수도 있고,
분노를 발산할 기회일 수도,
경외감과 신비감을 느끼는 계기일 수도 있다.

2장

애쓴 만큼 풍요로워진다

스스로 하지 않으면 아무것도 이루어지지 않는다.
— 마야 안젤루

내 사무실 선반 위에는 내가 미술 수업 시간에 만든 작은 석조상이 하나 놓여 있다. 나는 결연한 의지를 품고 그 수업에 등록했다. 그러나 첫 수업부터 시작해 수업 시간마다, 내게는 다른 학생들과 달리 재능이 없다는 사실을 차츰 절감했다. 나는 늘 실습실의 다른 학생들을 부러운 눈으로 보곤 했다. 다양한 전공 출신의 솜씨 좋은 학생들이 여유로워 보이는 모습으로 자리에 앉아 석판을 다듬어 우아한 인간 형상을 만들고 있었다. 반면 내가 만든 석조상은 사람의 모습은커녕 그 무엇과도 닮았다고 할 수 없었다.

그럼에도 불구하고, 나는 대학원 시절 이후 여러 차례 이사를 할 때마다 항상 석조상을 뽁뽁이로 잘 감싸고 박스에 담아 새 집으로 가져가곤 했다. 물론 어디에 전시할 만한 작품은 아니다. 만약 내가 그 석조상을 다른 사람의 책상에서 봤다면, 아이가 만든 것이냐고 물었을 것이다. 때문에 미술 작품이라고 부르기도 어렵다. 하지만 내가 직접 만든 물건이다.

내가 손수 만든 그 물건을 소중히 여기는 현상을 어느 정도 설명해주는 이론이 있다. 노벨상을 수상한 행동과학자 대니얼 카너먼과 리처드 세일러가 제시한 보유 효과*endownment effect* 라는 것이다.[1] 두 학자는 사람들에게 머그잔, 초콜릿, 야구 경기 표 같은 물건을 무작위로 나눠주는 일련의 실험을 통해, 단지 어떤 물건을 소유하고 있다는 것만으로 그 물건의 가치를 더 높이 평가하게 된다는 사실을 밝혀냈다. 사람들은 자신이 이미 갖고 있는 머그잔을 계속 소유하기 위해 똑같은 머그잔을 새로 구매할 때보다 더 많은 돈을 지불하려는 의사를 보였다. 새 머그잔을 살 마음은 없어도, 일단 어떤 머그잔을 갖게 되면 쉽사리 손에서 놓기 어려웠던 것이다. 내가 내 조잡한 조각품을 쉽게 버리지 못하는 이유도 그와 비슷하다.

그러나 내가 그 조각품에 애착을 갖게 된 데는 보유 효과만으로는 완전히 설명되지 않는 또 다른 심리 현상이 있다. 나는 그 물건을 만드느라 공을 들였다. 비록 대단한 작품은 아니지만, 몇 주

동안 애써 만든 물건이다. 그렇게 내 사랑의 노동*labour of love*(좋아서 하는 일)이 빚은 결과를 분석적으로 바라보기 시작하니 궁금해졌다. 내가 그것에 애착을 갖는 이유는 노력을 들였기 때문일까? 뇌리 한구석에 떠돌던 그 질문이 또렷해진 것은, 20세기 중반의 식품 산업과 간편식 요리에 관한 이야기를 읽고 나서였다. 구체적으로 달걀과 케이크의 이야기였다.

케이크 굽기에 들인 정성

1956년, 요리와 라이프스타일을 다루는 잡지《리빙*Living*》은 현대 문명의 편리함을 소개하는 기사에서 19세기의 케이크 굽기 과정을 상기시킨 바 있다. 주변 모든 사람의 손을 빌리고 꼬박 이틀간 공을 들여야 하는 고된 과정이었다. 케이크를 굽기 전에 재료를 준비하는 데만도 설탕을 빻고, 건포도 씨를 제거하고, 우유를 끓이는 등 할 일이 수십 가지였다. 기사 말미에는 1956년의 첨단화된 주방 덕분에 달라진 풍속도가 이렇게 묘사되어 있다. "케이크 믹스 포장을 뜯고, 물을 붓고, 믹서를 켜고, 오븐 온도를 맞추고, 느긋하게 책을 읽으면 된다."[2]

그러나 여유로운 생활을 약속한 그 기사가 실렸을 즈음, 케이크 믹스의 판매량은 정체를 겪고 있었다. 제2차 세계대전 후에 케이크 믹스가 처음 출시되었을 때는 주부들의 뜨거운 관심을 받으며 불티나게 팔려나갔다. 1947년 한 해에 약 7900만 달러어치의 케이크 믹스가 미국 전역의 슈퍼마켓에서 팔렸으니 말이다.[3] 1953년에는 판매액이 두 배 가까이 늘어 1억 5000만 달러를 넘겼다. 케이크 믹스가 모든 집의 주방 찬장에 비치되면서, 이제 미국 가정의 필수 식품 자리에 오른 듯했다.

그런데 불과 몇 년 후인 1950년대 중반이 되자, 이렇다 할 이유 없이 갑자기 판매가 주춤하기 시작했다. 밖에서 일하는 남편 대신 집안 살림을 하고 아이를 키워야 하는 젊은 주부야말로 간편 요리 제품의 이상적인 소비층이었지만, 정작 이 초보 주부들은 큰 관심을 보이지 않았다.

제너럴 밀스General Mills의 자회사 베티 크로커Betty Crocker는 케이크 믹스 시장에서 가장 큰 회사 중 하나였는데, 매출 감소로 전전긍긍하다가 어니스트 디히터Ernest Dichter라는 오스트리아 출신 심리학자를 고용했다. 젊은 여성들이 케이크를 간편하게 완벽히 구울 수 있는 제품에 왜 무관심한지를 그가 밝혀주리라는 기대에서였다. 지그문트 프로이트Sigmund Freud의 제자였던 디히터는 자신의 소비자 연구 기관을 이끌고 있었다. 그는 프로이트 밑에서 배운 정신분석 기법을 활용해, 소비자의 잠재의식적 사고와 무의식적 욕구를 조사하는 독자적인 방법을 내세웠다. 소규모 집단을 심층 인터뷰하는 새로운 시장 조사 방식이었는데, 그런 집단을 그는 '포

커스 그룹*focus group*'이라고 불렸다.[4]

디히터가 젊은 여성들로 포커스 그룹을 구성해 인터뷰해보니, 케이크 믹스는 너무 간편한 게 문제라는 사실이 드러났다. 워낙 할 일이 적어서 정성을 쏟았다는 느낌이 별로 없었던 것이다. 한 여성은 쑥스러운 듯 이렇게 말했다. "네, 저는 케이크 믹스를 써요. 수고를 많이 아낄 수 있긴 한데, 사실 그러면 안 되지요." 한 여성은 자신의 요리 습관을 설명하면서 프로이트식 실언을 했다. "시간이 없을 때는 시간이 많이 걸리는 음식이 좋아요."[5] 이 무의식적 실언은 많은 의미를 담고 있었다. "시간이 많이 걸린다"라는 말이 나오자 다른 여성들도 시간을 아끼려고 케이크 믹스를 쓰는 게 죄책감이 든다고 털어놓았다. 20세기 중반의 미국 여성들에게는 주방에서 보내는 시간, 구체적으로 케이크 굽는 데 들이는 시간이 곧 사랑의 표현과 같은 역할을 했던 것이다. 1953년 갤럽 조사에서 케이크는 애플 파이에 이어 '여성의 진짜 요리 실력을 알 수 있는 음식' 2위에 올랐다.

디히터가 몇 주 동안 여성들의 꿈과 욕망을 분석한 후 베티 크로커의 경영진에 전한 조언은, 주부들에게 할 일을 더 줘야 한다는 것이었다. 노력을 더 들이지 않는 한, 오븐에서 나온 결과물에 자신이 충분히 정성을 쏟았다는 느낌이 들지 않을 것이라고 했다. 디히터의 조언을 토대로 베티 크로커는 기존 믹스 제품에서 건조 달걀 성분을 빼버렸다. 이제 주부들은 물을 붓는 것 외에도 달걀 하나를 깨 넣고 나서 전기 믹서를 돌려야 했다. 이때를 소비자 전문가들은 베티 크로커의 케이크 믹스가 성공 가도를 달리기 시작한 시점이자 간편식품 역사의 중요한 전환점으로 꼽는다. 딱 한 단계를 추가해 일을 살짝 늘리니 여성들이 케이크 굽는 일에 더 정성을 쏟은 느낌이 들었다는 것이다.

실상은 그렇게 간단하진 않았다. 달걀 하나를 깨서 넣는 베티 크로커의 제품과 모든 성분이 포함된 필즈베리*Pillsbury*의 제품은 1950년대 후반부터 1960년대까지 케이크 믹스 시장을 양분했다. 그 '달걀 추가' 아이디어가 유일한 성공 비결은 아니었을 수도 있고, 모든 소비자에게 환영받지는 않았을 수도 있다. 그러나 디히터의 연구가 포착한 것은 주방 노동에 적용되는 불변의 진리였다. 주부들은 나름의 정성이 들어간 음식을 만들고 싶어 한다는 점이다. 달걀 하나를 넣는 작업만 추가해도 간편식품 조리가 사랑의 노동으로 바뀌는 효과가 있었다.

너무나 설득력 있는 가설이었기에 우리는 그 점을 입증하기 위한 연구를 수행했다. 내 동료 시메나 가르시아-라다*Ximena Garcia-Rada*는 신생아를 둔 부모들이 '스누*SNOO*'라는 제품을 사용한다는 이유로 온라인에서 심한 악플 세례를 받는 현상에 주목했다. 이 제품은 부모가 직접 재우지 않아도 아이를 살살 흔들어 재워준다. 댓글 중에는 "이런 걸 쓸 거면 차라리 애를 낳지 말지"라는 것도 있었고, "형편없는 부모 노릇 그만하고 애를 좀 돌봐라"라는 것도 있

어떻게 이 삶을 사랑할 것인가

었다. 우리가 수행한 일련의 연구에 따르면, 육아의 편의를 제공하는 제품에 부정적인 감정을 느끼는 것은 화난 댓글러들뿐만이 아니었다. 양육자들 자신도 수고가 덜 드는 방법을 택하면 사랑을 제대로 표현할 수 없다고 느꼈다. 부모들의 편의용품 사용 의향을 높이는 유일한 방법은 "스누와 함께 편하게 ZZZ"라는 슬로건을 부모의 보살핌을 인정하는 "당신은 XOXO를, 스누는 ZZZ를"로 바꾸는 것이었다(XOXO는 '포옹과 키스'를 뜻하는 문자—옮긴이).[6]

이케아 효과: 직접 만들면 더 소중해진다

베티 크로커와 스누의 사례는 사람들이 편의보다 노력을 선호하는 현상을 잘 보여준다. 나는 노력을 들이려는 욕구가 어리석은 것인지, 아니면 현명할 때도 있는지 알고 싶었다. 시간을 아끼면 그 대가로 중요한 무언가를 희생하게 되는 걸까? 나와 동료 연구자들은 더할 나위 없이 평범하고, 표준화되어 있으며, 비인격적이고, 애착을 느끼기 어려운 물건으로 우선 실험해보았다. 검은색의 단순한 이케아 보관 상자였는데, 원래는 CD 보관용으로 나온 제품이었다. 연구를 진행할 당시에 이미 CD는 거의 쓰이지 않는 물건이었다.

우리는 미국 남동부의 한 대학교에서 실험 참가자 52명을 모집했다. 각 참가자에게 5달러의 참가비를 주고, 두 그룹 중 하나에 배정했다. 첫 번째 그룹에는 조립이 완료된 상자를 주고 살펴보게 했다. 두 번째 그룹에는 조립되지 않은 상자와 조립 설명서를 주고 직접 조립하도록 했다.

그런 다음 그 상자를 얼마에 살 의향이 있는지 물었다. 이미 조립된 상자를 살펴보기만 한 사람들은 평균 0.48달러에 사겠다고 답한 반면, 직접 상자를 조립한 사람들은 평균 0.78달러에 사겠다고 답했다. 63% 더 높은 금액이었다.[7] 우리는 이케아 상자뿐만 아니라 DIY 종이학과 종이개구리, 레고 세트를 사용한 여러 실험에서도 참가자들이 자신이 만든 물건에 한결같이 더 높은 가치를 부여한다는 사실을 발견했다.

내가 직접 만든 조각품을 아직까지 소중히 여기는 이유도, 많은 사람들이 옛날 옛적 도예 수업에서 만든 이 빠진 머그잔을 쉽게 버리지 못하는 이유도 바로 이 '이케아 효과IKEA effect'로 설명할 수 있다. 그 물건들은 우리의 소유물일 뿐 아니라, 우리가 나름의 정성을 들인 대상이기에 교감을 느끼고 더 소중히 여기게 된다.

이케아 효과를 밝혀낸 연구가 처음 발표된 지 10년이 넘은 지금, 이 효과는 널리 알려진 심리 현상이 되었다. 심지어 대중문화에도 등장하고 있다. 나는 이케아 효과가 텔레비전 퀴즈 프로그램 〈제퍼디!Jeopardy!〉에 문제로 나왔다는 소식을 듣고 깜짝 놀랐다.[8] 최종 라운드에 205641번 문제로 나왔던 질문은 다음과 같았다.

"1943년에 설립된 이 회사의 이름을 딴 '효과'는 소비자가 자신의 노동을 들인 제품에 더 높은 가치를 부여하는 현상을 가리킵니다."

발달심리학자들로 구성된 한 연구팀은 이케아 효과가 특정 나이에 나타나는지를 알아보기 위한 후속 연구까지 진행했다. 연구팀은 3세에서 6세 아이들 64명에게 발포 고무 재질의 괴물 장난감 두 개를 주었다. 첫 번째 장난감은 설명서를 보면서 조립에 참여하게 했고, 두 번째 장난감은 잠깐 만져보게만 했다. 아이들은 이케아 효과를 보였을까? 실험 결과에 따르면, 5세와 6세 아이들은 자신이 만든 장난감을 더 높게 평가했지만, 3세와 4세 아이들은 그러지 않았다.[9] 연령이 조금 더 높은 아이일수록 더 통합된 자아감을 갖게 되어 자신이 만든 장난감을 자아감과 연결지었고, 따라서 그 가치를 더 높게 평가하는 이케아 효과를 보였다는 결론이었다.

DIY의 힘

사람들이 일상 속에서 수행하는 리추얼을 조사해보니, DIY 리추얼을 특히 중요하게 생각하는 경우가 많았다. 이전에 우리가 발견하여 명명했던 이케아 효과와 똑같은 심리 현상이었다. 유산 리추얼은 말 그대로 기성품이다. 미리 조립된 이케아 상자처럼, 우리의 관여 없이 만들어진 것이다. 미리 조립된 리추얼이라고 볼 수 있다. 그렇다면 우리만의 독특한 개인적 리추얼은? 맞춤 제작인 셈이다. 우리가 직접 만든다. 항상 완전히 처음부터 만드는 것은 아니고, 무엇이든 손 닿는 재료로 만든다. 한 예로 이 부부의 사례를 보자. 집에서 직접 술을 빚는 키트를 활용해 부부만의 의미 있는 리추얼을 만들었다.

🌿 계절이 바뀔 때마다 우리 부부는 집에서 맥주를 빚는다. 맥주 키트를 고를 때는 어떤 맥주가 시기에 가장 잘 어울릴지 나름대로 생각해서 정한다. 여름에는 가벼운 맥주, 크리스마스 때는 진한 맥주를 고르는 식이다. 계절이 바뀌거나 명절이 다가오면 신이 난다. 마실 거리도 생기고, 그 과정도 즐겁다. 양조 작업을 할 때 남편과 나는 역할을 나눠 맡는다. 그때그때 각자 하는 일이 다르다.

케이크든, 별것 아닌 CD 보관함이든, 집에서 빚은 맥주든, 공을 들일수록 애정이 더 많이 간다. 누구나 일상 속의 지극히 평범한 장면을 치르는 자신만의 방식이 있다. 그렇게 세월에 걸쳐 나만의 것이 된 행위가 바로 우리의 리추얼 시그니처다. 우리는 자신만의 리추얼을 통해 주변 환경에 나름의 정성을 들이고, 동시에 더욱 풍요롭고 깊이 있는 삶을 경험하게 된다.

그동안 내가 수집한 사례 중 몇 개만 소개해보겠다.

✿ 처음 시작한 것은 신혼 때였다. 우리는 어느 겨울, 식사를 마치고 과일 그릇에 남아 있던 후지 사과 하나를 나눠 먹고 있었다. 냉장고에 먹다 남은 다크 초콜릿이 있어서 한 조각을 얹어 즉흥 디저트를 만들었다. 달콤함과 쌉쌀함, 어두운 색과 밝은 색의 조합이라니 시적이지 않냐는 아내의 말에 우리는 웃음을 터뜨렸다. 그다음 날 저녁에도 같은 디저트를 또 제조했다. 안 될 게 뭐 있겠나? 그러다가 아예 계획적으로 하기 시작했다. 사과는 꼭 후지 사과를 샀고, 초콜릿도 금박에 싸인 그 제품만 샀다. 그렇게 여러 날이 지나고 계절이 바뀌고 해가 가면서, 저녁 식사 후에 사과와 다크 초콜릿을 먹는 그 사소한 행위는 곧 '우리'가 되었다. 우리의 일상이 된 것이다.

✿ 2020년 3월, 뉴욕에 코로나19로 인한 봉쇄 조치가 내려졌을 때였다. 우리 자원봉사자들은 팬데믹 중에도 푸드뱅크를 계속 운영하기로 의견을 모았다. 당시는 팬데믹 초기라 코로나19 바이러스에 관해 알려진 정보가 거의 없어서 두렵기도 했지만, 우리에게 먹을 것을 의지하는 수많은 이용자를 생각하면 다른 선택의 여지가 없었다. 3월 셋째 주에 푸드뱅크를 열려고 모였다. 밖에 줄 선 배고픈 손님들을 맞이할 준비를 하는데, 다들 눈에 눈물이 맺혀 있었다. 바로 그때 처음으로, 우리는 둥글게 모여 서서 함께 부둥켜안았다. 그 후로는 마치 약속이라도 한 듯, 봉사하기

위해 모일 때마다 그 단체 포옹을 했다. 3년이 지난 지금도 우리는 푸드뱅크 문을 열고 손님을 맞기 전에 둥글게 서서 단체 포옹을 나눈다. 지금 보기에는 새 출발의 약속 같지만, 거기엔 무거운 상실감도 배어 있다. 서로를 안아주는 그 행위는 우리의 몸뚱아리가 그때 얼마나 취약했는지를, 또 여전히 그렇다는 사실을 상기시킨다. 매주 화요일 오후 1시 55분이면 우리는 항상 그 자리에서, 그 포옹 하나로 모든 감정을 느낀다. 이곳에서, 전 세계에서, 우리 모두가 치렀던 희생을 되새긴다.

사람들의 응답에 따르면 기도문, 촛불, 음악, 웅장한 건축, 스테인드글라스, 경전 등을 동원한 유산 리추얼 못지않게, 아니 때로는 그 이상으로 큰 의미를 갖는 것이 자신들이 근래에 손수 만든 리추얼이다. 이제 우리 삶에서 리추얼의 역할에 대해 완전히 새로운 질문과 새로운 연구 방향이 대두되었다. 왜 하필 자가양조 키트인가? 사과와 다크 초콜릿? 매주 화요일 오후 1시 55분의 단체 포옹? 임의로 만든 리추얼이라 할지라도 감정적 효과를 일으킬 수 있다는 점에 착안해, 우리는 문화적, 종교적 의미가 전혀 없는 완전히 새로운 리추얼을 사용한 대조 실험을 설계해보았다. 실험 참가자들에게 우리가 고안한 리추얼을 수행하게 하고, 리추얼로 인해 실제로 사람들의 경험이 형성되는지, 더 나아가 삶에 영향이 발생하는지 판단할 수 있었다.

우리는 자신만의 리추얼을 통해
주변 환경에 나름의 정성을 들이고, 동시에
더욱 풍요롭고 깊이 있는 삶을 경험하게 된다.

3장

왜 리추얼인가

음악을 듣지 못한 사람들에게는 춤추는 자들이 미친 사람으로 보였다.

― 프리드리히 니체*Friedrich Nietzsche*

라파엘 나달*Rafael Nadal*은 세계 최고의 테니스 선수 중 한 명으로 꼽힌다.[1] 오랜 세월 클레이 코트의 제왕으로 군림해온 37세의 스페인 선수로, 이 글을 쓰는 현재 오픈 시대 이후 단일 종류 코트 최다 연승 기록을 보유하고 있다. 그가 역대 최고의 선수라고 주장하는 팬들도 많다.

나달은 또 다른 특징으로도 유명하다. 보는 사람의 시선을 끄는, 그의 독특한 리추얼 시그니처다. 그중에서도 가장 악명 높은 것은 엉덩이에 낀 바지를 빼는 동작이다. 《GQ》 잡지는 그를 "역사상 가장 유명한 속옷 정리자"로 칭하기도 했다.[2] 그러나 그 동작은 한 단계에 불과하다. 상의를 잡아당기고, 머리를 귀 뒤로 넘기고, 얼굴을 닦는 등 여러 행위가 길게 연속적으로 이어진다. 어느 치열했던 한 경기에서 나달은 그 행동 패턴을 146번 반복했다. 그뿐 아니라, 경기가 시작되기 전에도 항상 하는 일이 있다. 반드시 에너지 젤을 먹는데, 먼저 용기의 윗부분을 뜯고, 반으로 접은 후, 정확히 네 번 눌러 짜낸다. '경기를 위해 에너지 젤을 먹는다'라는 목적을 수행하는 것이라기보다는, 다분히 임의적인 동작처럼 보인다. 왜 꼭 네 번 짜야 할까? 세 번이나 다섯 번이 아니고? 머리를 넘긴 다음에 상의를 잡아당기면 안 될까? 왜 매번 엉덩이에 낀 바지를 빼야 할까?

나달은 그런 동작들이 심리적으로 도움이 된다고 설명한다. "꼭 해야 하는 건 아니지만, 하고 있으면 내가 집중하고 있다는 뜻"이라고 한다.[3] 나달의 기이한 행동이 미신인지 강박 행동인지, 혹은 둘 다인지 논쟁하는 사람들도 있다. 하지만 나달의 이런 행동을 설명하려면, 75년 전 '자극-반응-보상'의 습관 형성 이론을 주창한 미국 심리학자 B. F. 스키너의 실험을 먼저 살펴볼 필요가 있다. 스키너는 실험 상자 안에 레버와 스위치를 설치해놓고, 쥐나 비둘기가 쪼거나 당기면 먹이가 나오게 만들었다.

후에 '스키너 상자'로 불리게 된 이 장치는, 동물들이 특정 목표에 한 단계씩 다가가는 행동을 할 때마다 보상을 주어 그 행동을 조건화하는 역할을 했다. 스키너는 비둘기에게 먹이를 주어 행동을 강화하는 방법을 사용해 레버를 누르고 끈을 당기도록 가르쳤다. 훈련을 거듭한 끝에 비둘기가 원을 그리며 돌게 했고, 나중에는 탁구 게임을 하는 등 놀라운 재주까지 습득하게 했다. 스키너는 강화의 역할을 강조하는 학습 이론을 주창하고, 이를 '조작적 조건화'라고 불렀다.[4] 어떤 행위가 나쁜 결과를 가져오면 그 행위를 덜하게 되고, 좋은 결과를 가져오면 강화가 일어나 더 많이 하게 된다는 것이다. 비둘기가 레버를 쫄 때 먹이가 쏟아져 나오면, 그 행동이 강화되어 계속 레버를 쪼는 식이다.

그러던 1948년, 스키너는 실험 방식을 바꿨다. 영양 상태가 좋은 비둘기들을 정상 체중의 75%로 감량시켜 일정한 배고픔 상태를 유지하게 했다. 각 비둘기를 먹이 배출기가 달린 스키너 상자에 매일 몇 분 동안 넣어두었다. 먹이 배출기에서는 비둘기가 무엇을 하든 상관없이 무작위적인 시간 간격으로 먹이가 나왔다. 이제 비둘기가 레버를 쪼는 등의 행위를 해도 아무 보상이 없었다. 이런 통제 불능의 상황에서 비둘기는 결국 포기하고 가만히 있다가 먹이가 나오면 먹을 것 같지만, 아니었다.[5] 스키너는 비둘기들이 먹이를 얻어내려고 고안한 독특한 기술 몇 가지를 소개했다.

한 비둘기는 그다음 먹이가 나오기 전에 우리 안에서 시계 반대 방향으로 두세 바퀴씩 도는 조건화가 이루어졌다. 또 한 비둘기는 머리를 우리의 위쪽 모서리에 자꾸 들이밀었다. 그런가 하면 어떤 비둘기는 마치 머리를 보이지 않는 가상의 막대 밑에 넣었다가 홱 들어 올리는 듯한 동작을 고안해냈다. 두 마리는 머리와 몸을 진자처럼 흔드는 움직임을 보였다. 머리를 앞으로 죽 빼고 오른쪽에서 왼쪽으로 휙 저었다가 천천히 되돌리는 식이었다.

비둘기들의 움직임이 먹이 제공 시점과 맞아떨어지는 경우는 거의 없었다. 먹이 배출기는 무작위적으로 작동할 뿐이었다. 그러나 가끔씩 우연히 비둘기의 움직임과 먹이 보상 시점이 일치할 때가 있었다. 이를테면 비둘기가 시계 반대 방향으로 세 바퀴째 돌았을 때 먹이가 나오는 식이다. 그렇게 되면 긍정적 강화를 받은 그 비둘기는 그렇게 하면 먹이가 또 나올 것이라 짐작하고 그 행위를 반복한다. 이 상황을 두고 스키너는 이렇게 말했다. "이 실험이 보여주는 것은 일종의 미신이라고 할 수 있습니다. 비둘기는 자신의 행동과 먹이의 등장 사이에 인과관계가 없음에도 마치 인과관계가 있는 것처럼 행동합니다."(사실 스키너도 남 말할 처지는 아니었다. 업무 효율을 높일 방법을 찾고 있던 스키너는 사무실에 노란색 플라스틱 통을 두고 그 안에서 잠을 잤다. 밤 10시부터 새벽 1시까지 자고, 일어나서 한 시간 일한 뒤 새벽 2시부터 5시까지 다시 잤다.)

스키너의 비둘기 실험에서 알 수 있는 사실은 무엇일까? 나는 스키너가 리추얼의 근원이 무엇이며 리추얼이 실시간으로 어떻게 생겨나는지를 우연히 발견했다고 본다. 자신의 뜻대로 할 수 없는 혼란스럽고 불확실한 환경에 갇힌 비둘기들은 즉흥적인 방편을 찾아냈다. 임의적인 행동을 반복하며 마치 그렇게 하면 먹이가 나오기라도 하듯 거기에 의지했다. 나름의 리추얼 시그니처를 만들어낸 것이다.

리추얼은 불확실성과 스트레스에 대응하는 수단이다

불안, 스트레스, 통제 불능 상태를 다스리기 위해 리추얼적 행동에 의지하는 것은 물론 비둘기뿐만이 아니다. 수십 년 동안 사회과학 연구자들은 리추얼을 비롯한 주술적 사고가 불확실성과 연관되어 있음을 역설했다. 20세기 리추얼 연구의 대가인 인류학자 브로니스와프 말리노프스키Bronislaw Malinowski는 대표작 《마법, 과학, 종교와 그 밖의 에세이Magic, Science and Religion and Other Essays》에서 거친 바다의 어부들이 잔잔한 석호의 어부들보다 리추얼을 많이 수행한다고 지적했다. 파푸아뉴기니 트로브리안드 군도의 어부들은 손수 만든 카누를 타고 밀른 만의 험난한 바다로 나서기 전에 조개껍데기와 구슬을 주고받는 정교한 의식, '쿨라Kula'를 수행했다.[6] 쿨라는 섬과 섬을 오가는 항해의 불확실성을 다스리기 위해 생겨난 여러 리추얼 중 하나였다.

불확실성과 위험, 그리고 리추얼의 관계는 수많은 연구를 통해 기록된 바 있다. 한 예로, 가뭄이 언제 닥칠지 모르는 지역의 사회에는 비를 부르는 리추얼이 발달하기 마련이다. 미국 남서부의 어느 원주민 부족은 염소 털과 터키옥 같은 상징적 패물을 착용하고 비를 부르는 춤을 추는 기우제 풍습이 있었다. 태국에는 '고양이 행진'이라는 전통 행사가 있었는데, 회색 또는 검은색의 암컷 고양이 한 마리를 바구니에 담고 마을 곳곳을 행진하면 집집마다 사람들이 나와서 고양이에게 물을 뿌렸다.[7]

야구에서는 대부분의 리추얼이 타격 관련인데, 세계적 수준의 타자라 해도 성공률이 고작 30% 정도이기 때문이다. 반면 수비의 성공률은 약 98%이고, 수비와 관련된 리추얼은 매우 드물다.[8] 스포츠 팬들도 승리에 대한 확신이 낮을수록 좋아하는 모자나 특별한 양말 같은 '행운의 아이템'을 더 챙기는 경향이 있다.[9] 자신 또는 자신의 편이 홈런을 치거나 물고기를 잡으리라는 확신이 있거나 곧 비가 오리라는 확신이 있다면, 리추얼에 의지할 가능성은 낮다.

배고픈 비둘기들의 리추얼 시그니처가 생겨난 것도, 불확실한 상황 속에서 먹이를 더 얻을 방법을 찾고자 하는 과정에서였다. 비둘기들의 임의적인 반복 행동에 다시 주목해보자. 우리 안에서 시계 반대 방향으로 돌기, 우리 위쪽 모서리에 머리 들이밀기, 몸을 진자처럼 흔들기 등이었다. 사람이 그처럼 완전히 자의적인 행동을 하는 경우는 (나달을 제외하면) 없으리라고 생각할지 모른다. 하지만 우리가 오랜 세월 이어온 유산 리추얼도 그와 비슷한 행동으로 이루어진 것이 많다. 예를 들어, 손가락을 이마에 대고, 가슴에 대고, 왼쪽 어깨로, 그리고 오른쪽 어깨로 옮기는 동작을 생각해보자. 왜 그런 동작을 할까? 그게 무슨 의미일까? 많은 사람의 눈에 그 동작은 스키너의 비둘기들이 보인 움직임처럼 임의적인 동작으로 보일 수 있다. 그러나 특정 신앙을 가진 사람들에게 그 기계적인 동작은 성호를 긋는다는 신성한 의미가 있다.

리추얼 관점: 무의미한 것에서도 의미를 찾으려는 노력

하버드대학교의 댄 웨그너*Dan Wegner*는 20세기 후반의 가장 독창적인 심리학자 중 한 명으로 꼽힌다. 웨그너가 큰 관심을 가졌던 주제는, 자신의 표현에 따르면 "사람들이 실제로 하는 행위와 자기가 한다고 생각하는 행위 사이의 관계"였다. 모든 행위는 그 기계적 요소, 즉 실제 동작으로도 분별할 수 있고, 거기에 깔린 더 높은 차원의 의도로도 분별할 수 있다는 것이 웨그너의 생각이었다. 특정 기독교 종파의 신자들은 성호 긋기를 신앙을 표현하는 행위로 생각하고, 몸의 네 지점을 두드려 성호를 긋는다.[10] 웨그너의 연구에 따르면, 사람들은 가능하다면 높은 차원의 의미로 행위를 분별하고자 한다. 지금 뭘 하고 있냐고 누가 물으면 "성호를 긋고 있다"라고 대답할 것이다. "몸을 네 번 두드리고 있다"라는 대답도 틀린 말은 아니지만, 그렇게 말하는 사람은 없을 것이다.

인간 심리의 이 묘한 특성에 주목하면 왜 그리 많은 리추얼이 겉보기에 임의적인 행위로 이루어지는지 설명해줄 단서가 나온다. 이를테면 애거사 크리스티는 왜 욕조에 앉아 사과를 먹었을까? 태국 마을 주민들은 왜 회색이나 검은색의 암컷 고양이를 바구니에 넣었을까? 수많은 리추얼의 근간을 이루는 기계적 행위가 기이한 것은 우연이 아니다.

우리는 보통 목적 없는 행위를 하지 않는다. 다리를 움직이는 것은 어딘가로 걷기 위해서고, 손을 흔드는 것은 인사하기 위해서다. 추위를 막기 위해 창을 닫고, 잠자리에 들기 위해 불을 끈다. 그렇기에 누군가가 겉보기에 아무 목적이 없는 행위를 하는 것을 보면, 우리는 그 이유를 찾으려 한다. 모르는 사람이 보도 위에서 고개를 숙인 채 빙빙 돌고 있으면, 열쇠나 돈을 떨어뜨려서 찾고 있으리라고 추측한다. 어떤 사람이 허공을 향해 크게 몸짓하며 말하고 있다면, 무선 이어폰을 끼고 통화 중이라고 생각한다. 한 연구 결과에 따르면, 어른이 장난감 통을 괜히 깃털로 톡톡 두드린 다음에 뚜껑을 열고 장난감을 꺼내는 모습을 본 아이들은 깃털로 두드리는 그 行爲가 중요하다고 추측한다. 아이들은 자기가 장난감을 꺼낼 차례가 되자 똑같이 깃털로 통을 두드렸다.[11]

사회과학자 로한 카피타니*Rohan Kapitány*와 마크 닐슨*Mark Niel-sen*은 이를 '리추얼 관점*ritual stance*'이라고 불렀다.[12] 무의미하고 불필요해 보이는 행동일수록 그 이유를 찾아내려고 하는 우리의 성향을 가리키는 말이다. 일단 이유를 찾아보고 간단하게 설명되지 않으면, 우리는 거기에 복잡한 의미가 있다고 추측하기 쉽다. 임의적인 행위에서 심오한 의미를 읽어내는 것이다. 그와 같이 '인과적 불투명성'을 보이는 행위, 즉 목적도 알 수 없고 결과도 예측할 수 없는 행위를 우리는 특별하게 받아들인다.

쉬운 예를 들어 설명해보자. 당신에게 애나라는 친구가 있는데, 애나가 집에 정전이 되어 깜깜한 부엌을 뒤지며 양초를 찾고 있다고 하자. 그런 상황에서는 애나의 행동이 완벽히 이해된다. 전등이 들어오지 않으니 빛을 밝힐 다른 수단을 찾는 게 당연하다. 그런데 이번에는 부엌에 불이 환하게 켜져 있는데도 애나가 양초와 성냥을 찾고 있다고 하자. 이 경우는 빛을 밝혀야 할 필요가 없으므로, 우리는 애나가 양초를 의례적 목적에 쓰려 한다고 직관적으로 결론짓는다. 이를테면 생일 케이크에 꽂거나, 기념 행사나 추모 행사에 쓰려는 의도일 것이다.

아무리 순수하게 기능적인 활동이라 해도, 이를테면 경기 전 스트레칭 같은 것도 리추얼화될 수 있다. 일상적 행위를 특정 방식으로 하는 게 중요해지면 그것이 곧 리추얼이다. 그 행위를 한다는 것 자체보다 '어떻게' 하느냐가 중요하다. 예를 들면 꼭 정확한 시간에 하거나, 꼭 정확한 순서로 해야 하는 식이다. 혹은 미국의 루스 베이더 긴즈버그*Ruth Bader Ginsburg* 대법관이 법복 위에 항상 레이스 옷깃을 착용했던 것처럼 특정한 의상을 착용해야 하거나, 내가 어릴 적 우리 가족이 저녁 식사 때 그랬던 것처럼 특정한 자리에 앉아야 하거나, 찰스 디킨스가 취침할 때 그랬던 것처럼 특정한 방향을 향해야 하는 등이다.[13] 이 모든 예의 공통점은 실질적으로 꼭 필요하지 않은 세세한 요소, 즉 외부 세계에 직접적인 결과를 초래하지 않는 행위로 이루어졌다는 점이다. 처음에는 그저 기능적이었던 평범한 활동이 우리에게 지극히 중요한 활동이 되면서, 평범함을 초월한 비범함이 느껴지기에 이른다.

그런가 하면 한때 실용적인 이유로 시작했던 관습이 원래의 목적을 잃고 나서도 리추얼로 계속 유지되는 이유 역시 리추얼 관점으로 설명할 수 있다. 한 예로, 일부 문화권에서는 결혼식 전에 신랑이 신부의 얼굴을 볼 수 없게 되어 있다. 그 목적을 위해 신부는 베일을 쓴다. 그런데 신랑과 신부가 결혼 전에 서로 얼굴을 보았을 뿐 아니라 심지어 함께 살고 있다 해도 결혼식 때 베일이 등장하는 문화권이 많다. 베일의 원래 목적은 사라졌지만, 우리는 관습을 계속 이어가면서 새로운 의미를 부여한다. 즉, 베일은 신비감을 자아내고, 베일을 벗기는 행위는 두 사람이 하나가 된 삶을 시작한다는 상징이 된다. 행위의 이유가 불분명할수록 리추얼적으로 해석되기는 더 쉬워진다.

　리추얼이 존재하는 것은 기계적인 행위를 의미심장한 행위로 변모시킬 수 있는 우리의 능력과 의지 덕분이다. 우리는 평범한 사물에도 깊은 의미를 부여할 수 있기에, 손, 촛불, 베일, 사과, 고양이, 바구니 등 무엇이든 손 닿는 것을 감정 표현의 매개체로 활용할 수 있다.

　물론 타격 관련 리추얼이나 기우제에 아무리 정성과 기대를 쏟아붓는다 해도 성공이 보장되지는 않는다. 이처럼 리추얼에 희망을 걸며 주술적 사고에 빠지는 성향을, 스키너는 비둘기들에게서 관찰했다.

　어떤 리추얼이 우연히 바람직한 결과와 몇 번 연관되기만 해도, 강화가 일어나지 않는 경우가 많더라도 충분히 행동이 시작되고 지속될 수 있다. 볼링 선수가 볼링공을 손에서 놓고 나서 마치 공을 조종할 수 있다는 듯 어깨와 팔을 배배 꼬는 모습도 그 좋은 예다. 물론 그런 행동을 한다고 해서 실제로 효과가 있는 것은 아니다. 행운이 찾아온다거나, 이미 레인 중간을 지나고 있는 볼링공에 영향을 준다거나 하는 일은 일어나지 않는다. 비둘기가 아무것도 하지 않아도, 심지어 딴 행동을 하더라도 먹이가 나오는 빈도에 영향이 없는 것과 마찬가지다.

비둘기나 사람이나 어떤 리추얼이든 벌이는 것은 자유지만, 시계 반대 방향으로 돈다거나 알맞은 색의 고양이를 고른다고 해서 먹이가 생기거나 비가 내릴 리는 없다. 그런데도 왜 우리는 그런 행동을 나름의 방식으로 계속 이어갈까? 마법처럼 타석에서 역전 홈런을 치거나 볼링에서 스트라이크를 낼 수 있는 것도 아닌데, 왜 우리는 늘 그렇게 복잡하고 수고로운 일을 하는 걸까?

스키너는 그 질문에 어느 정도 답이 될 만한 이야기를 한다. 적어도 가끔은 리추얼을 수행한 후 원하는 결과가 나오면서 그 행동이 강화된다는 것이다. 가끔은 먹이가 배출기에서 떨어지고, 가끔은 카누가 폭풍우 속에서 무사히 귀환하며, 가끔은 열성 팬들이 행운의 유니폼을 입고 경기를 관전하러 가서 대승을 맛본다. 하지만 그런 일은 항상 일어나지 않는다. 원하는 결과를 가져오지 못할 때가 많은데도, 리추얼이 우리 삶 속에서 계속 생겨나고 반복되는 이유는 무엇일까?

기우제를 지낸다고 비가 오는 것은 아니겠지만, 가뭄은 다른 각종 결핍(음식, 돈, 주거, 배려 등)과 마찬가지로 사회적 긴장을 불러일으킨다. 두려움, 분노, 좌절, 탐욕(내 물도 부족한데 남에게 나눠주랴) 등이 대표적이다. 이 상황에서 기우제가 비를 내리게 하지는 못해도, 공동체를 하나로 묶어주는 역할을 한다. 그리고 우리가 과거에도 똑같은 어려움을 함께 이겨냈다는 사실을 일깨워준다. 기우제의 역할은 심리적이고 사회적이다. 함께 손발을 맞춰 구조화

어떻게 이 삶을 사랑할 것인가

되고 양식화된 행동을 수행하는 과정에서, 사람들은 공통된 과거와 공통된 희망을 환기하며 하나로 이어진다.

리추얼이 비록 외부 세계에 항상 영향을 미치지는 않더라도, 우리의 내면 세계에는 분명히 영향을 미친다. 리추얼 효과의 바로 그 측면을 이제부터 살펴보려 한다. 리추얼이 정말 우리를 변화시킬 수 있을까?

리추얼이 존재하는 것은

기계적인 행위를 의미심장한 행위로

변모시킬 수 있는 우리의 능력과 의지 덕분이다.

2부
——
새로운 나를 만나다

4장

수행: 할 수 있다는 믿음을 가지기

무대 공포증에 걸린 남자를 보라

있는 힘껏 버티며 서 있는 저 모습을

— 더 밴드*The Band*, 〈Stage Fright〉 중에서

공연 시작 5분 전. 당신은 무대 뒤의 어둑한 공간에 서 있다. 곧 커튼이 열리고 스포트라이트가 비출 것이다. 객석에서 웅성이는 소리가 파도처럼 넘실거리며 들려온다. 공연장은 만석이다. 이제 저 파도는 당신을 솟구쳐 올릴 수도, 무섭게 덮칠 수도 있다. 사람들은 오늘 저녁 이곳에 당신을, 오직 당신만을 보러 왔다. 무대 중앙에는 완벽하게 광을 낸 그랜드 피아노가 홀로 놓여 있다. 4분

후, 당신은 무대로 걸어 나갈 것이고 청중들은 환호를 터뜨릴 것이다. 그리고 고요한 정적이 깔릴 것이다. 당신은 의자에 앉아 손을 건반 위에 올릴 것이다. 청중들은 인간 능력의 극한을 시험하는 세 곡의 소나타를 당신의 연주로 들으려고 모였고, 당신이 최상의 모습을 보여주길 원한다. 그래야만 하는 곡들이니까. 3분 전, 등줄기로 식은땀이 흐른다. 당신은 오직 이 순간을 위해 연습했다. 하지만 주로 혼자서, 자신만의 공간에서, 자기 스타일로 연습했다. 불안감이 엄습한다. '내가 연습을 충분히 했을까?' 2분 전, 객석의 불이 꺼진다. 청중들이 자세를 고쳐 앉는 소리가 들리는 듯하다. 1분 후면 커튼이 열리고, 수많은 얼굴의 광활한 바다를 마주해야 한다. 60초 안에 쿵쾅거리는 가슴을 잠재우고, 목구멍까지 차오르는 공포를 삼켜야 한다.

이런 상황에서 과연 어떻게 평정심을 유지할 수 있을까?

세계 최고의 피아니스트 중 한 명으로 손꼽히는 스뱌토슬라프 리흐테르Sviatoslav Richter에게는 간단한 방법이 있었다. 바닷가재를 생각하는 것. 리흐테르는 공연이 있을 때마다 분홍색 플라스틱 바닷가재를 공단으로 안감을 댄 상자에 넣고, 무대에 오르기 직전까지 가지고 다녔다. 연주할 때도 영향을 받을 수 있도록 꼭 가까운 거리에 두었다. 에롤 모리스Errol Morris는 리흐테르의 생애를 조명한 글에서 이렇게 말했다. "바닷가재를 무대에 가지고 올라가는 게 좋을까? 그렇지 않을 것이다. 사람들이 궁금해할 테니까. 어

어떻게 이 삶을 사랑할 것인가

쨌든 그에게 한 가지는 확실하다. 바닷가재 없이는 연주할 수 없다는 것."[1] 리흐테르는 엄청난 재능을 가졌음에도, 분홍색 플라스틱 바닷가재 없이는 아무것도 할 수 없다고 스스로 느꼈다. 공연을 할 때면 절대 자신의 리추얼을 어기지 않았다. 바닷가재는 그에게 잘 조율된 피아노 못지않게 중요했다.

'그 이상의 무엇'을 얻기 위한 리추얼

중요한 활동을 앞두고 벌이는 '수행 리추얼*performance ritual*'은 리추얼적 행동 중에서도 가장 다채롭고 이목을 끄는 예로 꼽힌다. 기량의 절정에 이른 많은 스타가 수행 리추얼에 의존하는 것으로 알려져 있다. 테니스 챔피언 세리나 윌리엄스는 첫 서브 전에 공을 바닥에 다섯 번 튕기고, 두 번째 서브 전에는 두 번 튕긴다. 축구 선수 크리스티아누 호날두*Cristiano Ronaldo*는 항상 오른발로만 필드에 첫발을 내딛는다. 야구 선수 노마 가르시아파라*Nomar Garciaparra*의 리추얼도 유명하다. 일단 타석에 들어갔다가 다시 밖으로 나온다. 장갑을 조이고, 왼팔의 손목 밴드를 조정하고, 다시 장갑을 조인다. 다음으로 양쪽 장갑을 만지고, 손목 밴드, 오른쪽 허벅지, 등, 왼쪽 어깨, 헬멧, 벨트, 다시 헬멧을 차례로 터치한다. 그리고 다시 타석에 들어가 발끝으로 땅을 톡톡 두드린다.[2]

놀랍게도 노마의 리추얼은 유별난 경우가 아니다. 한 연구에서는 야구 경기 중 타석에서 타자들이 보이는 동작을 신체나 옷 만지기, 장갑 조이기, 배트로 홈플레이트 두드리기 등 33가지 범주로 분류하고 그 횟수를 조사했다. 그 결과 한 선수가 한 타석에서 보이는 동작이 평균적으로 무려 83회, 최소 51회에서 최대 109회에 이르는 것으로 나타났다.[3] 선수들은 자기가 이런저런 동작을 한다는 사실은 알고 있었지만, 실제 동작 횟수를 4분의 1 수준으로 과소평가하고 있었다. 영상으로 자신의 모습을 보고는 평소에 몰랐던 행동을 많이 발견하고 놀랐다. 그렇다고 그런 행동을 멈추지는 않았다. 오히려 자신이 '리듬을 타기' 위해 그런 행동에 얼마나 의지하는지 더 확실히 자각하게 되었다고 한다.

그 밖의 분야에도 다채롭고 창의적이며 기이한 리추얼이 넘쳐난다. 발레리나 수전 패럴Suzanne Farrell은 작은 장난감 쥐를 레오타드 안쪽에 핀으로 고정하고, 무대에 오르기 전에 성호를 긋고 자기 몸을 두 번 꼬집었다.[4] 그러고 나서 워낙 훌륭한 공연을 했기에 예술에 기여한 공로로 미국 대통령 자유 훈장을 수상했다. 에세이 《상실The Year of Magical Thinking》로 퓰리처상 최종 후보에 오른 작가 조앤 디디온Joan Didion은 글이 막힐 때마다 작업 중인 원고를 비닐 봉투에 넣어 냉동실에 보관했다.[5] 컴퓨터과학 선구자이자 미 해군 준장으로 전역한 그레이스 호퍼Grace Hopper는 혁신적인 프로그래밍 언어(이후 COBOL로 명명)를 정교한 논리로 개발했다. 그런데

어떻게 이 삶을 사랑할 것인가

마침내 코드 테스트를 할 때가 되면 호퍼와 팀원들은 예배용 깔개를 깔고 동쪽을 바라보며 코드가 제대로 작동하게 해달라고 기도했다.[6] 처음에는 장난스러운 미신적 의식으로 시작했던 것이 결국 필수적인 작업 의식으로 자리 잡으면서, 순수 수학의 엄밀함과 극명히 대조되는 주술적 장면이 연출되었다.

　　이미 자기 분야에서 정점에 오른 사람들이, 왜들 그렇게 호들갑을 떠는 걸까? 에롤 모리스는 리흐테르를 조명한 글에서 그 이유를 정확히 짚어냈다. "할 수 있다는 것은 할 수 있다는 생각과 믿음을 의미한다. 피아노 연주 실력만으로는 부족하다. '그 이상의 무엇'이 필요하다." 실력은 기본이고, 실력을 적시 적소에서 제대로 발휘하는 건 전혀 다른 문제다.

리추얼은 어디에나 있다

　　중요한 활동을 앞두고 벌이는 수행 리추얼의 목적이 바로, 잡힐 듯 잡히지 않는 그 이상의 무엇을 갖춤으로써 불안감을 이겨내고 잠재력을 최대한 발휘할 수 있게끔 하는 것이다. 세계적으로 유명한 정상급 기량의 보유자들에게만 해당하는 이야기가 아니다. 그런 사람들의 리추얼이 알려진 이유는 그들이 유명하기 때문이다. 평범한 사람들도 회의를 주관하거나, 취업 면접을 치르거나,

시의회에서 주장을 펼치거나, 그 밖에 사람들의 주목을 받는 일을 해야 할 때와 같이 일상의 수많은 영역에서 마음을 가라앉히고 준비하기 위해 수행 리추얼에 의지한다. 나는 수업 시간에 똑똑한 하버드 학생들에게 시험이나 경기, 그 밖의 스트레스 상황을 앞두고 수행하는 리추얼이 있는지 물어본다. 학생들은 처음에는 대답을 주저하지만, 한 사람이 용기를 내어 고백하면("저는 항상 같은 치약을 쓰고 같은 차를 마셔요. 꼭 연필 세 자루를 챙기고요.") 이야기가 봇물처럼 쏟아져 나온다. 모든 학생이 저마다의 리추얼을 가지고 있는 듯하다. 그리고 모든 리추얼이 서로 다르다.

꼭 결과가 매우 중요하고 압박감이 큰 상황에서만 리추얼이 생기는 것도 아니다. 일상적인 계기에서 비롯되는 리추얼도 많다. 사람에 따라서는 칵테일 파티에서, 열차 안에서, 병원에서 가벼운 잡담을 나누는 일이 카네기홀에서 독주를 하는 것만큼이나 버겁게 느껴질 수 있다. 또 동료 몇 명을 앞에 두고 프레젠테이션을 할 생각만으로 이마에 식은땀이 흐르는 사람도 있다. 한 연구에서는 참가자들에게 사람들 앞에서 연설을 하도록 요청하고, 그 스트레스로 인해 리추얼적 행동이 발생하는 모습을 모션 캡처 기술을 이용해 관찰했다. 사람들은 심박수가 올라갈수록 자기도 모르게 손을 특정한 반복적 패턴으로 움직이는 경우가 많아졌다.[7]

이처럼 다양한 리추얼을 탐구하다보니 나도 오래전부터 수행 리추얼을 하고 있다는 사실을 깨닫게 되었는데, 이는 리추얼에 회의적이던 내가 리추얼을 믿게 된 또 하나의 계기이기도 했다. 강의 전에 내가 하는 리추얼은 이렇다. 수업 시작 30분 전부터 연구실에서 서성거리며 강의 흐름을 머릿속으로 정리한다. 그리고 강의 계획을 적은 노란색 종이(항상 노란색이어야 한다)를 꺼내, 25년 전 아버지가 주신 검정색 가죽 바인더에 넣는다. 그 바인더를 나는 하버드 경영대학원에서 맡았던 모든 수업에 꼭 들고 다녔다.

전 세계의 비범한 사람들과 평범한 사람들이 자신만의 개성적인 수행 리추얼을 철저히 신봉한다. 자신의 리추얼이 우스꽝스러워 보이고 그 행위가 왜 효과가 있는지 논리적으로 설명할 수 없다는 것을 대부분 알면서도, 리추얼 없이는 아무것도 안 된다고 솔직하게 인정한다. 이 현상을 어떻게 이해해야 할까? 그들의 말이 맞는 걸까? 톱스타건, 평범한 일반인이건, 그런 괴상하고 다양한 행동이 실전에서 정말 도움이 될까? 오히려 방해가 되어 수행 능력을 떨어뜨리는 경우도 있지 않을까?

냉정하고 차분하고 침착하게

리추얼이 경기 당일에는 물론 일상 속 스트레스에 대처하는 수단으로 널리 이용되는 큰 이유 중 하나는, 우리가 평소에 침착함을 유지하고 수행 능력을 높이기 위해 쓰는 다른 전략이 미흡하거나 역효과를 내기 일쑤이기 때문이다. 반쯤 겁에 질려, 거울 속의 자신을 노려보며, 진정하라고 말해본 적 있는가? 화가 머리끝까지 난 애인에게 진정하라고 말했다가 그 여파를 겪어본 적 있는가?

결과가 어땠는가?

진정하라고 하는 것만으로 충분하진 않더라도 어느 정도는 도움이 되지 않을까 싶을지 모른다. 평정심을 유지하라는 격언과 문구는 주변에 흔하다. 아마 가장 유명한 예는 제2차 세계대전 당시 영국의 슬로건, "진정하고 하던 일을 계속하라*Keep calm and carry on*"일 것이다.[8] 그러나 영국 정부는 독일군의 폭격이 시작되자 이미 겁에 질린 시민들이 그 슬로건을 위선적이거나 무의미하다고 여기리라고 생각했는지, 이내 포스터 250만 장을 폐기했다(이 슬로건이 전 세계적인 밈으로 재등장한 것은 2000년, 중고 서점 주인이 포스터 원본을 발견하면서였다. 그 문구는 엄격하고 강인했던 옛 시절을 미묘하게 풍자하는 메시지로 21세기 대중의 공감을 샀다).

영국이 그 표어를 포기한 결정이 옳았음은 최근의 여러 연구를 통해 입증된다. 앞서 소개한 심리학자 댄 웨그너는 스스로의 행동을 어떻게 인식하는지에 관한 연구뿐 아니라, 스스로의 생각을 통제하지 못하는 현상에 관한 연구도 진행했다.[9] 웨그너는 실험 참여자들에게 흰곰을 생각하지 말라고 요청했다. 언뜻 쉬워 보이는 일이지만, 흰곰을 생각하지 않으려 할수록 머릿속에는 흰곰만 떠오르기 마련이다. 대중없이 떠오르는 흰곰 생각조차 억누를 수 없다면, 과연 수행 불안을 억누를 수 있을까? 불안은 하나의 상태이면서 동시에 성향이기도 하다.[10] 즉, 우리는 무언가를 수행할 생각에 불안해질 수도 있고, 원래부터 불안한 사람일 수도 있다. 어느 경우든, '진정하라'라는 충고는 도움이 되지 않는다.

스스로를 진정하라고 다독이는 행위는 단순히 생각을 억누르려는 것이 아니라, '각성' 상태를 억제하려는 시도다. 각성은 에너지와 긴장이 고조된 심리적 상태와 더불어, 변연계와 교감신경계의 활성화를 수반하는 생리적 상태를 일컫는 용어다. 긴장과 스트레스가 뒤섞인 각성 상태에서 '진정하자'라고 스스로 다독여보자(흰곰, 흰곰, 흰곰…). 하버드 경영대학원의 동료 교수 앨리슨 우드 브룩스_Alison Wood Brooks_의 연구에 따르면, 그렇게 스스로를 진정하라고 다독이는 것은 효과가 없을 뿐 아니라 오히려 더 큰 스트레스를 유발하기도 한다. "수행에 대한 불안감은 그대로인 데다, 이제는 진정하려는 시도마저 실패했다는 불안감이 더해지고, 그런 이유로 불안해하고 있다는 데 대한 불안감까지 생겨난다."[11] 이런 파멸석 피드백 루프가 얼마나 강력한지는 짐작할 수 있을 것이다.

그저 시간 문제일 뿐이라고 보는 사람도 있다. 몰입 상태가 찾아올 때까지 기다리기만 하면 결국 최상의 능력을 발휘할 수 있다는 것이다. 하지만 그런 전략이 효과가 있다는 증거는 거의 없다. 한 연구에 따르면, 몰입 상태가 되었다고 스스로 느낄 때까지 기다렸다가 다트를 던지도록 허락받은 사람들은 임의의 시점에 던지라고 지시받은 사람들에 비해 점수가 나을 것이 없었다.[12] 심지어 과업과 직접 관련된 준비 전략마저도 도움이 되지 않을 때가 많다. 운동 경기 전 스트레칭을 하면 워밍업 효과 외에 마음을 진정시키는 효과도 있을까? 연구 결과는 확연히 엇갈린다.[13] 한편 자낙스 같은 항불안제는 효과가 있을 때가 많지만, 뇌의 처리 속도를 느리게 하는 부작용이 있기에 빠르게 생각하고 반응해야 하는 상황에서는 도움이 되지 않는다.[14]

중요한 일을 앞두고 느끼는 긴장감이 항상 나쁘지는 않다는 것도 분명하다. 각성 수준과 수행 능력 간의 관계를 제시한 여키스-도슨 법칙Yerkes-Dodson law이라는 것이 있다.[15] 그에 따르면 긴장과 스트레스의 정도가 적당할 때는 중요한 면접, 시험, 운동 경기 등에서 수행 능력이 향상된다. 의욕과 지구력이 높아지면서 최상의 수행 능력을 발휘하는 데 도움이 되는 것이다. 하지만 그런 현상은 어느 정도까지만 나타난다. 긴장의 정도, 즉 각성 수준이 지나치게 높아지면 수행 능력이 오히려 저해된다.

앨리슨 우드 브룩스는 하버드에서 함께 연구하는 동료일 뿐 아니라 내 절친한 친구이기도 하다. 우리는 또 다른 동료 라이언 뷰얼Ryan Buell과 함께 '하버드 교수 밴드Harvard Faculty Band'라는 참신한 이름의 밴드를 결성했는데(지금은 '더 라이츠the Lights'로 이름을 바꾸어 활동하고 있으며, 웹사이트 www.thelights.band에서 우리의 음악을 들을 수 있다), 세 사람 모두 밴드 활동을 통해 수행 불안을 직접 체감하고 있다. 앨리슨은 내가 함께 음악을 해본 사람 중에서 가장 긴장하지 않는 사람이다. 자신의 연구 결과를 몸소 실천하듯, 공연 전의 초조함과 불안을 설렘으로 승화시킨다. 라이언은 주로 관객과 대화를 나누며 불안을 해소한다. 반면, 나는 수행 불안을 불편함으로 치부하는 경향이 있다. "아니, 밴드를 한다고 왜 꼭 남들 앞에 나가서 연주를 해야 해?" 하는 식이다. 다행히 멤버들은 이런 나를 잘 참아준다.

실망감과 패배감 극복하기

2001년, NFL 디비전 라이벌인 마이애미 돌핀스에 쓰라린 패배를 당한 뉴잉글랜드 패트리어츠 선수들이 훈련장에 도착하니, 땅에 큰 구덩이가 파여 있었다. 빌 벨리칙*Bill Belichick* 코치가 구덩이 옆에 서서, 삽 한 자루와 패배한 경기의 공을 들고 있었다. 그는 공을 구덩이에 던지고 흙으로 덮더니, 선수들을 향해 말했다. "그 경기는 끝났다. 이제 묻고 앞으로 나아가자." 선수들이 불운의 공을 땅에 고이 묻고 돌아서자, 쿼터백 톰 브래디가 발로 흙을 쿵쿵 밟으며 중얼거렸다. "이제 끝났어."[16] 그 말은 그대로 이루어졌다. 1승 3패의 참담한 성적으로 시즌을 시작한 패트리어츠는 시즌 내내 분발한 끝에 팀 역사상 처음으로 슈퍼볼 우승을 일구어냈다.

리추얼이 성공을 보장하지는 않는다. 아무리 철저히 준비해도 실패를 피할 수는 없는 것과 마찬가지다. 그러나 공들여 세운 계획이 어긋나고, 열심히 연습한 공연이 실패로 끝날 때, 리추얼은 또 다른 역할을 해줄 수 있다. 실망감과 패배감을 극복할 힘을 주는 것이다. 경기 전의 극심한 스트레스가 리추얼적 행동을 유발한다면, 패배 후의 극심한 실망감 역시 리추얼을 촉발하는 듯하다. 실패로 인한 부정적 감정을 다스리는 데에도 리추얼이 도움이 되기 때문이다.

연구 결과는 벨리칙과 브래디가 그 공을 묻은 결정이 옳았음을 뒷받침한다. 2017년, 토론토대학교의 심리학자 닉 홉슨*Nick Hobson*, 데빈 봉크*Devin Bonk*, 미키 인즐릭트*Mickey Inzlicht*는 48명의 참여자를 모집해 실패에 대처하는 모습을 일주일간 관찰했다.[17] 일부 참가자들에게는 일주일 동안 매일 한 번씩 이런 리추얼을 수행하게 했다. "두 주먹을 가슴 앞에 모으고 천천히 머리 위로 올리면서 코로 숨을 깊이 들이마신다. 그다음 주먹을 다시 가슴 앞으로 내리면서 입으로 숨을 내쉰다. 이 과정을 세 번 반복한다." 그런 다음, 실험 기간 동안 모든 참가자에게 일련의 어려운 인지 과제를 수행하게 했다. 그중 하나는 심리학자 존 리들리 스트룹*John Ridley Stroop*이 1930년대에 개발한 스트룹 색상-단어 검사*Stroop Color and Word Test*라는, 간단하면서도 헷갈리는 검사였다.[18]

방법은 이렇다. 하나씩 제시되는 단어를 보고, 글자의 색깔을 말하면 된다. 가령 파란색으로 쓰인 '개'라는 단어가 제시되면 "파랑"이라고 말하면 된다. 그런데 그다음 단계는 더 어려워져서, 예컨대 녹색으로 쓰인 '빨강'이라는 단어가 제시된다. 문자 인식은 워낙 무의식적으로 일어나기 때문에 많은 피실험자가 녹색 글자를 보고도 무심코 "빨강"이라고 말해버린다. 연구진은 참가자들이 과제를 수행하는 동안 머리에 전극을 부착해 뇌파를 측정하면서, ERN*error-related negativity*(실수 관련 부적 전위)이라는 뇌파 신호를 관찰했다. ERN은 자신이 가진 기대('나는 이 과제를 잘할 거야')에 스스로 부합하지 못했을 때 나타나는 신호다. 우리가 '잘못했다'라는 느낌이 들 때 신경 수준에서 일어나는 현상이라고 할 수 있다.

호흡 리추얼을 수행한 참가자들은 아무 리추얼을 하지 않은 참가자들에 비해 실패에 대한 반응이 약하게 나타났다. 실수했을 때 일어나는 부정적 반응, 즉 '잘못했다'라는 그 익숙한 느낌이 리추얼로 인해 누그러졌음을 시사하는 결과다. 리추얼이 뇌의 실패 반응을 조절함으로써 좌절을 겪은 후 더 빨리 회복하도록 돕는 데 분명 효과적인 듯하다.

리추얼이 걸림돌이 될 때

1970년에 출간된 베스트셀러 《볼 포*Ball Four*》에서 야구계의 이단아였던 투수 짐 바우턴*Jim Bouton*은 이렇게 말했다. "한평생 야구공을 쥐고 살았는데, 알고 보니 내가 야구공에 쥐여 살고 있었다."[19] 운동 선수로서 느끼는 통제감이 자칫 집착으로 변해, 정복하려 했던 대상에 오히려 휘둘리게 될 수 있다는 뜻이었다. 수행 리추얼에는 많은 이점이 따르는 만큼, 대가도 따른다. 리추얼에 지나치게 의존하면, 리추얼에 매여 리추얼 없이는 아무것도 하지 못하게 될 위험이 있다.

또 다른 메이저리그 선수의 예를 들어보자. 보스턴 레드삭스에서 오랫동안 3루수로 활약한 웨이드 보그스*Wade Boggs*는 17이라는 숫자와 관련된 수많은 리추얼을 가지고 있었다.[20] 경기 전 5시 17분에 배팅 연습을 시작하고, 7시 17분에 전력 질주 훈련을 했다. 보그스의 리추얼은 워낙 유명해서, 당시 토론토 블루제이스의 감독이었던 보비 콕스*Bobby Cox*는 보그스를 당황시키기 위해 토론토 구장의 스코어보드 담당자에게 7시 16분에서 바로 7시 18분으로 넘겨달라고 요청하기도 했다.

볼티모어 오리올스의 투수 짐 파머*Jim Palmer* 역시 리추얼에 매여 있었다. 1966년 짐 '팬케이크' 파머는 눈부신 활약을 펼치며 8연승을 거두고 있었는데, 경기가 있는 날 아침마다 행운의 팬케이크를 먹는 게 자신만의 리추얼이었다. 그런데 캔자스시티 로열스와의 경기를 앞두고 항공편 문제로 팬케이크 아침 식사를 거르게 되자, 파머는 그날 경기를 그르칠지도 모른다는 불안에 휩싸였다. 결국 패배한 후 그는 기자들에게 말했다. "팬케이크를 거른 게 경기에 영향을 줬는지 모르겠지만, 알고 싶지도 않습니다."[21] 리추얼이 방해받으면 극심한 불안이 나타날 수 있다. 파머는 아침 리추얼을 수행하지 못한 탓에 하루 종일 컨디션에 차질을 빚은 데 그치지 않고, 실제 경기력에도 차질을 겪었다.

그런가 하면 지나치게 복잡한 리추얼도 문제가 된다. 너무 번잡해서 마음을 가다듬어주기보다 오히려 방해가 되는 경우다. 야구 선수가 타석에서 평균 83회의 동작을 한다고 했는데, 그 횟수가 100회를 넘는 선수들도 있다. 한때 미네소타 트윈스의 유망주로 각광받았던 로이스 루이스*Royce Lewis*는 그 상한선에 너무 가까웠던 듯하다. 그의 커리어가 지지부진하자 한 논평가는 다음과 같이 진단했다. "노마 가르시아파라를 방불케 하는 장갑 만지기, 투구 사이에 신중히 크게 심호흡하기, 끊임없이 유니폼 정리하기 등 강박적인 각종 버릇이 리추얼의 안정 효과를 주기보다 오히려 집중력을 흐트러뜨리는 듯하고, 경기 진행 속도가 그의 리듬에 비해 너무 빨라 보일 때가 많다."[22] 극단화된 수행 리추일은 오히려 방해가 된다. 리추얼에서 벗어나지 못하면, 초점을 전환해 정작 중요한 수행 단계로 넘어가지 못한다. 더그아웃이나 무대 뒤에 갇힌 채 세상이 흘러가는 것을 지켜보는 처지가 될 뿐이다(참고로 하버드의 한 학생이 내게 밝힌 바에 따르면, 자기는 일부러 경기 전 리추얼을 완벽히 수행하기 어렵게 만든다고 한다. 그렇게 하면 경기가 잘 안 풀려도 자기 탓이 아닌

부실한 리추얼 탓으로 돌릴 수 있기 때문이라고).

어떤 리추얼도 우리를 단번에 록 스타나 천재로 만들어줄 수는 없다. 우리는 여전히 재능과 능력의 한계, 그리고 연습의 반복이라는 현실과 부딪쳐야 한다. 그러나 리추얼의 힘을 활용해 긴장을 다스리고 그동안 힘들게 쌓은 실력을 십분 발휘할 수 있다. 에롤 모리스의 말처럼, 수행 리추얼은 잡힐 듯 잡히지 않는 '그 이상의 무엇'을 우리에게 제공해준다. 우리가 무대에 올라 빛을 발할 수 있도록.

어떻게 이 삶을 사랑할 것인가

수행 리추얼은 잡힐 듯 잡히지 않는
'그 이상의 무엇'을 우리에게 제공해준다.
우리가 무대에 올라 빛을 발할 수 있도록.

5장

음미: 현재를 온전히 경험하기

정화: 잔을 찬물에 담가 차갑게 만든다. 따랐을 때 거품이 오래 유지되도록 하기 위해.

희생: 첫 몇 방울을 버린다. 신선한 맛을 위해 치러야 할 작은 대가다.

변신: 잔을 45도 각도로 기울여 거품과 액체의 완벽한 조화를 기한다.

왕관: 잔을 우아하게 세워 완벽한 거품을 형성하고 신선함을 봉인한다.

분리: 매끄럽고 유연한 동작으로 노즐을 닫으며 잔을 뺀다.

제거: 스키머를 45도 각도로 대어 큰 거품을 깔끔하게 걷어낸다.

심판: 거품의 두께는 3센티미터, 넘지도 모자라지도 않아야
     한다.

세정: 마지막으로 찬물에 담가 반짝이는 잔을 아름다운 모습으
     로 완성한다.

수여: 완벽하게 서빙된 스텔라 아르투아를 확인하고 감상하는
     순간.

맥주 애호가가 아니라면, 이것이 종교 의식이 아닌 맥주 따르
는 의식임을 알아차리는 데 한참이 걸렸을지도 모른다(맥주 애호
가라면 금방 알 수 있다). '더 리추얼 *The Ritual*'이라 명명된 이 의식은
1990년대에 벨기에 맥주 회사 스텔라 아르투아 *Stella Artois*가 선보
인 마케팅 캠페인이다.[1] 중세 시대를 연상시키는 듯한 9단계의 세
세한 절차가 우스꽝스러워 보일 수도 있다. 의도적으로 과장한 문
구들이니 그럴 만하다. 하지만 거대 맥주 기업 앤하이저부시 인베
브 *Anheuser-Busch InBev*가 스텔라 아르투아를 경쟁 제품보다 비싸게
팔 수 있는 배경에 이런 광고가 한몫하고 있는 것만은 분명하다.

설령 상술에 지나지 않는다 해도, 이렇게 고도의 의식을 치르
며 좋아하는 술을 준비하는 기분이 어떨지 상상해보자. 정교하고
치밀한 절차를 차근차근 수행하는 의식 자체가 무언가 색다른 경
험을 선사하지 않을까? 완벽한 마티니는 '젓지 말고 흔들어야' 한
다는 신조에서 느껴지는 신비감과 비슷하다 할까. 맥주를 따를 때

어떻게 이 삶을 사랑할 것인가

든 마티니를 만들 때든, 평범한 행위도 어떻게 수행하느냐에 따라 그 경험이 한층 고양된다. 이에 비해, 내가 평소에 맥주를 준비하는 방법을 상상해보자. 병뚜껑을 돌려서 딴다. 그게 전부다. 차이가 느껴지는가? 술 한 잔이나 음식 한 점 또는 특별한 순간에 적절한 리추얼을 곁들인다면 전혀 다른 경험을 할 수 있다. 동네 마트에서 12개짜리 팩으로 파는 맥주도, 음미할 만한 특별한 음료로 변신할 수 있다.

리추얼을 통해 우리는 일상 속에서 음미하는 순간을 더 많이 누릴 수 있다. 가장 간단하고 흔한 음미 리추얼이라면, 매일 같은 시간에 음료나 간식 먹기를 꼽을 수 있을 것이다. 세계의 거의 모든 문화권에서 그와 같은 리추얼을 찾아볼 수 있다. 스칸디나비아에서는 오전 10시쯤 '피카*Fika*'라고 하여 커피, 차, 과자를 즐기며 쉬는 시간을 갖는다. 스칸디나비아의 대부분 직장에서는 이때 개인적으로 배가 고픈지 여부는 중요하지 않다. 피카는 그냥 당연히 하는 것이고, 배고픔이나 업무 능률과는 무관하다. '피카'는 명사이자 동사로, 잠시 쉬며 사람들과 함께 먹고 시간을 보낸다는 데 의미가 있다.[2]

인도에서는 오후 6시에 '차이*chai*'라고 하는 홍차를 끓이곤 한다. 꿀이나 설탕으로 단맛을 더하거나 팔각, 회향, 정향 같은 향신료를 곁들여도 좋다. 풍미를 더해줄 생강을 약간 넣기도 한다. 우유를 많이 부어 걸쭉하게 만드는 사람도 있다. 차 마시는 시간은 그 자체로 특별한 시간이다. 하루 일과를 마무리하고 집에서의 모습으로 돌아가기 전, 그 사이에 존재하는 일종의 중간 지대랄까.[3]

이탈리아에서는 아침 일찍 커피를 '알 반코*al banco*' 스타일로 마시곤 한다. 저렴한 값에 빠르게 제공되는 에스프레소를, 레몬을 곁들여 재빨리 들이킨다. 단번에 해치우는 것이 포인트다. 망설임 없이 신속하게 수행하는 리추얼인 것이다. 한 모금으로 끝난다고 아쉬워할 필요는 없다. 하루에 일곱 잔, 여덟 잔 더 마실 기회가 있으니.[4]

1970년대 미국 학교에서는 학생들에게 오전 간식으로 그레이엄 크래커와 우유 한 팩을 주었다. 우유 팩 입구가 좁아서 달달한 크래커를 푹 적시기에는 무리가 있었지만, 학생들은 어떻게든 구멍을 내고 크래커를 담가 눅눅하다 못해 흐물해질 때까지 기다렸다. 그러면 크래커도 아니고 우유도 아닌, 새로운 음식이 탄생하곤 했다.[5]

프랑스인이라면, 혹은 프랑스에서 오래 지내본 적이 있다면 오전에 즐기는 팽 오 쇼콜라의 리추얼적인 쾌감을 잘 알 것이다. 출근길에 동네 빵집에 들러 버터 향이 진하고 바삭한 크루아상 속에 초콜릿이 든 그 빵을 하나 사보자. 맛보고, 숨을 들이쉬고, 천천히 내쉬어보자. 지금 이 순간, 인생이 얼마나 행복한지 음미해보자.[6]

이상의 모든 사례에서 음료와 음식은 우리가 현재 순간을 온전히 경험할 수 있도록 무대를 마련해주는 소품과도 같다.

당신의 하루 중에도 무언가를 음미하는 리추얼이 있는지 생각해보자. 사람에 따라 전통적인 리추얼(차, 커피, 퇴근 후 칵테일 등)을 살짝 변형한 경우도 있었고, 완전히 새롭게 만들어낸 경우도 있었다.

🌿 오전 중에 자리에서 일어나 스트레칭을 할 때가 되면, 간단한 티 리추얼을 한다. 오랫동안 세계 각지의 차를 수집해서 이제 컬렉션이 제법 방대하다. 처음 시작은 '세계의 차'라는 키트를 선물받으면서였다. 지금은 마셔보고 싶은 차가 눈에 띌 때마다 구입해서 내 마음대로 섞어 즐긴다. 오전 10시나 11시쯤 되면 자리에서 일어나 사무실에 놓아둔 지구본 앞으로 간다. 지구본을 핑 돌리고 손가락으로 아무 대륙이나 나라를 짚는다. 짚은 위치에 따라 그날의 차를 정한다. 얼그레이, 골든 차이, 마테 레몬, 재스민 녹차 등 어떤 차가 될지 모른다. 어떤 차를 마시든, 항상 몇 분 정도는 그 한 잔의 특별함과 독특함을 음미해본다. 모든 차는 다르다. 어떻게, 왜 다른지 제대로 음미하는 데 몇 분이면 충분하다.

🌿 매일 오후 2시면 길 아래쪽 빵집에 갓 구운 빵이 나온다. 산책을 나가 빵 굽는 냄새를 즐기기에 딱 좋은 시간이다. 빵집에 도착하면 빵은 아직 따끈하다. 빵을 사서 집으로 돌아와 할머니가 물려주신 예쁜 사기 접시에 올려놓고, 내가 좋아하는 프랑스산 버터

를 두툼하게 얹는다. 이 용도로만 쓰는 버터여서 버터 한 덩이로 몇 주는 쓴다. 버터가 빵의 온기에 녹아드는 모습을 바라보는 것만으로도 하루분의 행복이 가득 충전된다.

🌿 한낮에 사무실 책상에서 일어나 산책 나가는 시간이 너무 좋다. 예전에 아버지가 늘 그러셨던 것처럼, 길에 떨어진 동전을 찾아본다. 25센트짜리든 10센트짜리든 있으면 주워서, 길 아래쪽 장난감 가게에 가서 껌볼을 산다. 껌볼은 아버지를 떠올리게 하고 어린 시절로 돌아가게 해주는, 재미난 작은 선물이다. 껌볼 기계에서 알록달록한 색의 동그란 껌볼이 굴러나오길 기다리던 설렘이 다시 느껴진다. 껌볼을 입에 넣을 때마다 아버지의 웃음소리가 들리는 것만 같다. 단맛은 금방 사라지지만, 항상 기분이 좋아지고 미소가 지어진다.

우리의 하루를 마법처럼 변화시키는 방법은 무궁무진하다. 당신의 일상 속에도 음식물과 관련된 리추얼이 있다면, 그 리추얼의 울림을 어떻게 더 크게 만들 수 있을지 생각해보길 권한다. 그런 것이 없다면, 이 기회에 시작해보자. 일과를 잠시 멈추고 즐거움을 느낄 수 있는 시간을 만들어보자. 위에 예를 든 것과 같은 음미 리추얼은 작지만 강력한 일상의 기쁨을 낳는 원천이자, 평범한 것을 특별하게 바꾸어주는 간단하면서도 저렴한 방법이다.

개념을 소비하다

내가 가장 좋아하는 피자집은 보스턴 노스엔드에 있는 '레지나'이고, 내가 가장 좋아하는 피자는 그 집의 소시지 양파 피자다. 그렇다, 내가 세계 곳곳에서 먹어본 모든 피자 중에서도 가장 맛있는 피자를, 내가 자란 동네에서 불과 몇 마일 떨어진 그 가게에서 만든다. 게다가 나는 다른 피자 가게에서는 소시지 양파 피자를 한 번도 먹어본 적이 없다. 사실 나는 양파를 그다지 좋아하지도 않는다. 그런데 왜 레지나의 피자를 가장 좋아하게 되었을까?

레지나는 내 부모님이 가장 좋아하는 피자집이기도 하다. 그곳에 가면 내 어린 시절뿐만 아니라 부모님의 어린 시절 이야기도 떠오른다. 1950년대에 자란 어머니와 아버지는 이탈리아 음식이 아일랜드계 가톨릭 공동체에서 이국적인 음식으로 여겨지던 그 시절, 레지나에 자주 가곤 했다. 레지나는 내게 가족의 전통이고, 레지나를 통해 나는 태어나기 전의 과거와 이어져 그 과거를 이어간다. 20대 시절, 나는 절친한 친구 스콧과 레지나에서 만나 소시지 양파 피자를 먹으며 앞으로의 인생을 고민하던 습관이 있었다. 그때는 그저 습관 정도로 생각했는데, 지금 돌이켜보면 훨씬 큰 의미가 있는 일이었다. 내게 그것은 지역에 단단히 뿌리내린 하나의 유산 리추얼이었다(레지나는 이제 내 딸이 가장 좋아하는 피자집이기도 하다).

내가 레지나에서 피자를 먹으며 정서적 만족감을 느끼는 것은 내가 '개념의 소비conceptual consumption'라고 부르는 현상의 한 예다. 피자는 통곡물이나 칼슘 같은 영양소로 이루어진 음식일 뿐이지만, 그 피자를 먹는 행위는 나를 과거로 데려가 그 이상의 경험을 선사한다. 감정과 꿈, 추억과 향수가 되살아난다. 인류학자 클로드 피슐러Claude Fischler는 "인간은 단백질, 지방, 탄수화물뿐 아니라 상징, 신화, 환상을 먹고 산다"라고 했다.[7] 특정 음식을 특정 방식으로 먹는 행위는 단순한 영양 공급 이상의 풍요로움을 우리에게 제공한다. 먹는 행위는 우리의 문화 도구함에 들어 있는 재료 레퍼토리를 뜻깊게 활용하는 한 방법이기도 하다. 우리는 그 재료를 전통 방식으로 이용하기도 하고, 그 재료를 가지고 완전히 새로운 것을 만들어내기도 한다. 초콜릿바 튀김이란 특이한 별미도, 먼저 세상에 초콜릿바가 있고 초콜릿바를 튀길 기술이 있어야 나올 수 있는 것 아니겠는가.

여기서 궁금해진다. 리추얼이 매개하는 상징, 신화, 환상이 완전히 결여된 채 단백질, 지방, 탄수화물을 섭취하는 모습은 과연 어떨까? 어쩌면 '소일렌트Soylent'와 비슷한 모습(그리고 비슷한 맛)일지도 모른다.

2013년, 조지아공과대학교 전기공학과를 갓 졸업한 롭 라인하트Rob Rhinehart는 식사하는 일이 너무 번거롭다고 생각했다. 샌프란시스코에서 룸메이트들과 살면서 스타트업 창업을 준비하던 그에게 식사는, 돈도 많이 들고 시간도 많이 걸리는 귀찮은 일이었다. 연료를 구해 몸에 넣어주는 그 수고를 언제까지 계속해야 하는지 라인하트는 고민했다. 몸을 유지하는 데 필요한 영양소를 찾아내서 그것만 섭취하면 간단하고 합리적이지 않을까? 그는 글루콘산칼륨, 탄산칼슘, 인산일나트륨 등 35가지 성분을 선별해 밤마다 믹서에 넣고 갈았다. 조제법을 바꿔가며 점성을 조절해 팬케이크 반죽 같은 걸쭉한 질감을 만들고, 방귀를 유발하는 난감한 문제까지 해결했다. 그리고 이 음료에 '소일렌트'라는 이름을 붙였다. 아이러니하게도, 인간을 식량으로 사용하는 내용의 SF 영화 〈소일렌트 그린*Soylent Green*〉에서 따온 이름이다.[8]

현재 라인하트가 세운 대체식품 회사는 필요한 영양소를 한 번에 섭취할 수 있는 상품을 판매하고 있다. 소일렌트의 목적은 음미 과정을 생략함으로써 최대의 효율을 추구하는 것이다. 병을 따서 걸쭉한 음료를 그대로 마시면 그만이다. 감각의 강렬한 자극도 없고, 유대감과 소속감을 되새길 여유도 없다. 어릴 적 할머니가 몇 시간 동안 보글보글 끓이다가 분홍색 무를 얹어 내주시던 스튜의 향도 없다. 겨울날 오후에 집에서 구워주던 폭신하고 향긋한 빵의 식감도, 바삭거나 아삭거리는 소리도 없다. 씹을 필요가 없는 액체 형태이니, 이웃집에서 만들어주던 추억의 쿠키처럼 어린 시절 좋아하던 음식을 떠올리게 할 그 어떤 특징도 없다.

소일렌트에는 추억을 곱씹고, 앞으로 다가올 즐거움을 기다리고, 소소한 행복을 조용히 음미할 수 있는 요소가 모두 빠져 있다. 소일렌트를 선택하면 식사가 간편해지고 음식은 몸에 필요한 연료일 뿐이라고 회사는 광고한다. 수고를 들이고 감정을 소비할 필요 없이 배고픔을 자동으로 해결해주는 방법이라고 한다. 시간을 절약하는 점에서는 합리적이겠지만 그로 인한 대가는 무엇일까?

음미하기 위한 음료

이제 소일렌트와는 정반대라 할 수 있는, 오로지 음미하기 위해 마시는 음료를 생각해보자. 와인을 즐겨 마시는 사람들의 와인 문화는 워낙 풍부해서, 와인을 마시는 행위가 그 사람의 정체성을 규정하기도 한다. 와인 애호가들은 한 잔을 마시면서도 나파밸리나 토스카나나, 프랑스 남부에 햇볕이 좋았다거나 비가 적게 내렸다거나, 그해의 토양 상태가 어땠다거나, 포도를 하루 늦게 땄는지 하루 일찍 땄는지 등의 재배 조건을 떠올리며 음미한다. 포도밭 주인의 가문 내력을 알기도 하고, 포도밭에 직접 찾아가 그곳에서 일하는 사람들을 만나보기도 한다.[9]

와인의 세계를 풍자하면서 동시에 찬미하는 영화 〈사이드웨이*Sideways*〉에서, 주인공 마일스(폴 지어마티*Paul Giamatti* 분)는 까다로운 와인 애호가이자 실패한 소설가다. 마야(버지니아 매드슨*Virginia*

Madsen 분)와 서로 유혹하는 장면에서, 두 사람은 와인 이야기를 통해 자신에 관한 이야기를 하며 탐색전을 벌인다. 마일스가 먼저 자신이 포도 품종 피노 누아르*pinot noir*를 좋아하는 이유를 설명한다.

🌿 당신도 알다시피, 재배하기 어려운 품종이잖아요. 껍질이 얇고 예민해서 일찍 익고요. 카베르네는 어디서든 자라고 방치해놔도 잘 크는데, 피노는 다르죠. 계속 세심하게 돌봐줘야 하고, 어디 외진 구석의 특정한 땅 아니면 자라지도 못해요. 정말 각별한 끈기와 애정을 쏟을 수 있는 사람이 키워야 해요. 그래야만 피노의 그 섬세하고 연약한 특성을 끌어낼 수 있으니까요.

마야도 와인의 세계에 깊이 몰입한 채, 매우 친밀하고 솔직하게 자신의 생각을 털어놓는다.

🌿 와인은 계속 변한다는 게 좋아요. 같은 와인도 오늘 병을 땄을 때 맛이 다르고, 내일 병을 땄을 때 맛이 다르잖아요. 와인은 살아 있으니까. 끊임없이 변화하고 점점 복잡해지죠. 그러다가 어느 순간 정점에 도달해요. 당신이 말한 61년산처럼. 그러고는 천천히 쇠락해가는 운명을 걷죠. 그런데 그때가 정말 기가 막히게 맛있어요.[10]

이것이 바로 음미의 유혹이다. 와인은 타인과 같은 경험을 하고 깊은 교감을 나눌 수 있도록 매개하는 감각의 레퍼토리가 되어준다. 영화 마지막에 마야와 마일스가 맺어지는 것도 놀랍지 않다. 이 영화는 사랑 이야기이면서, 함께 음미한다는 것의 소중함을 그려낸 이야기이기도 하다.

잔 속에 빠져들다

와인 문화 덕분에 나는 일상 속에서 일어나는 음식 소비 리추얼을 관찰하고 깊이 생각해볼 기회를 많이 가질 수 있었다. 와인병을 여는 순간의 긴장과 기대감, 와인을 디캔팅하는 과정, 잔 속에서 와인을 돌려 공기를 섞어주는 테크닉까지. 와인 문화의 일부는 와인 자체, 즉 '무엇'에 대한 것이고, 다른 일부는 리추얼, 즉 '어떻게'에 관련된 듯하다. 여기에는 와인을 따르고, 돌리고, 마시는 특유의 방식들이 포함된다.

그런데 이런 음식물 소비 리추얼은 우리에게 정확히 어떤 영향을 미칠까? 음미하는 일에 평생을 바친 소믈리에들에게서 그 답을 들어보자. 코넬대학교의 '와인 교육 및 경영학' 교수라는 부러움을 살 만한 직함을 가진 캐스린 라투어*Kathryn LaTour*와 하버드 경영대학원의 내 동료 존 데이턴*John Deighton*은 샌프란시스코, 라스베이거스, 뉴욕의 마스터 소믈리에 10명을 인터뷰해 어떤 식으로 시음을 하는지 들어보았다. 그 인터뷰 결과는 와인 시음의 리추얼적 요소뿐 아니라 전문가들의 경험과 철학을 엿볼 수 있는 소중한 자료다. 제임스라는 소믈리에는 이렇게 설명했다. "내 경우는 와인잔 속으로 들어간다고 표현해야 할 것 같습니다. 물론 실제로는 잔에 입을 댈 뿐이지만. 잔 속에 푹 빠져들었다가 다시 나온다고 할 수 있죠. 와인을 가득 채운 큰 풀장에 몸을 담그는 것에 비유할 수 있을지도 모르겠군요."[11]

세계 최고 시음가들의 인터뷰에서 반복적으로 등장한 것이 '빠져든다', 곧 '몰입'이라는 개념이었다. 어떤 경험에 깊고 강렬하게 빠져드는 느낌이야말로 음식을 음미하는 데 중요한 요소였다. 이런 마스터 소믈리에들이 필요한 이유가 있다. 누군가가 우리를 위해 정성을 들이는 모습을 보기만 해도 우리의 경험이 한층 더 풍부해지는 효과가 있다는 것. 한 연구에 따르면, 음식을 만드는 요리사의 모습을 보는 것만으로도 그 음식을 더 맛있게 즐길 수 있다고 한다.[12]

한 마스터 셰프의 비전 덕분에 나는 감정을 불러일으키는 음미 경험이란 어떤 것인지 남다른 관점에서 이해할 수 있었다. 전설적인 셰프 페란 아드리아*Ferran Adrià*가 스페인 로제스에서 운영하는 레스토랑 엘 불리*El Bulli*가 2011년 문을 닫기 전, 운 좋게도 그곳에서 식사할 기회가 내게 왔다. 엘 불리는 미슐랭 3스타를 받은 레스토랑으로, "세계에서 가장 창의적인 고급 요리를 창조하는 곳"이라는 평을 받기도 했다. 파리 출신 음식 칼럼니스트 클로틸드 뒤술리에*Clotilde Dusoulier*는 자신의 블로그에 "저녁 8시부터 새벽 2시까지 6시간 동안 식사를 즐겼지만, 자리에 앉은 지 2분이 지났는지 2일이 지났는지 알 수 없을 정도로 황홀감에 빠져 있었다"라고 적었다.[13]

나도 식사하면서 황홀경을 맛볼 수 있으려나? 천상의 코스 요리가 눈앞에 펼쳐지며 미식의 극치를 경험하게 될까? 까마득히 높았던 내 기대감은, 서빙된 아뮈즈부슈*amuse-bouche*(한 입 거리 전채요리—옮긴이)를 본 순간 무너져 내렸다. 그릴에 살짝 구운 딸기 하나만 덩그러니 접시에 놓여 있었다. 당근 하나보다야 낫겠지만, 그래도 이건 좀 그랬다. 내가 들인 노력과 간절함에 비하면 어찌 이걸 충분하다고 하겠는가? 내 앞에 나온 아뮈즈부슈는 뒤술리에가 블로그에서 극찬한 미식 천국의 문을 여는 첫 주자로는 도무지 보이지 않았다.

반쯤 체념한 채 딸기를 한 입 베어 물자, 3가지 뚜렷한 맛이 한 번에 혀를 감쌌다. 그릴의 탄 맛, 진토닉의 맛, 그리고 딸기 자체의 맛. 그 순간 나는 어느 바비큐 파티의 장면 속으로 빨려들어갔다. 살짝 탄 햄버거를 먹으며 칵테일로 목을 축이고 과일 디저트로 마무리했던 기억 속의 어느 여름날로. 뒤술리에의 말이 맞았다. 한순간에 평생을 경험한 듯했다. 이렇게 시간과 기억이 교차하는 순간은 '식사를 초월하는 경험'을 창조한다는 아드리아 셰프의 비전 그대로다. 음미의 대가인 그는 딸기 한 입에 그 이상의 무언가를 담아, 나를 몰입시키고 연상과 기억의 그물 속으로 내던졌다. 그 딸기는 향수와 그리움, 감사함과 경이로움을 한꺼번에 불러일으키는 음식의 힘을 보여주는 사례로, 마르셀 프루스트*Marcel Proust*가 소설에서 묘사한 유명한 마들렌과 나란히 내 마음속에 자리 잡았다.

아드리아의 딸기가 선사한 몰입의 경험은 내 기대를 뛰어넘었다. 그러나 음미하는 경험을 위해 꼭 스페인의 외딴 마을까지 먼 길을 찾아갈 필요는 없다. 음식 소비 리추얼은 어디서든 기쁨과 즐거움, 황홀감과 향수 같은 온갖 감정을 불러일으키는 힘이 있다.

디저트 먼저 먹기

1997년, 캘리포니아주 풀러턴에 사는 예술가 수 엘런 쿠퍼*Sue Ellen Cooper*는 어느 가게에서 빨간 중절모를 발견했다. 50대 중반에 접어든 쿠퍼는 이제 남의 눈치 보지 않고 자유롭게 살아도 된다는 깨달음에 새삼 해방감을 느끼고 있었다. '뭐 안 될 거 있어?'라는 생각으로 빨간 중절모를 머리에 얹어봤다. 그리고 사서 쓰고 다녔다. 그 모자는 평소 좋아하던 제니 조지프*Jenny Joseph*의 시 구절을 떠올리게 했다. T. S. 엘리엇*T. S. Eliot*의 유명한 시구를 변주한 내용이었는데, 엘리엇의 시에서 화자는 나이 들어가는 신세를 한탄하며 이렇게 말한다. "나는 늙어가네… 늙어가네…" 그러나 조지프의 시에서 화자는 노년을 새로운 도전의 기회로 받아들인다. "늙으면 나는 보라색 옷을 입을 거야 … 어울리지 않고 내게 맞지 않지만 빨간색 모자도 쓸 거야."

빨간 중절모를 쓰고 다니던 무렵, 쿠퍼는 55세 생일을 맞은 친구에게 줄 선물을 고민하고 있었다. 흔한 축하 카드나 꽃다발 대신 뭔가 색다르면서도 의미 있는 선물을 하고 싶었다. '우리 모두 제니 조지프의 시 속 여자처럼 살아야 해. 인생을 즐기고, 하고 싶은 일을 하는 사람이 왜 많지 않을까? 이제는 재미와 우정을 인생의 최우선 순위로 삼을 때가 되지 않았나?' 그런 생각을 하며 친구에게도 빨간 중절모를 사주었다. 또 다른 친구에게도 사주고, 그렇게 여러 명에게 사주었다. 그러자 주변의 다른 여성들도 하나둘씩 늘어나는 빨간 중절모를 주목하기 시작했다. 장난처럼 시작한 일인데, 하나의 리추얼로 자리 잡아가고 있었다. 리추얼에 담긴 메시지는 "인생은 짧으니, 살아 있는 동안 마음껏 즐기자"였다. 얼마 후 쿠퍼는 빨간 모자 친구들을 모두 차 모임에 초대하면서, 빨간 모자와 보라색 드레스를 꼭 입고 오라고 했다. 그렇게 1998년 4월 25일에 '레드 햇 소사이어티*Red Hat Society*'의 첫 공식 모임이 열렸고, 그후 회원 수는 꾸준히 늘어났다. 원래는 50세 이상의 여성만 가입할 수 있었지만, 지금은 여성이면 누구나 회원이 될 수 있다. 하버드의 내 연구실에서 반경 20마일 이내에만 'JP 레드 해터스*JP Red Hatters*' '레드 햇 라우디스*Red Hat Rowdies*' 등 15개 지부가 있다. 레드 햇 소사이어티의 인기는 미국 국내에 그치지 않아서, 이제 전 세계 30개국에 지부를 두고 총 3만 5000명 이상의 회원을 보유한 단체로 성장했다.

쿠퍼는 언론 인터뷰에서 레드 햇 소사이어티를 성인들을 위한 '놀이 모임'으로 생각한다면서 이렇게 말했다. "나는 아이들 학교에서도 일하고, 교회 활동도 하고, 지역 아동센터에서 모금도 합니다. 물론 좋아서 하는 일이지만, 우리 여성들에게 평일이든 주말이든 하루는 아무 생각 없이 놀라고 허락해주는 누군가가 있어야 해요." 그는 스스로를 '레드 햇 소사이어티의 존엄한 황태후'로 칭하며, 규범을 깨는 유쾌한 놀이를 장려한다.[14]

레드 햇 회원들의 모임에서 항상 하는 활동 중 하나가 '디저트 먼저 먹기'다. 지금 이 순간, 인생의 기쁨을 만끽하자는 의미다. 68세의 회원 캐서린은 지금 이 순간의 삶을 즐기겠다는 마음을 이렇게 표현했다. "한 손에는 술잔, 다른 한 손에는 초콜릿바를 들고 '와! 정말 대단한 여정이었다!' 하면서 천국으로 쓱 들어가는 거지. 죽을 때가 되면 죽는 거고, 죽기 전까지는 즐기며 살아야지."[15]

레드 햇 회원들의 본보기를 따를 기회는 어디에나 있다. 쿠퍼는 공동체의 모든 여성들에게 재미와 놀이, 탐닉을 사회 활동의 대원칙으로 삼자고 했다. 한편, 음미 리추얼은 그 외의 색다른 방식으로도 사람들을 하나로 모을 수 있다. 코로나19로 인한 봉쇄와 사회적 고립이 이어지던 시기에, 현대 사회에서 가장 흔한 식사 리추얼 중 하나도 완전히 새롭게 재탄생했다.

모르는 사람들과의 식사

팬데믹이 한창이던 2021년, 어니타 미쇼*Anita Michaud*는 뉴욕의 브루클린 하이츠라는 브라운스톤 건물이 즐비한 동네로 이사했다. 미쇼의 가족은 미시건주 앤아버에서 대대로 레스토랑을 운영하고 셰프로 일한, 접대의 전문가들이었다. 외할아버지가 처음 미시건주 플리머스에서 중식당을 열었고, 가업을 이은 어머니가 아버지와 함께 프랑스 식당을 열었다.

어릴 적부터 미식과 고급 요리의 세계에 익숙했던 미쇼는 뉴욕에 왔을 때 자연스레 접대 문화에 대한 기대를 품었다. 하지만 그가 마주한 뉴욕은 '잠들지 않는 도시'와는 거리가 멀었다. 팬데믹으로 인한 봉쇄 조치로 피폐해진 채 사회 활동을 재개할 길을 찾고 있던 도시였다. 2022년, 사람들은 다시 만날 준비가 되어 있지만, 모임 자리에는 여전히 불안한 분위기가 감돌았다. 미쇼처럼 도시로 이주한 젊은이들은 고민했다. 2년 동안 줌으로만 사람을 만나다가 이제 현실에서 친구를 사귀려면 대체 어떻게 해야 하나?

미쇼는 기존의 인맥에서 시작하지 않고 더 과감한 시도에 나섰다. 친구의 친구들, 그리고 친구 사귀기 앱 '범블 BFF'에서 만난 사람들 등 모르는 사람 여섯 명을 골라 집으로 초대했다. 미쇼는 이 모임을 '모르는 사람들과의 저녁 식사'라고 부르지 않았다. 생전 처음 보는 사람들에게 자기 집 식탁에서 편안한 저녁 시간을 갖자며 보낸 초대장에는 "친구들과의 저녁 식사"라고 적혀 있었다. 가능한 약속일까, 허황된 꿈일까?

《뉴욕타임스》에 실린 기사에 따르면, 서로 전혀 모르는 여성들이 하나둘 자리에 도착해, 낯선 이들과 한자리에서 대화 나누는 법을 다시 배웠다.[16] 다시 친구를 사귄다는 건 어떤 느낌일까? 팬데믹이 잦아들면서 모두가 마음속에 품고 있던 질문이었다. 연구에 따르면, 코로나 봉쇄와 사회적 거리두기가 이어진 기간 동안 개인의 사회 연결망 규모가 평균 16% 줄어든 것으로 추정된다.[17]

식사 자리에 모인 서로 모르는 사람들이 웃음을 터뜨리거나 제각기 이야기를 나누는 모습을 보며, 미쇼는 다들 조금씩 서로 통하는 부분을 찾았다는 것을 알 수 있었다. 모임을 마치기 전에 미쇼는 모인 사람들의 그룹 채팅방을 만들었고, 그렇게 새로 모임을 할 때마다 그룹 채팅방이 하나씩 늘어났다. 미쇼가 주최하는 '남남' 끼리의 모임에 참석하려고 기다리는 대기자는 이제 800명이 넘는다. 주로 젊은 여성들인 참석자들의 목적은 단순하다. '오늘 새 친구를 사귈지도 몰라.'

추운 날의 위안

　　평범한 수프 한 그릇도 리추얼을 살짝 가미하면 공동체 의식을 불러일으킬 수 있다. 수많은 문화권에서는 몸과 마음을 치유하기 위해 따뜻한 국물 요리를 찾는다. 유대인 가정에서는 치킨 누들수프를 제대로 끓이는 방법을 놓고 격론을 벌이기도 한다. 태국 가정에서는 코코넛밀크 수프를 만들어 먹고, 한국 가정에서는 인삼과 닭으로 삼계탕을 끓인다. 이탈리아 사람이라면 할머니의 특별한 비법이 담긴 계란국 스트라차텔라의 기억이 있을 것이고, 베트남에서 자랐다면 비 오는 쌀쌀한 날에 누군가가 끓여준 쌀국수를 먹어보았을 것이다.

　　이런 수프나 국물이 주는 위안은 그 영양적, 약리적 특성에서 비롯되기도 하지만, 한입 한입 떠먹을 때마다 떠오르는 보살핌의 느낌 덕분이기도 하다. 가정식 치킨 수프 배달 업체를 창립한 밸러리 즈바이그*Valerie Zweig*는 한 인터뷰에서, 고객들이 어린 시절에 먹던 치유의 국물을 주문하는 이유를 이렇게 설명했다.

🌿　사람들은 치킨 수프를 그저 배가 고파서 주문하지 않습니다. 그
　　보다는 다른 이유가 있는 경우가 많죠. 지쳤거나 돌봄의 손길이
　　필요한 사람도 있어요. 마음이 아프거나 고향이 그리운 사람도
　　있고, 몸이 많이 안 좋은 사람도 있습니다. 문제가 무엇이건, 치

킨 수프를 먹으면 좀 나아지리라고 생각하는 것이죠.[18]

사람들이 그런 국물을 마시며 음미하는 것은 돌봄을 받았던 경험이다. 국물 한 모금에서 애정을 맛보는 것이다. 냉찜질, 포근하게 덮인 이불, 부모가 어르고 달래주는 목소리가 느껴진다. 수프나 국물은 단순한 요리지만 깊은 맛을 지니고 있다. 사람들은 돌봄과 사랑을 섭취하는 셈이다. 낯선 이들과의 저녁 식사 자리에 설레는 마음으로 나갈 때도, 어릴 적 먹던 익숙한 음식에서 위안을 찾을 때도, 음식과 음료의 맛은 우리가 바라는 감정을 불러일으킨다. 먹고 마시는 리추얼은 사소하고 평범한 즐거움도 음미하게 만드는 힘이 있다.

음미라고 하면 음식 먹는 행위를 떠올리기 쉽지만, 학문적으로 '음미'의 정의는 더 넓다. 일상의 어떤 영역에서든 무언가를 깊게 주목하고 감상하는, 지속하고 더 키워나갈 수도 있는 행위를 가리킨다. 행동과학자들은 이 넓은 의미의 음미를 가장 효과적으로 실천할 수 있는 4가지 전략을 제시했다. 좋은 순간을 놓치지 않고 온전히 즐기는 것, 음미의 기쁨을 다른 사람들과 나누고 함께하는 것, 미소와 같은 비언어적 행동으로 음미를 표현하는 것, 그리고 과거의 좋았던 경험을 세세히 떠올리면서 앞으로 다가올 즐거운 순간도 구체적으로 기대하는 것이다. 마지막 방법은 내가 아드리아 셰프의 딸기를 먹으며 보였던 반응인데, 학자들은 이를 '긍정적

인 심적 시간 여행*positive mental time travel*'이라 부른다.[19]

긍정적인 심적 시간 여행

　나는 하버드 경영대학원에서 이른바 '너드랩*NerdLab*'이라는 별칭으로 통하는 그룹을 통해 박사 과정 학생들을 지도하고 있다. 하루는 한 학생이 내게 생각지 못했던 흥미로운 질문을 던졌다. 사람들이 타임캡슐을 만드는 이유가 무엇이냐는 것이다. 과거를 재발견하는 경험 속에서 익숙한 것이 신기해지는 즐거움 때문이 아닐까 하는 게 학생의 추측이었다. 일상적인 물건들(가장 흔한 예로 그날 신문)을 땅에 묻었다가 나중에 꺼내보는 행위는, 우리가 리추얼을 통해 무언가를 기억할 뿐 아니라 재발견함으로써 현재와 과거, 미래를 동시에 음미할 수 있음을 보여주는 좋은 예다. 리추얼은 기시감(데자뷔)과 반대되는 미시감(자메뷔), 즉 '처음 보는 느낌'을 선사할 수 있다. 우리는 그와 같은 재발견의 경험을 기록하고 이해하기 위해 연구에 나섰다.[20] 일상 속 평범한 사물이 특별한 존재로 변하는 원리는 무엇일까?

　우리는 보스턴 지역의 대학생 135명에게 본인의 최근 일상을 주제로 타임캡슐을 만들게 했다. 마지막으로 참석한 모임, 최근에 들었던 노래 세 곡, 기말 과제의 일부, 친구들끼리만 통하는 농담

등의 내용이 타임캡슐에 담겼다. 그런 다음 세 달 후에 타임캡슐을 꺼내보면 얼마나 관심과 호기심이 동할 것 같은지 물었다. 학생들은 시큰둥한 반응을 보였다. 타임캡슐에 담은 물건들은 평범하고, 쓰레기나 다름없으며, 너무나 익숙하다고 했다. 다시 본다고 해서 흥미로울 게 뭐가 있겠는가?

그러나 세 달이 지나자 학생들의 시각은 크게 달라졌다. 타임캡슐 속 내용물이 기대된다는 반응을 보였고, 다시 보고 나서는 무척 즐거웠다고 했다. 처음에는 너무 잘 기억날 것 같다고 했지만, 실제로는 대부분 잊고 있었고, 재발견하는 순간 더할 나위 없이 기뻐했다.

리추얼을 연구하는 행동과학자로서 이 연구 결과에서 특히 인상적이었던 것은, 재발견의 효과가 특별한 사건이 아니라 당시에는 거의 의식하지도 못했던 평범한 사건에서 가장 두드러지게 나타난다는 사실이었다. 그런 일들은 워낙 사소하거나 익숙해서 우리의 주의를 끌지 못하고 지나가버리기 쉽다. 또 다른 연구에서는 연애 중인 152명에게 2월 7일과 2월 14일의 두 날에 있었던 일을 적게 했다. 세 달 후에 자신이 적은 글을 다시 읽게 하고, 읽으면서 얼마나 즐거웠는지 물었다. 당연히 발렌타인데이의 로맨틱했던 저녁 시간을 회상하는 것이 평범한 2월 7일을 떠올리는 것보다 신나지 않을까? 하지만 발렌타인데이의 일들은 대체로 잘 기억하고 있었기에 재발견할 것이 많지 않았고, 오히려 상당 부분 잊고 있었던 그 임의의 날을 되돌아보면서 더 즐거워했다.

또 다른 연구에 참여한 한 부모는 이렇게 말하기도 했다. "딸과 함께 일상적인 일을 했던 기록을 다시 읽어보니 오늘 하루가 확실히 더 즐거웠습니다. 지금 이렇게 마음이 기쁘니 그 일을 골라서 기록하길 잘했다는 생각이 들어요." 향수의 감정은 지난날에 대한 아쉬움이 배어 씁쓸하기도 하지만, 향수에 잠겨 생각함으로써 행복감이 높아지고 더 나아가 삶의 의미가 더 공고해질 수 있다는 연구 결과도 있다.[21] 현재를 땅에 묻는다는, 어찌 보면 기이한 리추얼이 우리에게 과거로 되돌아가는 좋은 기회가 되는 셈이다.

버림으로써 음미하기

스웨덴에서는 '되스테드닝*döstädning*'이라는 리추얼이 근래에 등장했다.[22] '죽음'을 뜻하는 스웨덴어 '되*dö*'와 '청소'를 뜻하는 '스테드닝*städning*'을 결합해 만든 말이다. 직역하면 '죽음의 청소'가 되겠지만, 임종이나 장례 시에 하는 것은 아니고, 집에 있는 물건들을 모두 한번 점검해보자는 취지의 리추얼이다. 나와 가족들에게 지금 쓸모가 있는 물건인가? 미래의 나에게는 쓸모가 있을 것인가? 미래의 내가 이 물건을 쓰거나 소중히 여길 것인가? 아니라면, 그 물건과 작별을 고할 때다. 이란에는 봄마다 새해를 맞아 집을 점검하는 데 그치지 않고 대청소하는 '코네 타쿠니*khoneh takooni*'라는 리추얼이 있다.[23] '집 흔들기'라는 뜻이다.

2017년에 출간된 마르가레타 망누손*Margareta Magnusson*의 베스트셀러《내가 내일 죽는다면: 삶을 정돈하는 가장 따뜻한 방법, 데스클리닝*The Gentle Art of Swedish Death Cleaning*》은 이 청소 리추얼을 활용하는 방법을 소개한다. 망누손이 말하는 되스테드닝은 재발견의 기회이자, 용의주도하게 버림으로써 즐겁게 말끔해지는 과정이다. "물건을 하나씩 살펴보면서 그 가치를 상기하는 것은 큰 즐거움"이라고 그는 말한다. 여기서의 청소는 단순히 쓸고 닦는 일이라기보다, 우리가 저세상으로 갈 때 이 모든 물건을 가져갈 수 없음을 인정하는 과정이다.[24] 소비하는 과정뿐 아니라 덜어내는 과정도 충분히 음미할 수 있다. 모더니즘 건축가 미스 판 데어 로에*Mies van der Rohe*의 유명한 말처럼, 적을수록 풍요롭다*less is more*.[25]

과거에는 봄철 청소가 필요에 의해 하는 일이었다. 1800년대 미국에서 봄은 겨우내 장작이니 석탄이니 기름을 때면서 덕지덕지 낀 그을음을 벗겨내는 시기였다.[26] 반면 오늘날의 봄 청소는 주변을 깨끗이 하고 새로운 마음가짐으로 출발을 준비하는 의미를 갖는 경우가 많다. 2022년에 봄 청소 리추얼에 참여한 미국인의 비율은 78%로, 2021년의 69%에 비해 늘어난 숫자였다.[27] 뉴욕에 거주하는 배우이자 서예가 라지브 수렌드라*Rajiv Surendra*도 봄마다 청소에 몰두한다. 그는 "신데렐라처럼" 엎드려 청소하는 방법이 가장 좋다며, "청소하는 한 주 동안은 마치 멈춤 버튼을 누른 것처럼 삶이 정지한 느낌"이라고 《뉴욕타임스》 인터뷰에서 밝혔다. 청소할 때 "집 안의 모든 물건을 적어도 한 번씩 만지는" 것도 그가 수행하는 리추얼의 일부다.

수렌드라의 정화 리추얼은 수많은 팬과 추종자를 둔 정리 전문가 곤도 마리에近藤 マリエ가 말하는 방법과 다르지 않다. "정리할 때 가장 중요한 원칙은 물건을 하나씩 손에 들고 스스로에게 조용히 묻는 것이다. '이 물건에서 설레임이 느껴지는가?' 내 몸의 반응을 주시하자. 기쁨은 개인적인 것이니 사람마다 느끼는 정도가 다르다." 곤도가 말하는 그 기쁨은 "온몸의 세포가 서서히 곤두서는 듯한 찌릿함"이다. 세포들이 잠잠하다면? 그 물건은 버린다. '적은 것'의 힘을 보여주는 청소 리추얼이다.[28] 그 효과는 곤도의 수많은 팬들이 증언한다. '설레지 않으면 버린다'라는 곤도의 방법을 실천함으로써 무엇을 남기고 버릴지 더 용의주도하게 판단하고 남은 물건들을 음미할 수 있다고 한다.

소비와 재발견의 리추얼은 우리 일상을 지탱하고 더욱 풍요롭게 만들어준다. 기업들도 리추얼의 매력을 간파하고, 다양한 리추얼에 자사 상품을 엮어 판매하고 있다. 비단 앞에서 소개한 맥주 회사 스텔라 아르투아뿐만이 아니다. 리추얼 마케팅에 뛰어드는 회사들은 점점 늘고 있다. 이제는 리추얼을 강조하는 비타민, 목욕용품, 커피, 테이크아웃 음식, 테킬라까지 팔리고 있다. 2017년 오레오 쿠키의 제조사는 농구 선수 샤킬 오닐*Shaquille O'Neal*을 모델로 내세워 오레오를 우유에 찍어 먹는 '오레오 덩크 챌린지'라는 광고 캠페인을 전개했다. "오레오 찍어 먹기 문화를 정착시키고자" 하는 목적이라고.[29] 우지*wii*라는 음료의 제조사는 이 음료를 마시는 행위를 하나의 '리추얼'이라고 부른다.[30] 네브래스카주의 미식축구팀 콘허스커스를 응원하는 팬들은 경기 날 햄버거를 네브래스카주 모양으로 굽고 플랫강의 강줄기 모양으로 소스를 뿌린다.[31]

이런 종류의 리추얼도 소기의 효과를 볼 수 있지만(우지의 한 소비자는 "음료 한 잔에 마술을 담아줘 고맙다"라고 극찬하기도 했다), 연구에 따르면 기업들이 고안해 홍보하는 리추얼을 수동적으로 받아들이거나 구매하는 대신, 소비자는 능동적 주체로서 노력과 정성을 기울여 나만의 리추얼을 만들 수 있다. 소비 리추얼은 우리에게 음미하는 삶을 잊지 말라고 말한다. 그리고 일상의 한 순간에서, 추억 한 점에서, 음식 한 입과 한 모금에서 더 큰 기쁨을 이끌어낸다.

소비 리추얼은 우리에게
음미하는 삶을 잊지 말라고 말한다.
그리고 일상의 한 순간에서, 추억 한 점에서,
음식 한 입과 한 모금에서 더 큰 기쁨을 이끌어낸다.

절제: 인내심을 키우고
악순환을 끊어내기

올바르게 살고는 싶은데, 지금 당장은 아니야.[1]

— 길리언 웰치*Gillian Welch*, 〈Look at Miss Ohio〉 중에서

유기농 저지방 바닐라 요거트, 라즈베리, 블랙베리, 피칸, 발아 통곡물 시리얼. 이런 아침 메뉴로 하루를 시작해본 적 있는가? 만약 그렇다면 대단하다. 철저한 절제로 시작한 건강한 하루다.

점심 메뉴도 그에 못지않게 훌륭했을 것이다. 유기농 모듬 채소 샐러드에 무지방 라임 바질 드레싱 정도가 아니었을까?

그렇지만 그 후에는? 원대했던 시작과는 달리, 민트 초코칩 아이스크림 샌드위치, 치즈맛 크래커에 맥주와 화이트 와인으로

하루를 마무리한 것은 아닌지? 건강식을 시도하는 등 절제력을 발휘하려는 우리의 노력은 성공할 때도 있지만, 실패할 때도 있다. 아이스크림 샌드위치에 맥주와 와인은 확실히 계획에 없었던 메뉴일 것이다.

우리가 자제하느라 애먹는 것은 음식뿐만이 아니다. 일상 속에서 이겨내야 할 유혹은 끝이 없고, 그 형태도 다양하다.

심리학자 캐슬린 보스^{Kathleen Vohs}, 빌헬름 호프만^{Wilhelm Hofmann}, 로이 바우마이스터^{Roy Baumeister}, 게오르크 피르스터^{Georg Förster}는 독일 뷔르츠부르크 지역에 거주하는 205명을 대상으로 일상 속에서 겪는 유혹을 일주일간 관찰했다.[2] 참여자들의 스마트폰으로 하루에 일곱 번씩 알림 메시지를 보내 지금 무언가를 하고 싶다는 욕구(갈망, 충동, 바람 등)를 느끼는지 물었다. 참여자의 절반은 해야 하는 일과 하고 싶은 일 사이에서 갈등 중이라고 응답했다. 흔히 '의지 박약'이라는 이름으로 치부되는 상황이다. 갈등의 절반 이상은 해야 할 일을 미루고 시간을 허비하게 만드는 유혹과 씨름하는 상황이었다. 그 밖의 흔한 갈등 요인은 운동, 건강식, 음주 줄이기 등 건강 관련이었다. 커피에 대한 욕구는 아침에, 술에 대한 욕구는 저녁에 최고조에 달했고, 낮잠을 자고 싶은 욕구는 상시적으로 있었다. 금욕적인 목표로는 돈을 쓰지 않는 것, 배우자나 연인을 두고 바람피우지 않는 것 등이 있었다.

유혹을 받고 있다고 응답한 참여자에게 "유혹을 이겨냈는가"

라고 물었다. 성공률은 그리 높지 않아서, 자제에 실패하는 경우가 42%였다. 그날 하루 동안 충동을 이겨낸 횟수가 많으면 많을수록 새로운 충동을 이겨내기가 힘들어졌다. 자제하는 데는 한계가 있는 법이다.

　습관을 들임으로써 자동으로 결정을 내리는 방법이 자기 절제에 어느 정도 도움이 될 수 있겠지만, 만능은 아니다. 예컨대 집에서는 군것질을 하지 않는 좋은 습관이 있다 해도, 장소가 바뀌면 이야기가 달라질 수 있다. 극장에서 영화를 본다거나 하는 특정 행동을 할 때는 오히려 군것질을 하는 습관이 있을 수도 있다. 심리학자 데이비드 닐*David Neal*, 웬디 우드*Wendy Wood*, 멍주 우*Mengju Wu*, 데이비드 컬랜더*David Kurlander*는 영화관을 찾은 관객들에게 입장하기 직전에 무료로 팝콘을 한 봉지씩 안겨주는 실험을 했다.[3] 관객의 절반에게는 갓 튀긴 팝콘을 주고, 다른 절반에게는 7일 된 눅눅한 팝콘을 주었다. 다행이라 할까, 영화를 보며 팝콘을 먹는 습관이 없는 사람들은 갓 튀긴 팝콘에 비해 눅눅한 팝콘을 덜 먹었다. 하지만 영화를 보며 팝콘을 먹는 습관이 있는 사람들은 팝콘의 차이에 개의치 않는 듯, 갓 튀긴 팝콘이나 눅눅한 팝콘이나 거의 똑같이 많이 먹었다.

　그러나 리추얼은 다르다. 습관과는 다른 방식으로 자기 조절을 가능케 한다.

삶을 변화시키는 원조 마법

우리 마음속에서는 이러지도 저러지도 못하는 싸움이 그칠 날 없다. 마음속 천사는 못된 충동을 이겨내려 하고, 마음속 악마는 다 포기하고 편하게 가자고 유혹한다. 올바르게 살려는데 잘 안 되거나, 이미 잘못해서 죄책감에 시달리거나, 늘 둘 중 하나다. 늘 자기 절제를 위해 분투하는 인간이니, 세계의 모든 종교에 그런 목적의 리추얼이 마련되어 있는 것도 이상하지 않다. 불교, 기독교, 힌두교, 이슬람교, 유대교를 비롯한 많은 종교에서, 자기 규율을 발휘함으로써 신앙을 증명하는 극기적 요소를 찾아볼 수 있다. 특정한 시간대나 특정한 요일이나 특정한 달에 평소 즐기던 것을 포기해야 하는 식이다(가끔은 이를 교묘하게 역이용하려는 사람도 있다. 한 아이 어머니는 "우리 애가 사순절 기간 동안 또 브로콜리를 끊겠다고 하는데, 그렇다고 평소에 먹는 것도 아니에요"라고 한탄했다).

정치이론가 마이클 월저*Michael Walzer*의 지적에 따르면, 16세기 프로테스탄트 종교 개혁의 주역이자 칼뱅주의의 창시자인 장 칼뱅*Jean Calvin*이 예배 중 악기 연주 금지 등 간소한 리추얼을 고안한 데는 로마 가톨릭 미사의 지나치게 화려하다고 여겨졌던 측면을 거부하려는 목적뿐 아니라 예배가 끝난 뒤 일상에서도 금욕적인 삶을 장려하려는 의도가 있었다.[4]

우리 마음속의 바른 목소리를 따르는 데 종교가 도움이 될까?

한 가지 면에서는 분명히 그렇다. 계율을 지킨다는 것은 남들의 시선을 받는다는 것이기도 하다. 종교 공동체 활동은 사회적, 정서적 버팀목이 되어주기도 하지만, 공동체의 기대를 어기는 경우 망신을 사기도 한다. 그러나 심리학자 지브 마커스*Zeve Marcus*와 마이클 매컬러*Michael McCullough*는 사회적 낙인의 두려움이 전부가 아니라고 지적하며, 종교 리추얼의 '힘든' 특성에 주목한다.[5] 예배, 기도, 묵상, 금식 등에 참여하는 과정에서 개인의 행동을 조절하고 통제하는 능력이 함양됨으로써 전반적인 자기 규율이 향상된다는 것이다.

인간이 해낼 수 있는 극강의 자기 통제 행위에 종교가 관여된 경우가 많았던 것은 분명하다. 한 예로, 11세기 일본의 불교 종파인 진언종의 승려들은 다음과 같은 의식을 수행했다.

첫 천 일 동안은 엄격한 수행을 하며 물, 씨앗, 견과류만 먹는다.

그다음 천 일 동안은 도료로 쓰이는 독성 재료인 옻나무로 끓인 차를 마신다.

그런 후 가부좌 자세로 석관 속에 생매장된다. 그 속에서 대롱으로 호흡하며 하루에 한 번 종을 울린다. 종소리가 나지 않으면 석관을 봉한다.

다시 천 일이 지난 후 석관을 개봉하고, 스스로 죽음에 이르면서 미라화된 승려의 '즉신불'을 사찰에 모시고 경배했다.[6] 실로 극단적인 의식이라 하겠지만, 동떨어진 사례는 아니며 과거 역사 속에만 국한된 일도 아니다.

13세기에 설립된 그리스 시모노페트라 수도원의 수사들은 오늘날 24시간 동안 음식과 물을 끊고 한자리에 서 있는 의식을 행한다.[7] 《뉴욕타임스》에서는 이를 다음과 같이 묘사했다.

🌿 낭송에 타악기 반주를 깔아주는 듯한 소리를 내며 흔들리는 향로가 몰약 향을 사방에 자욱하게 드리웠다. … 수사들의 신체적 절제는 이해하기 어려울 정도였다. 움직이지도, 씰룩거리지도, 몸을 꼬거나 손톱을 물어뜯지도 않고 여러 시간을 서 있었다. 물을 마시는 사람도, 목말라 보이는 사람도 없었다. 수행이 끝나가는 자정 무렵 … 한두 명이 하품을 억누르는 모습이 보였을 뿐이었다.

위의 두 사례 모두에서 리추얼은 초인적인 자기 통제 행위와 밀접하게 연결되어 있다. 연구에 따르면 종교 의식은 사람들에게 특정한 목표를 향해 매진하게 해주는 힘이 있다. 독실한 종교 신자는 감옥에 가는 비율도, 마약을 하는 비율도 더 낮고, 학업을 계속 이어가는 비율이 더 높다.[8]

그러나 이와 같은 모든 사례에는 비교해볼 만한 대조군이 없다는 한계가 있다. 종교적, 의식적 요소가 없으면서 이와 비슷한 자기 통제 행위를 시도한 집단을 나란히 관찰한 것이 아니라는 점에서 다음과 같은 중요한 의문이 남는다. 종교 의식 덕분에 사람들이 더 큰 자제력을 발휘하게 되는 것인가, 아니면 전통의 색채가 옅은 리추얼, 더 나아가 전통과 관계 없는 리추얼의 힘으로도 비슷한 결과를 낳을 수 있는 것인가?

마시멜로 테스트의 재검증

심리학자 월터 미셸*Walter Mischel*의 '마시멜로 테스트'는 유명하다. 아이들에게 마시멜로를 하나 주고, 먹지 않고 15분을 기다리면 하나를 더 주겠다고 한다. 미래의 더 큰 이익을 위해 욕구를 참는 '만족 지연*delayed gratification*' 능력을 시험하는 과제다(종교로 말하면 죽은 후 천국에 가기 위해 이 세상에서 선하게 사는 것이라고 할 수 있다). 실험에 참여한 아이들은 몸을 비비 꼬고 괴로워하며 참고 버틴다.[9] 이 상황에서 아이들이 만족 지연에 성공하여 간식을 두 배로 챙기는 데 도움이 되는 방법이 있을까?

인류학자 베로니카 리반스카*Veronika Rybanska*가 이끄는 연구진은 슬로바키아와 바누아투의 7~8세 어린이 210명을 대상으로 만족 지연 능력을 향상시키기 위한 실험을 했다.[10] 석 달 동안, 일부

학생들에게 수업에서 잠깐 빠져 몇 가지 놀이를 하게 했다. 그중 '드럼 소리'라는 놀이는 드럼 소리에 맞추어 지정된 동작을 하는 것이었다.[11]

🌿 아이들에게 드럼 소리가 빨라지면 빠르게 걷고, 드럼 소리가 느려지면 느리게 걷고, 드럼 소리가 멈추면 제자리에 멈추게 했다. 드럼 소리에 반대로 반응하게 하기도 했고(빠른 소리에 느리게 걷고 느린 소리에 빠르게 걷기), 특정한 동작을 하게 하기도 했다(빠른 소리에 제자리 뛰기, 느린 소리에 바닥에서 기기 등).

모든 놀이에는 아이들이 자기 조절 능력을 발휘해야 해결되는 부분이 있었다. 드럼 소리 놀이의 경우에는 드럼 소리에 반대로 반응하려면 노력과 자기 규율이 필요했다.

석 달 후에 모든 아이들에게 마시멜로 테스트와 비슷한 테스트를 실시했다. 캔디 하나를 지금 갖거나, 기다린 후에 캔디 세 개를 가질 수 있었다. 연습은 효과가 있었다. 석 달 동안 연습한 아이들은 놀이를 하지 않은 아이들보다 훨씬 긴 시간 동안 만족을 지연할 수 있었다.

그런데 리반스카의 실험은 그게 전부가 아니었다. 놀이에 참여한 아이들은 애초에 두 그룹으로 나뉘어 있었다. 첫 번째 그룹에 속한 아이들에게는 놀이를 해야 하는 이유를 명확히 알려주었다.

예컨대 드럼 소리에 맞춰 빨리 뛰는 연습을 하면 춤을 잘 출 수 있게 된다는 것이었다. 두 번째 그룹에 속한 아이들에게는 이유를 전혀 알려주지 않고, 단체로 걷고 뛰는 활동을 그냥 시키기만 했다. 결과는 어땠을까? 활동의 이유를 듣지 못한 아이들은 각자 나름대로 이유를 만들어낸 듯했다. 거기에 뭔가 깊은 의미가 있으리라고 생각한 것이다.(스키너의 비둘기들이 자신이 임의적으로 쪼거나 까딱이는 행동에 의미를 부여한 것을 기억하는지?) 첫 번째 그룹은 그 활동을 단순히 연습으로 인식한 반면, 두 번째 그룹은 리추얼적인 성격의 무언가로 인식한 셈이다. 테스트 결과는 두 번째 그룹의 아이들이 캔디를 받기 위해 더 오랫동안 버틴 것으로 나타났다.

리추얼의 도구적 성격을 여실히 보여주는 대목이다. 우리는 음미하기 위해서도 리추얼에 의지하지만, 충분히 즐겼으니 절제하고자 할 때도 리추얼의 힘을 빌린다.

반복의 덫에 갇히다

진언종 승려들은 같은 행위를 수천 일간 행했다. 리추얼과 반복 행위는 자제력을 연마하는 강력한 도구가 될 수 있지만, 리추얼적 행동이 지속되다보면 우리를 구속하는 굴레가 될 수도 있다. 작가이자 코미디언 데이비드 시데리스*David Sedaris*는 어린 시절 강박장애OCD를 겪으며 다양한 반복적 리추얼을 보인 것으로 잘 알려져 있다. 그는 자신의 경험을 상세히 묘사한 에세이 〈틱의 대재앙 *A Plague of Tics*〉에서, 초등학교 선생님과의 대치 장면을 통해 강박장애 환자의 일상을 흥미로우면서도 유머러스하게 그려낸다.

🌿 선생님이 말씀하셨다. "넌 벼룩처럼 잠시도 가만히 있지 못해. 내가 잠깐만 등을 돌려도 그새 전등 스위치에 혀를 대고 있고. 네가 사는 곳에선 어떤지 몰라도, 이 교실에서는 자기 마음대로 자리를 뜨거나 물건을 핥거나 하는 행동은 안 돼. 그 전등 스위치는 선생님 것이고, 선생님은 전등 스위치가 젖어 있는 것 싫어. 선생님이 너희 집에 가서 전등 스위치를 핥으면 좋겠니? 어때, 그럼 좋겠어?" 선생님의 그런 모습을 상상해보려고 했지만, 내 신발이 계속 나를 부르며 속삭였다. '나를 벗어서, 뒤꿈치로 네 이마를 세 번 두드려. 어서 빨리. 아무도 모를 거야.'[12]

강박장애는 리추얼적인 강박 행동과 '질서나 대칭에 대한 욕구'로 정의된다.[13] 심리학자 리처드 몰딩*Richard Moulding*과 마이클 키리어스*Michael Kyrios*에 따르면 강박장애의 특징은 "자신의 사고를 통제하고 리추얼을 통해 세상을 통제하려는 노력"이다.[14] 다시 말해, 강박장애 환자는 통제감이 낮지만 통제 욕구는 과도하게 높다. 리추얼이 통제감을 회복하는 데 도움은 되지만 완벽하지는 않기에, 리추얼을 점점 많이 하게 된다. 미시간대학교의 케이트 피츠제럴드*Kate Fitzgerald*에 따르면 "브레이크를 밟으며 멈추려고 하지만, 브레이크가 제대로 연결되어 있지 않아 제동이 되지 않는 상황"이라고 할 수 있다.[15] 그런 이유에서 나타나는 것이 강박장애의 주요 증상인 통제된 반복 행동으로, 이를테면 자물쇠나 가전제품을 반복적으로 점검하고, 가족의 안전을 거듭해서 확인하고, 수를 세거나 두드리는 행위 등이다.

인류학자 앨런 피스크*Alan Fiske*는 강박장애의 기원이 인간 심리의 깊은 곳에 자리한다고 본다.[16] 그는 강박 행동이 초기 수렵채집사회에서 행하던 리추얼과 기능적으로 유사하다고 주장한다. 문명 초기이던 당시에는 음식과 물의 오염 여부를 확인하고 맹수와 적을 경계하는 데 엄청난 노력을 기울여야 했다. 우리 선조들이 건강과 안전을 지키려고 빈번히 수행했던 리추얼이 병적으로 발현된 형태가 강박장애라는 설명이다.

강박장애를 겪는 사람에게 자신의 리추얼을 중단한다는 것은 대단히 어려운 일이고, 아예 불가능할 수도 있다. 리추얼 자체가 목적이 되어버린 상황이다.[17] 시데리스의 어린 시절 강박 행동 중 하나는 몸을 앞뒤로 흔드는 것이었는데, 이런 식이었다고 한다. "그것 말고는 하고 싶은 게 없었다. 잠을 청하기 위해 몸을 흔드는 것도 아니었다. 어떤 다른 목적을 위한 행동이 아니라, 그 행동 자체가 목적이었다."

리추얼과 자기 통제를 논하는 데 빼놓을 수 없는 주제가 바로 거식증(신경성 식욕부진증) 등의 섭식장애*anorexia nervosa*와 관련된 리추얼의 역할이다. 거식증 환자는 단식 또는 절식 리추얼을 만들어 내는 경우가 많은데, 이는 우리의 연구에서 사용한 리추얼과 비슷한 형태를 띠기도 한다. 한 예로, 데버라 글래소퍼*Deborah Glasofer*와 조애나 스타인글래스*Joanna Steinglass*의 연구에서 제인이라는 가명으로 지칭된 한 여성은 다음과 같은 리추얼을 만들어냈다고 했다. "점심은 150칼로리, 무지방 요거트와 베리 몇 알이다. … 요거트를 더 오래 먹을 수 있게 어린이용 숟가락으로 떠먹고, 한 입 먹을 때마다 물을 홀짝 마신다."[18] 제인의 관점에서 이 리추얼은 효과적이었다. 청소년 시절, 처음에는 체중이 줄고 성취감을 느꼈다. 그러나 해가 가면서 제인은 통제력을 잃었고, 몸이 지나치게 마르면서 병에 시달렸다. 연구진의 표현에 따르면 "결과에 상관없이 거의 자동으로 수행하는 루틴"이었다. 이런 반복적 절식 리추얼에는 일시적인 쾌감과 통제감이 수반되기도 한다.[19] 거식증 환자가 리추얼을 중단하기 쉽지 않은 이유다.

해로운 리추얼을 다른 리추얼로 차단하여 무력화하는 치료 방법도 있다. 한 예로, 강박 행동의 일반적인 치료법 중 하나인 '습관 반전 훈련*habit reversal*'은 문제가 되는 근본 행동을 찾아내 다른 행동으로 대체하는 방법이다.[20] 가령 손톱을 물어뜯는 습관을 고치려면, 손이 입으로 가려 하는 순간 알아차리고 뭔가 다른 동작을 하도록 훈련한다. 이를테면 두 주먹을 쥐고 손을 내려놓은 후 셋을 세는 식이다. 이런 행위를 학계에서는 '경쟁 반응*competing response*' 이라고 부르는데, 이 역시 일종의 간단한 리추얼임을 알 수 있다. 그와 같이 반복 가능한 일련의 동작은 행동을 멈추고 통제력을 되찾는 데 도움이 된다.

약물 중독이나 과식 같은 악순환을 끊기 위한 전략 중에는 리추얼을 경쟁 반응으로 삼는 방식이 많다. 펜실베이니아주 웨스트리딩에서 타악기 전문점을 운영하는 마크 시먼*Mark Seaman*은 중독치료자로서 '드러밍 아웃 드러그스*Drumming Out Drugs*'라는 프로그램을 이끌고 있다.[21] 프로그램의 목적은 음악 공동체의 힘으로 중독의 유혹을 대체하는 것이다. 시먼은 중독자들이 고립감을 느끼기 쉬운 데다 악순환을 끊는 데는 유대감 형성만큼 중요한 것이 없다는 사실을 절감하고, 드럼 연주가 중독 행동을 대체할 리추얼이자 유대 수단이 될 수 있도록 프로그램을 고안했다. 시먼은 "드럼은 사람의 마음속 깊이 파고드는 힘이 있다"라면서, "드럼을 치면 유대감과 공동체 의식이 피어나면서 몸과 마음, 영혼이 하나로 합쳐지는 효과가 있다"라고 말한다.

시먼은 자리에 모인 사람들에게 드럼을 잡고 현재 마음 상태를 드럼을 쳐서 표현해보라고 주문한다. 처음에는 제각각이던 드럼 소리가 점차 조화를 이루어가고, 사람들은 함께 음악을 완성해간다. 모임의 끝은 타악기를 활용한 일종의 명상으로 마무리한다.

'알코올 중독자 익명 모임' 같은 프로그램에서 볼 수 있는 집단 치료의 새로운 형태이자, 사람들을 정기적으로 모이게 하여 중독의 유혹에서 벗어나도록 돕는 새로운 리추얼이다.

우리는 음미하기 위해서도
리추얼에 의지하지만,
충분히 즐겼으니 절제하고자 할 때도
리추얼의 힘을 빌린다.

7장

변화: 새로운 정체성을 찾고 받아들이기

누구나 알지

어른이 되는 과정은 아프다는 걸

— 벤 폴즈*Ben Folds*, 〈Still Fighting It〉 중에서

일본어 '와비사비*わびさび*'는 번역하기 어려운 말이다. '와비*わび*'는 '단순하고 소박한 아름다움', '사비*さび*'는 '세월에 따라 자연스럽게 변해감' 정도를 뜻한다.[1] 모든 사물은 시간이 흐르면서 부서지고 쇠퇴하며 그 과정에서 나름의 아름다움을 띠게 된다는 두 진리를 모두 아우르는 지혜가 담긴 말이다.

우리는 살면서 끊임없이 변화한다. 자라고, 배우고, 나이 먹

고, 성숙해간다. 또 우리는 의도적으로 삶에 변화를 일으키기도 한다. 그런 변화 중에는 쉬운 것도 있다. 평소 바닐라 아이스크림을 좋아하다가 초코 아이스크림을 주문하는 변화쯤이야 어려울 게 없다. 하지만 부모가 되거나 부모에게 커밍아웃하는 것, 새 진로를 걷거나 회복의 길에 오르는 것처럼 큰 변화는 그리 간단하지 않다. 이와 같이 우리의 정체성을 규정하는 대전환을 시도할 때 옛 모습을 완전히 버리고 처음부터 시작한다는 건 불가능하다. 대신 우리는 새로운 자아상을 추구하면서도, 과거 모습의 일부를 끌어안고 간다. '와비사비'의 지혜가 말해주듯, 기존의 모습을 부수고 파편을 모아 새 모습으로 재탄생하는 과정은 아름답다. 그 결과는 노력하고 분투한 만큼 더 의미 있고 참된 모습일 것이다.

통과의례

20세기 초에 프랑스 민속사를 연구하던 아르놀드 방주네프 *Arnold van Gennep*가 이러한 변화의 순간을 지칭하기 위해 만든 용어가 바로 '통과의례*rite of passage*'다. 방주네프는 매우 상이한 사회와 문화권에서도 개인이 새 모습으로 거듭나고자 할 때 공통적으로 리추얼에 의존한다는 사실을 관찰했다. 그는 통과의례가 세 단계로 이루어진다고 보았다. 이전의 정체성에서 벗어나는 분리 단계,

한창 변화를 겪는 문턱 단계, 새 정체성을 온전히 받아들이는 병합 단계다.[2] 그중 두 번째인 문턱 단계는 가장 모호하면서도 여러모로 가장 중요한 단계다. 통과의례를 통해 우리가 존재에서 변화로, 경계에서 중심으로, 어중간한 자리에서 단단한 터전으로, 옛 모습에서 새 모습으로 나아가는 것은 바로 그 단계에서다.

실제로 모든 문화권에서 빈번히 그리고 광범위하고 복잡하게 이루어지는 통과의례의 면면을 살펴보면, 그 형태가 굉장히 다양함에도 불구하고 하나같이 개인의 자아상을 변화시키는 데 이용된다는 것을 알 수 있다. 방주네프가 제시한 개념틀의 우아한 단순함이 드러나는 부분이다.

미국의 아미시 공동체에서는 16세에 시작되는 룸슈프링아 *Rumspringa*(직역하면 '뛰어다니기') 기간이 종료됨과 동시에 성년이 되는 것으로 간주한다. 룸슈프링아는 문턱 단계의 구실을 한다. 룸슈프링아 기간에 10대들은 아미시 공동체의 엄격한 규율에서 벗어나 몇 가지 금지된 행동을 하는 것이 허락된다. 이를테면 말이 끌지 않는 탈것을 운전할 수 있고, 심지어 술과 마약도 할 수 있다. 세례를 받거나, 공동체를 영원히 떠나거나 둘 중 한 길을 스스로 선택함으로써 룸슈프링아는 종료된다.[3]

브라질의 사테레마웨 부족은 13세 소년이 거쳐야 하는 총알개미 의례*bullet ant initation*가 있다. 총알개미의 독침은 곤충의 침 중에서 가장 강한 고통을 유발하는 것으로 알려져 있다. 총알개미 80마리를 독침이 안쪽을 향하게 특수 장갑에 끼워넣는다. 소년이 어른이 되기 위해서는 이 장갑을 5분에서 10분간 양손에 끼고 있어야 하는데, 이 과정을 한 번도 아니고 스무 번에 걸쳐 치러야 한다.[4]

유대교에서는 12세 또는 13세에 가족과 공동체 앞에서 토라 *Torah*를 암송하는 바르미츠바*Bar Mitzvah* 또는 바트미츠바*Bat Mitzvah* 라는 의례를 거쳐 성년이 된다. 유대교 전통에 따르면 그 나이는 독립적인 신앙 생활을 할 준비가 되는 시기로, 이제 공동체 속에서 자신의 행동에 책임을 지고 더 성숙한 유대교인으로 성장할 수 있다고 여겨진다.[5]

노르웨이 고등학생들은 졸업을 앞둔 봄 학기에 '루세페이링 *russefeiring*'이라는 행사를 연다. 이 통과의례에 참여하는 학생들('루스')은 끈이 달린 모자를 쓰고, 지역의 '루스 위원회'가 승인한 도전을 완수할 때마다 모자에 '루스 매듭'을 달게 되어 있다. 도전 항목으로는 나무 위에서 하룻밤 지내기(나무에서 딴 가지를 모자에 단다), 슈퍼마켓에서 기어다니며 개처럼 짖고 손님들의 다리를 물기(개 사료 과자를 단다), 쇼핑몰에서 모르는 사람에게 다가가 콘돔 빌려달라고 하기(콘돔을 단다) 등이 있다. 하나같이 불편하고 창피한 미션들인데 그중 언뜻 쉬워 보이는 것이 하나 있다면, 5월 1일 이전에 수영하기다. 그다지 고통스러운 도전 같지 않지만 이 의례를 하는 나라가 어디인지 생각해보면 이야기가 달라진다.[6]

문화권마다 리추얼의 내용은 확연히 다르지만, 동일한 요소들이 반복적으로 나타난다. 우선 신체적 요소가 언제나 빠지지 않는다. 어른이 되는 길에는 암송하고 나무를 오르고 바닥을 기는 관문이 놓여 있다. 그리고 신체적 과제는 용기를 시험하거나(총알개미 견디기, 모르는 사람에게 콘돔 빌리기) 독립성을 시험하는(사람들 앞에서 긴 경전 구절 암송하기, 나무 위에서 혼자 지내기) 경우가 많다. 이 두 요소는 서로를 보완하며, 미성년자가 이제 다음 걸음을 내딛을 때임을 느끼고 인생의 새로운 단계로 진입하여 실제로 그 길을 갈 수 있도록 돕는다.

그러나 통과의례는 비단 성년이 되는 과정에서만 나타나는 것은 아니다. 고대 산스크리트어 '삼스카라*samskara*'는 준비하고 한데 모아 완전하게 만드는 것을 뜻한다. 힌두교에서 삼스카라는 인생의 모든 전환기에 행하는 각종 통과의례를 가리키기도 한다. 삼스카라는 부모가 임신을 계획하는 순간부터 세상을 떠난 후까지 이어진다. 가르바다나*Garbhadhana*(수태 의도), 품사바나*Pumsavana*(태아 돌보기), 시만토나야나*Simantonnayana*(임신부의 머리 가르마 타기), 자타카르만*Jatakarman*(출산), 나마카라나*Namakarana*(아기 이름 짓기) 등으로 시작해, 아기의 첫 외출, 아기의 첫 고형식, 아기의 첫 이발, 아기의 귀 뚫기 등을 기념하는 의례가 죽 뒤따른다. 여기까지는 유년기의 의례에 불과하다. 힌두교 경전 가우타마 다르마수트라*Gautama Dharmasutra*(기원전 600~200년경)는 총 40개의 통과의례를 기술하고 있다.[7]

우리는 인생의 큰 전환점에서 늘 통과의례에 의지한다. 대학을 졸업할 때는 학사모와 가운을 입고 졸업장을 받는다. 결혼할 때는 예복을 입고 서약을 하며 행진을 한다. 은퇴할 때는 퇴임식이나 송별회를 치르며 기념패를 받기도 한다. 그러면서 우리는 어른이 되거나, 졸업자가 되거나, 부부가 되거나, 은퇴자가 된다. 어떤 식으로든, 이전과는 다른 사람이 된다. 우리는 이 같은 리추얼을 통해 중요한 순간을 기념하는 동시에, 과거와 미래를 이어주는 다리 역할을 하는 일련의 행위 속에서 스스로를 새롭게 바라볼 수 있다.

리추얼에서 찾는 '나'

당신이 정체성의 변화를 겪던 때를 한번 떠올려보자. 처음으로 집을 나와서 살 때. '남편'이나 '아내', 혹은 '엄마'나 '아빠'가 되었을 때. 다른 분야로 이직했을 때. 그럴 때 어떤 감정을 느꼈는지?

내게 가장 먼저 떠오르는 기억은 어느 연구 모임 자리에서 있었던 일이다. 올 사람이 다 온 것 같은데, 어째선지 회의가 시작되지 않았다. 시간이 지루하게 흘러가니 점점 불안해졌다. 지금 무슨 상황인 걸까? 그러다 문득 깨달았다. 모인 사람들 중에서 내가 가장 연장자이고, 다들 내가 회의를 시작하기만 기다리고 있다는 것을. 별안간 나는 현명한 어른의 역할을 해야 하는 위치에 서게 되었다. 내 신참 시절은 끝난 것이었다.

내가 그 상황을 전혀 깨닫지 못했던 이유 중 하나는, 그런 지위를 내게 부여하는 리추얼을 치른 적이 없기 때문이었다. 아직 종신 교수가 되지 않았을 때였는데, 종신 교수가 되려면 전 교수진이 투표하여 입회를 허락하는 절차를 거치게 되어 있다(하버드 경영대학원에서는 명예 하버드 학위까지 준다). 회의 자리에 종신 교수가 나밖에 없었다면, 회의를 누가 시작해야 하는지는 분명했을 것이다. 하지만 나는 스코틀랜드 인류학자 빅터 터너*Victor Turner*가 말한 '이도 저도 아닌*betwixt and between*' 시기, 즉 말단 신입과 베테랑 고수라는 두 정체성 사이의 문턱 공간에 있었고, 이 상황에서 어떻게 행동해야 할지 몰랐다.[8] 리추얼은 이런 어중간한 시기에 놓인 개인의 정체성 전환에 무척 중요하면서 독보적인 역할을 한다. 그때는 내가 취할 방향을 잡아줄 리추얼이 없었기에 혼란스러웠다.

종신 교수가 된 뒤에도 내 실제 업무는 크게 달라지지 않았다. 가르치는 수업의 수도 똑같았고, 발표하는 논문의 수도 똑같았고, 보스턴 레드삭스의 야구 경기를 보며 딴짓하는 시간도 똑같았다. 하지만 나라는 사람이, 내 정체성이 다르게 보이기 시작했다. 이제 나는 학교를 대표하는 사람 중 한 명이었고, 남들이 지식과 전문성을 기대하는 사람이었다. 그저 내가 일하는 학교였던 곳이 이제는 '내 학교'이자 내 정체성의 일부가 된 것이다.

그와 같은 사례에서 리추얼과 '정체성 작업'의 긴밀한 연관성이 드러난다. 한 사람이 새로운 모습으로 거듭나는 과정에서 정체성 작업이 어떤 역할을 하는지 생각해보자. 러시아의 우주비행사 후보생들은 우주 여행의 신체적, 정신적 고통을 견뎌내기 위한 혹독한 훈련을 수년간 치러야 한다.[9] 마침내 진짜 우주비행사로 거듭날 준비가 된 예비 우주비행사들은 카자흐스탄의 바이코누르 기지에서 우주로 오르기 전에 세 단계의 리추얼을 수행한다. 발사 전날 밤, 1969년작 러시아 영화 〈사막의 태양White Sun of the Desert〉을 시청한다. 발사 당일, 샴페인을 마시고 호텔방 문에 사인을 남긴다. 마지막으로 발사대까지 버스로 이동하는 길에, 모든 대원은 버스에서 잠시 내려 왼쪽 뒷바퀴에 소변을 본다.

이 발사 전 의식 중 일부는 최초의 우주비행사 유리 가가린 Yuri Gagarin을 기리기 위한 것이다. 버스 왼쪽 뒷바퀴에 처음 일을 본 사람이 가가린이었다. 다른 수행 전 리추얼과 마찬가지로, 이 리추얼도 심리적 안정감을 찾는 것이 목적이다. 무엇보다도, 삶의 새로운 단계로 이행하는 과정에서 정체성의 중요성을 잘 보여주는 리추얼이라 할 수 있다. 문에 사인한다는 것은 말 그대로 자신의 흔적을 남기는 행위이며, 남의 기물에 소변을 보는 것도 물론 마찬가지다. 동물들도 그런 식으로 자신의 영역을 표시한다. 우주비행사들에게 그러한 표시 행위는 훈련생에서 오롯한 전문인으로의 전환을 입증하면서 출발할 준비가 되었음을 알린다는 의미가 있다.

정체성 전환에 가장 효과적인 리추얼은 어떤 표지*marker*를 남기는 경우가 많다. 다시 말해, 소유감을 뚜렷이 느낄 수 있는 행위로 이루어져 있다. 2장에서 논했던 보유 효과와 이케아 효과에서도 그러한 관계성을 확인할 수 있었다. 내 머그잔이기 때문에 머그잔을 좋아하게 되고, 심지어 내가 직접 만든 머그잔이라면 정체감과 소유감은 더 커질 수밖에 없다. 리추얼도 머그잔과 마찬가지다. 내가 직접 만든 통과의례는 엄청난 가치가 있다. 내게 소유감과 주체성을 안겨주고, 세상에 나의 흔적을 남길 한 가지 방법이 된다. 나만의 리추얼 시그니처는 나의 정체성과 가치관, 그리고 나 자신을 표현할 수 있는 방법 중 하나다.

새로운 나

리추얼은 우리의 현재 모습과 앞으로 되고자 하는 모습을 규정짓는 힘이 있다. 우리가 어른이 되거나, 반려자나 부모가 되거나, 과부나 홀아비가 되는 등 인생의 큰 전환점을 맞을 때마다 리추얼의 힘을 빌리는 것은 그래서일 것이다. 그러나 그 밖의 중요한 전환점 중에는 '전통적' 통과의례가 따로 마련되어 있지 않은 것도 많다. 이때는 완전히 새로운 리추얼을 만들어내는 능력이 더없이 중요해진다.

1990년대 초에 사회학자 니산 루빈*Nissan Rubin*, 카르멜라 슈밀로비츠*Carmella Shmilovitz*, 메이라 바이스*Meira Weiss*는 당시 비교적 생경한 수술이었던 위우회술을 받기로 결정한 비만 여성 36명을 인터뷰했다. 위우회술은 체중 감량을 위해 위를 달걀 크기로 줄이는 수술이다. 여성들은 자신의 정체성을 변화시킬 수도 있는 수술을 앞두고 어떤 반응을 보였을까? 사형 집행을 앞둔 사형수에 자신의 처지를 빗대 '마지막 식사'라는 표현을 사용하는 사람도 있었다. 가진 옷을 모두 버리고 새 출발을 다짐하는 사람이 있는가 하면, 옛 모습을 기억하기 위해 옷을 그대로 남겨두는 사람도 있었다. 그 두 행동은 상반된 발상에서 비롯된 것처럼 보일지 몰라도, 둘 다 과거와 현재, 옛 모습과 새 모습을 구분하는 경계선을 긋는 효과가 있다. 그와 같은 '개인적 정의 의례'를 통해 여성들은 새로운 자아상을 받아들일 수 있었다.[10]

성전환 관련 리추얼도 비슷한 역할을 한다. 엘린 스틸링엔*Elin Stillingen*은 2020년에 법적으로 성별과 이름을 바꾸면서, 자신의 이름 변경을 노르웨이 교회에 인정받는 것이 무척 중요하다고 생각했다. 그래서 천 년에 가까운 역사를 자랑하는 노르웨이 레나의 호프 교회에서 스테인 오베센*Stein Ovesen* 목사의 인도로 개명식을 거행했다. 유산 리추얼과 새로운 리추얼의 요소를 섞어 완전히 새로운 목적에 활용한 좋은 사례였다. 스틸링엔은 개명식을 치르고 나서 "고향에 돌아오는 느낌이었고, 이 모든 과정을 예수님이 함께해

주셨습니다"라고 소회를 밝혔다.[11] 이런 의식에 비추어 볼 때 '데드네이밍*deadnaming*'(트랜스젠더를 개명 전 이름으로 불러 그 사람의 정체성을 부정하는 행위)이 왜 심각한 상처를 주는지 잘 알 수 있다. 데드네이밍은 당사자에게는 의미가 큰 전환이 자신에게는 아무 의미가 없다는 메시지를 전달하는 행위다.[12]

성전환 과정에 있는 많은 사람이 기존의 리추얼을 차용해 자신만의 리추얼을 만든다. 한 예로, 매사추세츠주 뉴턴에 거주하는 리베카는 여성으로 산 지 1주년이 되는 날에 남성으로서의 자신을 위한 전통 장례를 치러달라고 랍비에게 부탁했다. 랍비 메드윈은 그 대신 몸을 물에 담그는 정결 의식 미크바*mikvah*를 통해 여성성을 확고히 하는 방법을 제안했다. 리베카는 미크바를 수행하며 "물속에 세 번 몸을 담갔고, 자신을 유대 여성으로 마음속에 그리며 남성으로서의 자아를 흘려보냈다"라고 한다.[13]

문화와 시대를 초월해, 통과의례를 치른 사람들은 다른 사람이 된 것 같은 느낌이 들었다고 보고한다. 통과의례는 기존의 의식과 새로운 의식을 결합한 형태로 치르기도 하지만, 전통 의식을 비전통적인 시기에 치르기도 한다. 두 번째 바르미츠바를 치르는 경우가 그런 예다. 뉴욕주 마운트키스코에 거주하는 마크 콜러*Mark Koller*는 자신의 바르미츠바 날인 1943년 4월 23일 우크라이나 강제 노동 수용소에 포로로 잡혀 있었다. 그리고 수십 년간 개운치 않은 마음을 품고 살았다. 노동 수용소에서 이스라엘을 거쳐 미국으로 이주해 살던 그는 83세의 나이에 두 번째 바르미츠바를 열었다. 랍비는 인간의 평균 수명이 약 70세라는 토라의 구절을 들어 열세 살을 더 살았으니 한 번 더 기념하는 것이 합당하다며 콜러의 결정을 전적으로 지지했다. 랍비가 콜러에게 준 성경 구절은 에제키엘*Ezekiel*서의 죽은 뼈들이 살아나는 대목이었다. 콜러에게는 "운명처럼 느껴지는" 구절이었다. 그는 유대교 매체와의 인터뷰에서 이렇게 말했다. "그날로 내 꿈이 이루어졌습니다. 하늘이 나에게 이 경험을 하라고 여기 머물게 한 것 같은 느낌이 들었습니다. 내가 결국 해냈다는 상징이었어요. 두 번째 바르미츠바라고는 하지만 내게는 첫 번째와 다름없었습니다."[14]

그런가 하면 매우 간단한 리추얼도 성장과 독립, 성숙의 감정을 강력하게 불러일으킬 수 있다. 화장은 여러 문화권의 성년의례에서 공통적으로 나타나는 요소다. 프랑스 10대 소녀의 화장 습관을 문화기술지적으로 살펴본 한 연구에 따르면, 화장을 통해 이루어지는 정체성 작업은 매우 뚜렷하다. 한 17세 소녀는 이렇게 말했다. "어릴 때 엄마가 화장을 못 하게 해서, 엄마 짜증 나라고 일부러 화장을 했어요. 내가 아이가 아니라는 걸 보여주려고 했던 거죠." 또 다른 17세 소녀는 화장의 효과를 이렇게 요약했다. "화장을 하면 여자가 된 것 같아요."[15] 립스틱, 마스카라, 아이라이너 등의 제품은 아름다움을 돋보이게 하는 데 그치지 않고, 소녀에서 여자로 불확실한 경계를 넘을 수 있게 한다. 사회학자 세라 로런스-라이트풋*Sara Lawrence-Lightfoot*은 결말과 퇴장에 관한 연구에서 "떠나는 능력은 자신을 직시하고, 스스로에게 여유를 주며, 새 삶을 만드는 능력"이라고 말했다.[16]

막스 베버가 20세기 초에 리추얼과 전통의 상실을 한탄했던 것처럼, 오늘날의 문화 비평가들도 청소년이 유년기에서 성년기로 나아가도록 도와줄 의미 있는 통과의례가 없다고 지적한다. 뉴욕시의 청소년 정신과 의사인 수잰 가핑클-크로얼*Suzanne Garfinkle-Crowell*은 《뉴욕타임스》 기고문에서, 청소년들이 고통받는 여러 이유 중 하나는 "취약하며 형성 중에 있는, 마치 공사 현장과 같은 상태"이기 때문이라고 표현했다.[17] 리추얼을 치르지 못한 청소년들은 성인기에 접어들어도 공사 현장처럼 구조적으로 불안정한 상태를 벗어나지 못하는 것일까? 일부 심리학자들은 이른바 '연장된 청소년기' 현상이 늘고 있다는 데 주목한다.[18] 이는 자녀들이 20대 중반까지도 정서적, 경제적으로 부모에게 의존하는 현상을 말한다. 그러한 청소년들은 두 세계 사이에서 길을 잃고, 이도 저도 아닌 상태에 발이 묶인 셈이다. 어쩌면 그들은 정체성의 변화를 상징해줄 의미 있는 리추얼을 찾지 못했을 수도 있다. 아니면 리추얼이 미처 완료되지 못한 상태일 수도 있다. 대학을 6, 7년 동안 다니는 자녀에게는 졸업식이란 것이 없고, 어린 시절 쓰던 방을 계속 쓰는 청년에게는 독립적인 삶으로의 정체성 변화가 이루어질 수 없다.

완료와 끝맺음의 필요성은 내가 연구한 여러 문화권의 많은 리추얼에서 중요한 요소로 등장한다. 내가 '이케아 효과'와 관련해 추가적으로 수행했던 연구도 그 점을 토대로 했다.[19] 실험 참여자들에게 다시 한번 따분한 이케아 상자를 조립하게 했는데, 이번에는 새로운 제약을 추가했다. 첫 번째 그룹은 상자 조립을 완료하게 했지만, 두 번째 그룹은 조립을 중간에 멈추게 했다. 두 번째 그룹의 사람들은 남은 상자를 사면 마저 완성할 수 있음에도 불구하고, 상자를 사기 위해 지불하고자 하는 금액이 더 적었다. 미완성된 볼품없는 상자는 그저 상자일 뿐이었고, 몇 단계를 더 밟아 완성한 상자는 그보다 큰 가치를 갖는 '내 상자'가 된 것이다.

리추얼도 마찬가지지만, 리추얼의 완료는 훨씬 더 중요하다. 리추얼 학자 로널드 그라임스*Ronald Grimes*는 이렇게 말한다. "통과의례의 주요 역할은 그 행사에 우리가 영적, 심리적, 사회적으로 온전히 관여하게 만드는 것이다. 우리가 관여하지 않으면, 삶의 중대한 통로가 거대한 구렁으로 변해 심리적 에너지를 빨아들이고 사회적 혼란을 야기하며 이후 삶의 방향을 왜곡할 수 있다. 우리가 관여하지 않은 통로는 영혼의 구덩이가 되고, 끝내지 못한 과제가 굶주린 유령이 되어 주위를 떠돈다."[20]

통과의례를 완료하지 못했다면 통과가 이루어지지 않은 것이니 목적지에 도달하지 못한 셈이다. 2009년 버락 오바마가 대통령 취임 선서를 할 때, 존 로버츠*John Roberts* 대법원장이 단어 하나의 위치를 바꿔 말하는 실수를 했다.[21] 헌법에 "나는 '성실히' 미국 대통령의 직무를 수행하겠습니다 *I will 'faithfully' execute the Office of President of the United States*"로 규정된 문구를 "나는 미국 대통령의 직무를 '성실히' 수행하겠습니다 *I will execute the Office of President of the United States 'faithfully'*"로 제시한 것이다. 별 문제 아니라고 생각할 수도 있다. 의미는 분명히 동일하고, 사용된 단어도 동일하다. 하지만 취임식에 뭔가 하자가 있어 권력 이양이 제대로 되지 않은 느낌이었다. 그래서 그다음 날 두 사람은 선서를 한 글자도 틀리지 않게 다시 진행했다(2013년에는 하루 전에 미리 연습을 하기로 했다).

'통과의례'라는 용어를 만든 아르놀드 방주네프는 '네덜란드·독일·프랑스계' 문화기술지학자로 일컬어진다. 그 융합된 정체성은 그가 서로 다른 정체성 사이의 이도 저도 아닌 문턱 공간에 왜 그토록 관심을 가졌는지 짐작해볼 수 있는 단서인지도 모른다. 그는 저서 《통과의례*Les rites de passage*》를 출간하는 과정 자체가 하나의 통과의례였다며, "내가 거의 10년 동안 갇혀서 헤매던 어둠을 단번에 몰아낸 내면의 빛"이었다고 말했다.[22]

리추얼은 그런 어둠의 순간, 또는 어둠의 세월에서 우리를 이끌어내는 빛이 될 수 있다. 통과의례는 우리를 변화시킨다. 다른 누구 또는 다른 무엇이 되고자 하는 우리 내면의 근본적이고 영속적인 욕구가 충족될 수 있게 해준다. 스스로에게 그리고 세상에, 우리가 진정 어떤 사람인지를 각인시킬 수 있게 해준다.

리추얼은 어둠의 순간, 또는 어둠의 세월에서
우리를 이끌어내는 빛이 될 수 있다.

3부
———

사 랑 으 로 이 어 지 다

8장

화합: 시간과 감정을 공유하기

항상 아침 6시 30분이면 일어나 셸리에게 커피를 타줬어. 우유 약간, 설탕 두 스푼. 커피를 타서 침대까지 가져다줬어. 자기는 카페인이 몸에 돌아야 하루를 시작할 수 있다고 하거든.

그러던 어느 날, 평소처럼 6시 30분에 일어나 내 커피만 탔어. 셸리 커피는 그냥 타주고 싶지 않았어.

최악이었던 건, 셸리는 그 사실을 알아차리지도 못했다는 거야.

서로를 신경 쓰지 않게 된 거지. 상대를 행복하게 해주려고 애쓰지 않게 된 거야. 그걸 깨닫는 순간, 이 관계는 끝났다는 걸 알았어.

TV 드라마 〈디스 이즈 어스*This Is Us*〉의 첫 시즌에서 미겔이 결혼 생활이 파경에 이르게 된 경위를 친구에게 설명하는 장면이다.[1] 그가 내놓은 예는 다름 아닌 커피 타는 일로, 사소해 보이는 이 행위가 결혼 생활의 대표적 리추얼로 자리 잡았던 것이다. 그 커피 리추얼이 부부에게 워낙 중요한 의미였기에, 리추얼이 무너진 사건은 결혼 생활도 무너졌다는 신호였다.

미겔의 모닝 커피 리추얼 이야기가 애절하게 느껴지는 이유는, 두 사람이 일상의 리추얼에 쏟던 정성이 사라진 순간 서로에 대한 정성도 함께 사라졌음을 고스란히 보여주기 때문이다.

이런 식으로 우리가 일상에서 파트너와 공유하는 리추얼은 어떤 게 있을까? 애정이나 감탄이나 매력을 불러일으키기 위해 반복하고 또 반복하는, 놀랍고 유치하며 언뜻 별 의미 없어 보이는 행위 말이다. 나는 오랜 기간 동안 리추얼을 연구하면서 사람들이 연인과 나누는 리추얼을 편안하게 설명하는 것을 많이 들어보았다. 그 이야기에는 우리가 일상 속에서 서로에게 헌신, 감동, 기쁨, 감사의 마음을 표현하는 모습이 담겨 있다.

🌿 매달 첫 번째 일요일에는 남편과 함께 일출 산행을 간다. 샌프란시스코의 집에서 몇 시간 거리에 있는 장소를 골라서 아직 어두울 때 출발한다. 7년째 하고 있는 일이라 무엇을 챙겨야 하는지 서로 잘 알고 있다. 나는 일어나서 커피를 끓여 낡은 캠핑용 보온

병에 붓고, 남편은 땅콩버터 젤리 샌드위치를 만들고 무화과잼 과자를 지퍼백에 담는다. 우리는 대학 시절 생물학 실험 파트너로 처음 만났을 때 쓰던 배낭에 짐을 싸서 떠난다.

우리는 토요일마다 아파트 근처의 엠파나다 푸드트럭이 점심 영업을 개시하자마자 찾아간다. 가끔 내가 아침을 너무 많이 먹으면, 이따가 점심을 맛있게 먹지 못할까 봐 아내가 날 쿡쿡 찌른다. 우리는 늘 돼지고기 카르니타스를 시키고, 유리병에 든 오렌지 크러시를 하나씩 마신다. 한번은 한 병을 나눠 마시려고 했다가 낭패를 본 적이 있다.

우리가 처음 만난 곳은 친구의 차고에서 열린 파티였는데, 그의 음료에 무당벌레가 앉았다. 내가 무당벌레를 빼내주려다가 음료를 그에게 다 쏟아버렸고, 우리는 배꼽을 쥐고 웃었다. 벌써 20년도 더 전의 일인데, 그때부터 이 무당벌레 게임이 시작됐다. 우리는 무당벌레를 볼 때마다 항상 서로에게 문자나 전화를 한다. 몇 년 전에는 그가 출장 갔다가 공항 매장에서 싸구려 플라스틱 무당벌레 장난감을 사 와서 내 칫솔 컵 안에 몰래 숨겨놨다. 이 이상한 무당벌레 게임에 대해 미리 예고하는 법은 없다. 그냥 몇 주에 한 번씩 서로를 깜짝 놀라게 할 뿐이다. 뭐라고 설명해야 할지 모르겠지만, 우리에게는 큰 의미가 있다. 아마 우리가 하는 가장 로맨틱한 행동일 것이다.

일출 산행, 무화과잼 과자, 돼지고기 엠파나다, 플라스틱 무당
벌레. 모두 일상 속의 평범한 사물로, 아무리 봐도 그 안에 대단한
로맨스나 유혹의 불꽃이 숨어 있을 것 같지는 않다. 주로 상업적
목적으로 양산되어 우리에게 익숙한 각종 문화적 클리셰가 말하
는 것과는 달리, 연인 사이의 리추얼에서 샴페인, 빨간 장미, 바이
올린 등은 별 역할을 하지 않을 때가 많다. 그보다는 둘만의 친밀
한 유대를 다지고 지켜나가는 지극히 개인적인 표현과 행동이 중
요하다. 앤 스위들러의 저서 《사랑의 말들》에 실린 여러 인터뷰에
서 잘 나타나듯, 로맨스의 문화는 일종의 레퍼토리로 이루어져 있
다. 연주자인 우리는 각자의 관계에 가장 잘 어울리는 톤, 선율, 리
듬을 선택한다. 어떤 커플에게는 시원한 오렌지 크러시 한 병이 가
장 매혹적인 샴페인일 수 있고, 또 어떤 커플에게는 플라스틱 무당
벌레가 란제리보다 더 로맨틱할 수 있다.

리추얼이 개인의 삶에 영향을 미칠 수 있다면, 연인 관계와 로
맨스에서는 어떤 역할을 할까? 다른 어떤 커플도 아닌 그 커플만
의 임의적인 행동을 통해 두 사람의 관계를 더 행복하게, 더 친밀
하게, 더 즐겁게 생동시킬 수 있을까?

내 동료 시메나 가르시아-라다가 주도한 프로젝트에서, 우리
는 그 질문의 답을 찾기 위해 커플 간의 리추얼을 조사했다. '너드

랩' 졸업생 출신으로 육아용품 '스누'에 대한 부정적 감정을 연구했던 가르시아-라다는 독특한 방법을 활용했다. 커플들에게 둘 중 한 명에게만 비행기 좌석을 일등석으로 업그레이드할 혜택이 주어진다면 어떻게 할지를 물었다. 업그레이드 혜택을 받고 둘이 따로 앉을 것인지, 함께 앉기 위해 혜택을 포기할 것인지? 함께 앉는다는 응답은 두 사람의 정서적 친밀감을 상당히 잘 드러내는 지표다.[2]

우리가 수행한 모든 설문조사에서, 커플 관계에 있는 응답자의 60~75%가 둘 사이의 리추얼이 있다고 답했다. 현재의 관계와 이전의 관계에서 리추얼의 존재를 묻는 질문에는 현재 파트너와의 사이에 리추얼이 있다고 응답하는 비율이 훨씬 높았다.[3] 이는 선택적 기억 때문일 수도 있지만("그 끔찍한 사람과는 중요한 걸 함께 한 적이 없어"), 리추얼이 관계 만족도나 관계 유지력과 연관되어 있다는 증거일 수도 있다.

커플 간에 전통적인 유산 리추얼을 수행한다는 응답도 있었는데, 그중 다수는 종교 관련이었다. 예를 들면 "매일 내가 출근하기 전에 함께 기도한다" "적어도 격주마다 교회에 같이 간다" 등이다. 한편 매우 실용적인 리추얼도 있어서, 일상적인 행위에 깊고 풍부한 의미를 부여하는 형태였다. "우리는 집안 청소를 항상 함께 하고 늘 동시에 시작한다" "일요일 아침 9시에 꼭 함께 장을 보러 간다" 등이 그런 예다. 그런가 하면 애정과 친밀감 위주의 리추얼이 많았는데, 이를테면 "침대에서 꼭 껴안고 같이 영화를 보고,

그 후에 사랑을 나눈다" 등이다. 매우 독특한 리추얼도 많았는데, 그중엔 이런 사랑스러운 것도 있었다. "우리는 저녁을 먹을 때마다 꼭 식기를 건배하듯 부딪친다."

개인이 음식과 음료를 더 잘 음미하기 위해 리추얼을 활용하는 경우가 많다는 사실을 생각하면, 커플 간 리추얼의 상당 부분이 '야간 데이트' 형식을 취하는 것도 놀랍지 않다. 두 사람이 함께 무언가를 먹고 마시며 특별한 시간을 보내는 것으로, 예를 들면 "매주 금요일 밤, 아이들이 잠자리에 들면 함께 와인을 마시고 중국 음식을 먹는다" "금요일 밤마다 팝콘을 만들고 영화를 같이 본다" 등이다. 심리학자 케이틀린 울리*Kaitlin Woolley*와 아이엘릿 피쉬바흐*Ayelet Fishbach*의 연구에 따르면, 한 접시에 담긴 음식을 같이 먹는 행위는 사람들 사이의 친밀감을 높여준다.[4] 반면, 음식 알레르기 등의 이유로 같은 음식을 함께 먹지 못하는 경우 사회적 고립감이 깊어진다.[5]

커플 간의 리추얼을 수집하고 분류하는 작업은 시작에 불과했다. 우리는 그런 리추얼이 관계의 어떤 측면에 어떻게 영향을 미치는지 자세히 알아보기 위해 연구를 설계했다. 참여자들에게 어떤 리추얼을 하는지 묻는 데 그치지 않고, 둘의 관계가 얼마나 좋은지에 관해서도 물었다. "나는 우리 관계에 만족한다"와 같은 일련의 문장을 제시하고 이에 얼마나 동의하는지 답하게 하는 등의 방법을 사용했다.

리추얼 하나를 한다고 해서 두 사람의 관계가 완벽해지는 것은 아니다. 그러나 우리가 조사한 결과, 리추얼을 하고 있다고 응답한 사람들이 그렇지 않은 사람들에 비해 관계 만족도가 5~10% 더 높게 나타났다. 앞서 1부에서 논했듯이, 리추얼은 우리 삶에서 감정 유발제의 역할을 한다. 따라서 각자의 특성에 맞고 때와 자리에 어울리는 로맨틱한 리추얼은 사랑의 감정을 일으키는 하나의 촉매제가 될 수 있다.

'경이감 산책*awe walk*'이라는 것을 시작했다고 응답한 커플도 있었다. 주말 아침마다 해 뜨기 직전에 일어나, 기쁨과 신비감을 불러일으키는 동네의 한 장소를 선택해 산책에 나선다. "최근에는 경이감 산책을 할 때 집에서 약 반 마일 떨어진 곳에 있는 새 둥지를 꼭 지나간다. 찾아가서 둥지를 살펴보고 알이 부화하고 있는지 관찰한다. 이렇게 소박하고 여유로운 습관을 실천하면서 주변의 자연과 뜻밖의 유대감을 느끼게 됐다. 새들이 모두 부화해 날아가면, 세상의 또 다른 작은 구석을 함께 찾아볼 것이다. 같은 사물을 직접 함께 관찰한다는 것이 의외로 로맨틱하다."

또한 리추얼을 하는 커플들은 상대방에 대해 고마운 마음을 더 크게 표현하는 것으로 나타났다. 이 현상은 커플이 함께한 기간이 짧든 길든 상관없이 나타났다. 다시 말해, 리추얼이 생겨나는 데는 오랜 기간이 필요하지 않다. 행복한 커플은 관계 초기에도, 관계가 오래 진행된 후에도 리추얼을 만들어내는 것으로 보인다.

커플 간 리추얼의 감정적 힘을 보여주는 또 하나의 지표는, 불가피한 이유로 리추얼을 하지 못할 때 느끼는 감정이다. 한 파트너가 출장을 갔다거나 하는 이유로 일시적으로 떨어져 지내는 42쌍의 커플을 대상으로 3주간 수행한 어느 연구에서, 두 사람 모두 상실감을 느끼는 것으로 나타났다. 간단한 취침 전 리추얼을 하지 못한 결과 평소보다 잠이 잘 오지 않았고 숙면을 취하기 어려웠다. 타액 샘플을 분석해 코르티솔 수치를 관찰해보니, 고립된 동물에게서 높게 나타나는 코르티솔 수치가 이 커플들에게서도 높게 나타났다.[6]

매혹의 값

캘리포니아대학교 버클리의 사회학자 알리 러셀 호크실드 *Arlie Russell Hochschild*는 계급과 자본주의, 그리고 사람들을 결속시키는 힘에 관해 다양한 저술을 남겼다. 그가 특히 흥미를 느끼는 주제 중 하나는 진실되고 따뜻한 관계와 차갑고 거래적인 관계 사이의 경계다. 호크실드는 자신의 가족 사회학 수업을 듣는 학생들에게 다음과 같은 개인 광고를 보여주었다.[7]

🌿 저는 온화한 성격의 백만장자 사업가로, 지적이고 견문이 넓지

만 내성적입니다. 최근에 이 지역으로 이사를 왔으며, 파티나 모임, 사교 행사의 초대를 끊임없이 받고 있습니다. 일종의 '개인 비서'를 구하고 있습니다. 직무 내용은 기본적으로 다음과 같지만 여기에 국한되지 않습니다.

1. 집에서 열리는 파티의 호스트 역할(시급 40달러)

2. 편안하고 육감적인 마사지 제공(시급 140달러)

3. 사교 행사에 동행(시급 40달러)

4. 여행 동반(일급 300달러 + 여행 경비 일체)

5. 가사 업무 일부(공과금 및 청구서 처리 등, 시급 30달러)

지원자는 22~32세의 건강하고 아름다운 외모의 소유자로 화술이 뛰어나고 몸매가 좋으며, 세심하고 똑똑하며 비밀을 잘 지킬 수 있어야 합니다. 행사는 한 달에 3~4건 이내, 마사지와 집안일 및 기타 잡무는 주당 10시간 이내로 예상합니다. 미혼이고 교제하는 사람이 없어야 하며, 있다면 그 파트너의 이해심이 매우 깊어야 하겠습니다!

호크실드의 수업에 참가한 한 여학생은 이 광고가 사랑을 조롱하는 것과 다름없다고 평했다. "사랑하고 배려하며 영혼으로 이어진 두 사람의 아름다운 관계가 … 돈으로 살 수 있는 기계적이고 감정 없는 노동으로 전락해버린 것이다."

나와 동료 연구자들도 애정 관계가 거래 관계로 치부될 때 그와 비슷한 결과가 나타나는 것을 관찰했다.[8] 나는 역시 너드랩 졸업생 출신인 타미 킴*Tami Kim*, 그리고 팅 장*Ting Zhang*과 함께 한 연구에서 연애 관계에 있는 사람들에게 상대방이 "외식이나 여가 활동에 누가 얼마를 냈는지 일일이 기억하는지" "약속 시간에 1분만 늦어도 신경을 쓰는지"를 물었다. 사소한 것을 따지는 파트너를 둔 사람은 만족도가 더 낮았다. 왜일까? 숫자나 금액을 따지는 것은 은행의 역할이지, 사랑하는 사람에게 기대하는 역할이 아니기 때문이다. 호크실드가 지적했듯이, 우리는 사람들이 자신의 애정 관계가 단순히 이해득실을 따지는 거래 관계에 그치지 않기를 원한다는 사실을 확인했다.

호크실드는 사람들은 애정 관계에서 무언가 특별한 것을 느끼고 싶어 한다며 이렇게 말한다. "커플이 자신들의 관계에서 마법스러움을 느끼기 위해서는 주변 세상을 마법으로 채우고 싶은 마음이 들어야 한다. 마법스러운 관계에 들어선 커플에게는 관계 자체뿐 아니라 온 세상이 마법처럼 느껴진다."

그렇다면 이 마법이란 과연 무엇이며, 애정 관계에서 마법을 일으키려면 어떻게 해야 할까?

최근 몇 년 동안 연구자들은 애정 관계의 마법 같은 느낌을 수치화하려고 시도했다. 심리학자 마야 로시냐크-밀롱*Maya Rossig-*

*nac-Milon*과 동료 연구자들은 이를 '공동 현실*shared reality*'이라는 심리학적 개념으로 설명했다.[9] 공동 현실이란, 같은 후보에게 투표하거나 같은 종교를 믿거나 같은 축구팀을 응원하는 등 같은 신념을 공유한다는 의미가 아니다. 이를테면 농담을 듣고 같은 포인트에서 웃거나, 사건을 같은 관점에서 해석하고 느끼는 등 세상을 같은 식으로 인식하는 것을 뜻한다. 로시냐크-밀롱 등은 커플들이 공동 현실을 어느 정도로 느끼는지 측정하기 위해 일련의 문항을 제시한다.

독자도 현재 혹은 과거의 파트너를 떠올리며 생각해보길 바란다.

🌿 우리는 동시에 같은 생각을 할 때가 자주 있다.

무슨 일이든 둘이 함께 경험하면 더 잘 와닿는다.

상대가 하려는 말을 미리 짐작할 때가 많다.

우리만의 세상 속에 사는 것처럼 느껴질 때가 많다.

위와 같은 제시문에 동의하는 커플들은 공동 현실을 선명하게 느끼며, 예상 가능하겠지만 관계 만족도도 높다.

내가 좋아하는 스포츠 칼럼니스트 드루 매거리*Drew Magary*는 공동 현실의 개념을 완벽히 포착해 보여준다. 그는 모든 커플은 "자기들만의 괴상한 시네마틱 유니버스가 있다"라고 하면서, 아내와 자신은 "'컨그래출레이션스*congratulations*(축하해)'를 '컨그래추멀레이션스*congratumalations*'로 말하는 장난을 계속하고 있다"라고 전한다.[10] "왜냐고? 나도 모른다. 두 사람만의 문화가 있으니, 그 안에서만 통하는 리추얼과 은어가 생기기 마련이다. 건강한 현상이라고 생각한다."

소설가 노먼 러시*Norman Rush*는 같은 맥락에서 이렇게 적었다. "커플만의 사적 언어는 특이한 모습을 띠기 쉬워서, 두 사람에게는 아무렇지 않아 보여도 외부인에게는 매우 기이하게 보일 수 있다."[11]

여기서 한번 생각해보자. 당신과 당신의 파트너가 어떤 의미에서 마음이 하나가 되었다고 느낀 적이 있는가? 예를 들면 방 안에서 눈빛을 주고받으면서 서로 상대가 무슨 생각을 하고 있는지 정확히 알 수 있었던 순간이 있었는가? 선택지는 '예' '아니오' '무슨 말인지 모르겠다'의 3가지가 되겠다(약 10%는 무슨 말인지 모르겠다고 답한다). 공동 현실 감각이 강한 커플은 그런 순간을 종종 경험한다. 상대방이 자신을 온전히 이해한다고 느끼면서 잠시나마 자아 감각을 잃고 상대와 하나가 되는 마법을 체험하는 순간이다.

이제 예술계에서 가장 마법스러우면서도 특이했던 로맨스로 꼽히는 사례 하나를 살펴보자.

1975년 겨울, 세르비아에서 어머니와 함께 살던 젊은 여성 행위예술가는 네덜란드의 한 부유한 갤러리에서 공연해달라는 초청

장을 우편으로 받았다. 초청장에는 암스테르담행 비행기표도 함께 들어 있었다. 네덜란드 공항에 도착해 비행기에서 내리니, 갤러리 관장이 한 독일인 남성 예술가와 함께 기다리고 있었다. 그 예술가의 이름은 프랑크 우베 라이지펜*Frank Uwe Laysiepen*이었다. 두 예술가는 서로 마주치자마자, 오랫동안 잃어버렸던 자신의 반쪽과 재회하는 듯한 기묘한 느낌이 들었다. 두 사람 모두 창백하고 호리호리하면서 키가 비슷했을 뿐 아니라, 치렁치렁한 검은 머리를 젓가락으로 뒤에서 묶은 모습까지 똑같았다. 마치 셰익스피어 희극 속에서 재회한 쌍둥이처럼, 두 사람은 서로를 알아보며 전율을 느꼈다. '당신이군.'

그날 오후에 암스테르담을 함께 구경하고 나서, 세르비아인 예술가는 자기 생일이 11월 30일이라고 했다. 그러자 독일인 예술가는 수첩을 꺼내 11월 30일 페이지가 뜯겨 있는 것을 보여주었다. 자기도 그날이 생일이라면서, 해마다 생일을 기념하기 위해 11월 30일 페이지를 찢어버린다고 설명했다. 여성 예술가가 그 찢어진 페이지를 보는 순간, 바깥 세상은 더 이상 존재하지 않았다.

🌿 그의 작은 수첩을 멍하니 바라보았다. 나는 내 생일이 너무 싫어서, 항상 수첩에서 그 날짜를 찢어버리곤 했다. 나도 내 수첩을 꺼내 펼쳤다. 그 날짜가 똑같이 뜯겨 있었다. "나도 그래"라고 말했다.

오늘날 울라이*Ulay*와 마리나 아브라모비치*Marina Abramović*라는 이름으로 더 잘 알려진 두 젊은 행위예술가는, 암스테르담의 그 식당에 앉아 운명의 수첩을 마주 든 채 깊은 황홀경에 빠졌다. 그 순간 세상에는 오직 두 사람만이 존재했다. 아브라모비치의 회상에 따르면, 두 사람은 울라이의 아파트로 가서 열흘 동안 침대에서 나오지 않았다. 그 후 10년간, 두 사람은 모든 행위예술 작품을 함께 만들었다. 두 사람의 땋은 머리를 하나로 연결해 서로에게 완전히 의존하는 모습으로 17시간 동안 앉아 있기도 했고, 울라이가 활로 아브라모비치의 심장을 겨누고 두 사람이 활을 팽팽히 마주 잡아 누구든 움직이거나 놓치면 아브라모비치가 즉사하게 될 정도로 아슬아슬한 장면을 연출하기도 했다. 두 사람이 함께 창작한 모든 작품은 서로 간의 우주적인 연결성과 의존성을 탐구하고 때로는 과감히 깨뜨리려는 시도였다. 마침내 영혼의 짝을 찾은 두 사람은 예술 작업을 통해 제3의 자아를 창조하고자 했다. 그것은 남성도 여성도 아닌, 새롭고 온전하며 통합된 존재였다.[12]

이 정도의 공동 현실은 괴짜이면서 극적인 예술가, 배우, 시인의 삶 속에나 존재하는 것이라고 생각될지 모른다. 물론 연인의 가슴에 화살을 겨누는 리추얼을 하는 사람은 많지 않겠지만, 대부분의 사람은 인생의 동반자와 공동 현실을 나누면서 지극히 평범하지만 때로는 신기한 즐거움을 경험해보았을 것이다.

그런 경험 속에서 리추얼이 하는 역할은 무엇일까?

커플 간 리추얼이 남긴 교훈

교훈 1 | 리추얼은 헌신의 의미를 일깨워준다

대표적인 헌신 리추얼이라고 하면 결혼식, 결혼 생활, 살림 합치기 등을 들 수 있겠지만, 우리는 누군가와 삶을 함께하고 싶다는 생각을 처음 하는 순간부터 작은 헌신 행위를 꾸준히 해나간다. 우리는 자신이 한 사람에게 헌신할 수 있는지 직간접적으로 판단하면서, 동시에 상대방이 우리에게 어느 정도로 헌신하는지를 상대방의 거듭된 행동을 통해 파악한다. 그 기준은 일상 속의 평범한 행동일 때가 많다. 이를테면, 공항에 마중을 나오는가? 등 뒤에도 꼼꼼히 선크림을 발라주는가? 자기 간식 거리를 사러 나가서 내가 좋아하는 음식도 사다주는가?

그런가 하면 타인과 함께 뜻깊은 삶을 일구어가는 방법에는 독특한 형태도 많이 있다. 프랑스의 대표적인 지식인이자 실존주의자인 시몬 드 보부아르*Simone de Beauvoir*와 장 폴 사르트르*Jean-Paul Sartre*는 자신들만의 지극히 독보적인 리추얼을 만들었다.[13] 1929년 파리 소르본대학교에서 친구를 통해 서로를 알게 된 두 사람은 연인이자 서로의 작품을 읽어주는 친밀한 독자, 그리고 흉금을 털어놓는 벗으로서 1980년 사르트르가 사망할 때까지 대화를 이어갔다. 서로에게 의견을 묻거나, 최소한 상대가 뭐라고 할지 상상해보지 않고는 어떤 생각도 할 수 없을 정도였다. 그렇지만 종래의 결혼 제도는 일부일처제를 강제하는 부르주아적 계약이자 보부아르가 보기에는 종속을 의미했기에, 둘 다 질색했다. 대신 둘은 센 강가에 자리한 튀일리 정원의 돌 벤치에서 자신들만의 사적인 의식을 거행했다. 이어서 계약을 체결했는데, 그 내용은 2년간 함께하기로 하고, 그 후 관계를 계속할지 여부를 다시 판단하는 것이었다. 프랑스에서 누구보다 실존적 자유를 강하게 옹호했던 두 사람은 "죽음이 우리를 갈라놓을 때까지"가 아니라 "2년 기한의 만료가 우리를 갈라놓을 때까지"라는 서약에만 진정으로 임할 수 있었던 것이다. 자욱한 커피 향과 담배 연기, 그리고 편지, 희곡, 철학 논문, 소설 등 쏟아지는 육필 원고 속에서 두 해가 흘러가고 나서도, 두 사람은 서로에게 일차적이고 필수불가결한 파트너로서 헌신하면서 중간에 우발적으로 발생하는 타인과의 애정 관계도 허락하기로 하는 철학적 협약을 계속 이어갔다.

역사가와 전기 작가들은 이 파격적인 관계에서 누가 실질적으로 주도권을 쥐고 있었는지 밝히고자 연구 분야를 아예 새로 만들기도 했다. 그러나 외부인의 시각으로 그 기이함에만 주목한다면 두 사람이 하나가 되어 자신들만의 헌신 리추얼을 완전히 새로 만들어낸 과정을 간과하기 쉽다. 이케아 효과에서 살펴봤듯이, 두 사람이 오랜 세월 동안 그 리추얼을 행하는 데 쏟아부은 감정과 시간과 노력을 생각하면 그들의 평생에 걸친 유대 관계를 더 잘 이해할 수 있다. 두 사람의 헌신 리추얼은 파격적일지언정 분명 사랑에서 비롯된 노동이었다.

우리의 설문 조사에서도 일상적이고 통상적인 형태라는 차이는 있지만 그와 비슷한 사랑의 노동 사례를 확인할 수 있었다. 응답자들이 리추얼을 기술한 문구에서 안정성과 반복성을 엿볼 수 있었는데, 이를테면 "금요일 밤마다" "매주 일요일 아침 9시" "매일" "매일 아침" 등이었다.

통념을 깨는 리추얼이든, 마음을 보여주는 소박한 행동이든, 그 모든 리추얼은 혼인 신고서나 주택 담보 대출로는 결코 담아낼 수 없는 의미를 쌓아간다. 금요일 밤마다 침대에서 중국 음식을 먹든, 매년 새해 첫날에 차가운 물에 뛰어드는 '북극곰 수영'에 도전하든, 매일 아침 상대방을 위해 미리 온수를 틀어놓든, 생일마다 서로에게 좋아하는 재즈 연주가의 앨범을 선물하든, 중요한 것은 무엇을 하느냐가 아니라, 두 사람이 그 행동을 함께 그리고 규칙적으로 한다는 점이다.

교훈 2 | 커플 간 리추얼은 독점성을 띤다

아침마다 해주는 포옹이든, 기호에 딱 맞게 내려주는 커피 한 잔이든, 커플 간 리추얼은 독점성을 띤다. 즉, 특정 커플 사이에서만 이루어져야 한다. 나랑만 하는 리추얼이라 여겼던 것을 상대방이 새로운 연인과도 하고 있다는 사실을 알게 되면 분노의 감정이 들기 쉽다. 배우 올리비아 와일드*Olivia Wilde*는 전 연인 제이슨 수데이키스*Jason Sudeikis*에게 만들어주던 '특제 샐러드 드레싱'을 당시 새 연인이었던 해리 스타일스*Harry Styles*에게도 만들어주었다고 해서 한때 호사가들의 입방아에 올랐다.[14] 실제로 수데이키스는 감정이 북받쳐 아이들의 보모에게 "나랑 같이 먹으려고 만드는 특제 샐러드 드레싱이 있는데, 이제 그 사람한테 만들어준다잖아요"라고 하소연한 것으로 전해진다.

애정 관계의 독점성은 흔히 당연한 것으로 간주되지만, 왜 리추얼에도 독점성이 요구되는 걸까? 연구에 따르면, 우리는 커플 간 리추얼이 유일무이한지 여부에 민감하게 반응한다. 랄린 아니크*Lalin Anik*와 라이언 하우저*Ryan Hauser*가 선물 증정 리추얼을 조사한 연구에서, 참여자들은 A와 B라는 두 머그잔 제품 중 어느 것을 파트너에게 받고 싶은지 선택했다.[15] A 제품은 "재질의 내구성이 더 높고 온라인상의 평가도 약간 더 좋다"라는 설명이 주어졌다. 당연히 참여자들은 대개 A 제품을 선택했지만, 자신의 파트너가 A 제품을 다른 사람에게 선물로 준 적이 있다는 사실을 알게 되었을 때는 품질을 포기하고 대신 독점성을 띠는 B 제품을 선택했다.

파트너가 단순히 '어떤' 리추얼에 헌신하는 것으로는 부족하고 '우리의' 리추얼에 헌신하길 원한다는 의미다. 왜일까? 파트너가 단순히 '어떤' 관계에 헌신하는 것이 아니라 '우리의' 관계에 헌신하길 바라는 이유와 같다. 리추얼을 통해 두 사람은 세상에 함께 흔적을 남긴다. 둘만의 리추얼 시그니처를 만드는 것이다.

교훈 3 | 루틴이 아닌 리추얼이 마법을 일으킨다

두 가정의 주말 이야기를 들어보자. 첫 번째 가정에서는 팀과 세스라는 부부가 토요일 아침마다 늘 하던 일을 하고 있다. 팀은 벽장에서 장바구니를 꺼내오고, 세스는 차를 끓인다. 팀은 강아지에게 밥을 주고 산책을 시키고, 세스는 그동안 식기세척기를 후딱 돌린다. 아홉 시가 되면 두 사람은 각자의 여행용 머그컵에 차를 붓고, 팀은 우유를, 세스는 설탕을 탄다. 그리고 저녁 식재료를 사러 동네 시장으로 함께 길을 나선다. 두 사람은 일주일 내내 이 리추얼을 손꼽아 기다린다. 시장까지 걸어가 신선한 과일과 채소를 구경하고, 정육점 주인과 이야기 나누고, 저녁 메뉴를 상의하는 토요일 아침이 이들 부부에게는 일주일 중 가장 즐거운 시간이다.

두 번째 가정에서는 데이브와 앤지라는 부부가 잠에서 깨어 토요일마다 해야 하는 일들을 한다. 데이브는 장바구니를 가져오고, 앤지는 함께 마실 커피를 내린다. 데이브는 쓰레기를 후딱 버리고 오고, 앤지는 고양이들 밥을 준다. 아홉 시가 되면 출발할 시간이다. 두 사람은 각자 커피를 가득 채운 머그컵과 장바구니를 챙겨 든다. 한숨을 내쉬고는 커피 한 모금을 들이킨다. 토요일 아침마다 마트로 터벅터벅 걸어가는 일이 둘 다 끔찍이 싫다. 매번 똑같은 장보기 목록을 따라 장을 보고, 긴 계산대 줄에 서서 기다리고, 산 물건들을 장바구니에 넣었다가 다시 꺼내 정리하는 일까지 하나같이 힘들기만 할 뿐이다. 겨우 다 끝내고 나면 두 사람은 한

숨 돌리고, 남은 하루를 각자 자기 식으로 보낸다.

두 가정의 차이는 그들이 하는 행동 자체에 있는 것이 아니다. 두 커플 모두 일주일 동안 먹을 식재료 쇼핑을 하고 있다. 하지만 같은 일이 첫 번째 커플에게는 한 주의 하이라이트고, 두 번째 커플에게는 짜증스럽고 끔찍하기까지 한 잡무일 뿐이다. 같은 행위가 첫 번째 커플에게는 둘 간의 사랑을 상징한다고 느껴지지만, 두 번째 커플에게는 단순한 루틴일 뿐이며, 리추얼이 아닌 습관에 불과하다.

인간의 감정은 실내 온도 조절기처럼 일정하게 조절된다. 상황이 어떻든 우리는 행복의 평형 상태로 돌아가려는 경향이 있다. 연애의 시작, 결혼식 또는 서약식, 집 장만 등 애정 관계의 주요 순간에서 처음 느꼈던 기쁨은 시간이 지나면 안정되고 더 이상 그리 황홀하게 느껴지지 않는다. 이는 이른바 '쾌락 적응*hedonic adaptation*'이라고 하는 현상으로, 아무리 잘 맞는 커플도 언젠가 권태를 겪게 되는 이유를 어느 정도 설명해준다. 심리학자 케넌 셸던*Kennon Sheldon*과 소냐 류보미르스키*Sonja Lyubomirsky*는 이 같은 쾌락 적응 현상으로 인해 한때 새롭고 매력적이었던 것들의 장점이 더 이상 보이지 않게 된다고 주장한다.[16]

여기서 루틴과 리추얼을 의도적으로 구분해보는 게 의미가 있겠다. 루틴을 수행할 때는 일을 해치우는 게 목적이다. 즉, '무엇'이 중요하다. 집이 더러우면 청소를 해야 할 것이다. 반면, 함께 하는 리추얼은 그 안에 더 깊은 의미가 담겨 있다. 즉, '어떻게'가 중요하다. 쓰레기를 내놓거나 음식을 먹거나 커피를 마시는 것처럼 평범하기 그지없는 행위도 어떻게 함께 하느냐, 즉 커플이 공동의 현실 속에서 어떤 구체적 행위를 하느냐에 따라 지속적인 사랑을 상징하는 활동으로 바뀔 수 있다.

　우리는 그 차이를 알아보기 위해 약 400명을 대상으로 커플 간의 리추얼뿐 아니라 커플 간의 루틴에 관해서도 조사했다. 루틴의 정의는 "때때로 함께 반복적으로 하는 활동으로, 습관이 되었거나 해치워야 하기 때문에 하는 것"으로 제시했다. 리추얼의 조사 결과만 보았을 때는 단순히 '함께 많은 시간을 보내는 커플일수록 무엇을 했는지에 관계없이 행복하다'라고 해석할 수도 있었다. 그러나 루틴에 관해서도 물어본 결과, 양상은 그리 단순하지 않았다. 참여자의 대부분이 커플 간의 리추얼이 있다고 응답했고(74%), 커플 간의 루틴이 있다고 응답한 비율은 더 높았다(81%). 리추얼은 야간 데이트 같은 활동이 많았고, 루틴은 집안일 같은 활동 위주였다.

　앞서 살펴본 두 가정의 주말 풍경에서처럼, 어느 커플이 리추얼이라고 응답한 활동이 다른 커플에게는 루틴에 지나지 않는 경우가 많았다. 장보기나 커피 내리기 같은 활동이 그런 예다. 중요한 것은 그 활동을 어떻게 느끼느냐였다. 사랑의 상징으로 여긴다면 그 행위는 전에 없던 중요성을 띠게 되고, 그런 식으로 리추얼을 자주 하는 커플은 행복감과 만족도가 더 높게 나타난다.

로맨틱한 기분을 한껏 내고자 할 때는 무언가 유일무이하고 유별난 것을 찾으려 하기 쉽지만, 장기적으로 중요한 건 유별난 경험이 아니라 일상의 평범한 리추얼일 수 있다. 시메나 가르시아-라다와 타미 킴의 연구에 따르면, 평범한 경험보다 유별난 경험이 둘의 관계에 더 유익하다고 생각하는 커플이 많은 것으로 나타났다.[17] 예컨대 결혼식은 기억에 길이 남을 만하게 계획하지만 일상의 소소하면서도 특별한 리추얼은 없을 수도 있는 것이다. 특히 장거리 연애를 하는 커플의 경우 주말에 만날 때면 시간을 꽉 채워서 무언가 흥미진진하고 잊지 못할 활동을 하려고 한다(이를테면 스카이다이빙, 표 구하기 어려운 공연 관람 등). 그러나 이렇게 유별난 모험에만 치중한다면, 세월 속에서 의미가 쌓이면서 일상의 윤곽을 잡아주는 소소한 활동을 간과하기 쉽다. 비록 거창한 로맨스의 한 장면처럼 보이지 않을지는 몰라도, 함께 장을 보고 메뉴를 정하는 것 같은 소소한 경험도 리추얼화될 수 있으며, 두 사람이 함께 만들어가는 '시네마틱 유니버스'에 짜임새와 생명을 불어넣을 수 있다.

꼭 헬리콥터 투어나 지구 반대편 여행처럼 스릴 넘치는 활동을 하지 않아도 좋다. 공원을 산책하거나 집 앞 계단에 앉아 와인 한 잔을 즐기는 것처럼 더없이 평범한 리추얼도 매주 반복되면 마법 같은 순간을 선사할 수 있다. 마법을 만들어내는 비결은 같은 마법책을 함께 보는 것이다.

교훈 4 | 네게는 리추얼, 내게는 그냥 루틴

아침마다 하는 양치질과 샤워가 어떤 사람에게는 리추얼이지만 또 어떤 사람에게는 아무 생각 없이 치르는 루틴일 수 있듯이, 커플 간에도 어떤 행위가 리추얼인지를 놓고 의견이 갈릴 수 있다. 이는 우려할 만한 문제다. 앞서 소개한 드라마에서 미겔은 셸리에게 커피 내려주는 일을 리추얼로 생각하고 있었지만, 셸리는 처음부터 그저 루틴으로 여겼을 수도 있다. 우리는 두 사람의 '의견 일치'가 지극히 중요한 요소라는 점을 깨달으면서, 커플 간 리추얼에 관해 가슴 아픈 마지막 통찰을 얻을 수 있었다.

우리 연구의 마지막 단계에서, 평균 28년간 결혼 생활, 동거 또는 교제 중인 100여 쌍의 커플에게 같은 설문지를 주고 두 사람이 상의하지 않고 각자 작성하게 했다. 서로의 응답을 비교해보니, 대체로 일치하는 경향을 보였다. 한 사람이 리추얼이 있다고 응답한 경우 다른 사람도 대체로 그렇게 응답했다. 그러나 20%에 가까운 커플은 의견이 서로 갈렸다. 한쪽은 공통의 리추얼이 있다고 하는데 다른 한쪽은 없다고 했다. 야간 데이트가 좋은 예다. 한쪽이 어떤 야간 데이트를 리추얼로 간주한 경우 상대방도 대부분은 같은 의견이었으나, 3분의 1 이상은 같은 활동을 단순한 루틴으로 간주했다. 한 사람은 사랑을 상징하는 리추얼로 생각하는데 다른 사람은 습관적이고 기계적인 의무 수행으로 생각하면서 데이트를 계속 반복한다는 것은 안타까운 일이라 하지 않을 수 없다.

이 100여 쌍의 커플들에게 현재 관계에 얼마나 만족하는지도 물었다. 둘 간의 리추얼이 있다는 데 의견이 일치한 커플이 가장 행복한 것으로 나타났다. 그러나 한쪽에서만 리추얼이 있다고 생각하는 커플은 둘 다 리추얼이 없다고 생각하는 커플과 행복도가 다를 바 없었다. 즉, 한쪽만의 리추얼은 관계에 아무 유익한 효과가 없었다.

힘든 순간을 위한 리추얼

커플 간의 리추얼이 감정 유발제의 역할을 함으로써 둘의 공동 현실과 정체성을 확인시켜주는 역할을 한다면, 이별, 이혼, 별거 등 관계의 끝을 고하는 리추얼은 반드시 필요한 전환의 기회를 마련해준다.[18] 정체성의 역할과 변화를 다룬 챕터에서 논했던, '이도 저도 아닌' 시기가 바로 이때다. 가수 폴 사이먼*Paul Simon*이 배우 캐리 피셔*Carrie Fisher*와의 결혼 생활의 끝을 주제로 만든 노래에는 이런 가사가 들어 있다. "두 몸이 한데 얽혀 한 몸이 되면 … 결코 풀리지 않아."[19] 한때 소중히 공유했던 현실이 산산조각났음을 인정하기 위해서는 어떤 리추얼을 새로 만들어야 할까?

1986년 봄, 서로를 영혼의 짝이라고 생각했던 울라이와 마리나 아브라모비치도 바로 그런 상황에 처해 있었다. 두 사람이 로

스앤젤레스의 버넷 밀러 갤러리에서 함께 공연을 마쳤을 때였다. 아브라모비치에게 그 공연은 두 사람의 사랑과 예술적 비전을 상징했다. 그가 자서전에서 묘사한 바에 따르면 "우리가 '그 자아*that self*'라고 불렀던 제3의 요소를 창조하는 작업은, 에고에 오염되지 않은 에너지이며, 남성과 여성의 융합이자, 내게는 최상의 예술 작품"이었다고 한다. 그러나 울라이에게는 매번의 공연과 이후 관객들과의 소통이 점점 지루한 일과처럼 느껴졌다. 예술 활동의 비즈니스적, 네트워킹적 측면이 점차 습관처럼 굳어갔지만, 이는 자신이 추구하고 싶은 방향이 아니었다. 아브라모비치는 세계적인 스타 예술가의 삶을 기꺼이 받아들이고 그에 불가피하게 따르는 의무와 불편을 감수하려 했지만, 울라이는 유랑하는 아나키스트의 삶을 갈망했다. 셀럽 파티와 예술 행사에 참석하는 대신, 밴에 몸을 싣고 유럽 곳곳을 떠돌아다니는 생활로 돌아가고 싶었다.

"사람들 상대하는 일은 당신이 잘하잖아. 난 산책이나 다녀올게." 울라이는 공연 뒤풀이 파티에서 인사하며 돌아다니는 아브라모비치에게 이렇게 말했다. 울라이는 오랜 시간 자리를 비웠고, 이때 미모의 젊은 갤러리 직원과 바람을 피웠다는 것을 마리나는 나중에 알게 되었다. 어찌 보면 진부한 이야기였다.

한 몸처럼 얽힌 운명을 십 년이 넘는 세월 동안 예술로 표현해 온 두 사람이 그 관계를 끝내려면 어떻게 해야 할까? 두 예술가는 주어진 상황에서 가장 합리적이라고 생각되는 행동을 택했다. 둘만의 고유한 이별 리추얼을 고안한 것이다. 두 사람은 일 년 가까운 시간을 들여, 중국의 만리장성 양끝에서 각자 출발하여 종주한 끝에 중간에서 만나는 작별 의식을 치르기로 했다. 애초에 일종의 결혼식으로 기획했던 '연인들The Lovers'이라는 이름의 프로젝트였는데, 수년간의 기다림과 깨진 신뢰 속에서 둘 간의 불화와 결별을 되새기는 명상의 의식으로 탈바꿈한 것이다. 1988년 3월 30일, 10년 가까이 걸린 행정적 난관을 뚫고 두 예술가는 마침내 종주 여행을 허가받았다. 아브라모비치는 중국과 한반도 사이 황해에 속한 보하이해에서 출발했다. 수개월간 중국 동부의 험준한 고지대를 오르내리고 마오쩌둥 독재 시절 허물어져 돌 부스러기만 남은 구간을 지나 걸었다. 마리나와 가이드들은 밤만 되면 만리장성에서 또 몇 시간씩 걸어서 묵을 마을까지 가야 했다.

울라이는 서쪽으로 700킬로미터 떨어진 고비 사막에서 출발했다. 아브라모비치가 산을 넘어야 했다면, 울라이는 수백 킬로미터 펼쳐진 사막 언덕을 가로질러야 했다. 인근의 마을과 호스텔에서 묵으라는 지시를 무시하고 만리장성의 깨진 돌 위에서 별빛 아래 여러 밤을 잤다. 두 사람은 다시 만나 서로 간의 모든 연을 끊기 위해, 온 힘을 다해 몸을 움직였다.

두 사람은 각자 90일 동안 매일 약 20킬로미터씩 걸은 끝에 산시성의 돌다리에서 재회했다. 먼저 도착한 울라이가 앉아 기다리고 있자, 하루가 저물 무렵 아브라모비치가 다가왔다. 그들은 오래전 암스테르담 공항에서 처음 만났을 때처럼 서로를 바라보다가, 포옹을 나누었다. 그리고 헤어졌고, 이후 22년 동안 말 한마디 나누지 않았다.

이혼이 심리적으로 미치는 영향을 연구하는 전문가인 콜린 리히 존슨Colleen Leahy Johnson은 '사회적으로 통제된 예의'라는 표현을 사용한다.[20] 일정한 형식을 띤 상징적 의식, 즉 리추얼을 통해 감정을 제어함으로써 한때 연인이었던 커플이 악감정을 훌훌 터는 방법을 가리킨다. 한 예로, 이혼식을 교회에서 올리고 이혼 서약을 만들어 낭독한 부부도 있다. "이 결혼 반지를 돌려드림과 동시에, 당신이 혼인으로 인해 내게 졌던 모든 의무를 면해드립니다. 그동안 내가 당신에게 끼쳤던 아픔을 용서해주시겠습니까?" 이 의식은 매우 감동적이어서, 한 참석자는 이후에 이런 깨달음을 얻었다고 한다. "리추얼을 과정의 끝으로만 여기는 경우가 많아서, 새로운 시작이기도 하다는 사실을 잊기 쉽다."[21]

철학자이자 대중 지식인인 애그니스 캘러드Agnes Callard는 두 남자와 한 집에서 살고 있다. 역시 철학자이자 전 남편인 벤 캘러드Ben Callard, 그리고 전 제자이자 현재 남편인 아널드 브룩스Arnold Brooks다. 세 사람은 세 아이를 함께 돌보며 가사와 육아를 분담하고 있다. 두 아이는 벤과의 사이에서, 한 아이는 아널드와의 사이에서 얻었다. 애그니스와 벤은 여전히 친하게 지낸다. 매년 이혼 날짜가 되면 두 사람 나름의 리추얼을 치르며 기념한다. "우리의 이혼 기념일을 축하합니다! 이제 10주년이네요." 애그니스는 트위터에 벤과 나란히 환히 웃는 사진과 함께 이런 글을 올렸다. 두 사람은 저녁 외식을 하며 함께 나이 들어가는 기쁨을 만끽했다. 10년 동안 성공적으로 이혼 생활을 이어간다는 것도 결코 쉬운 일이 아닐 것이다. 애그니스는 SNS에 이런 명언을 남겼다. "명심하세요, 결혼은 했다가 말았다가 해도 이혼은 영원하답니다. 전 배우자를 현명하게 선택하세요!"[22]

이 세 사람의 평온한 가정 모습은 쉽게 따라 할 수 있는 일은 아닐지 모른다. 다행히 사이가 원만하지 않은 이혼 커플도 할 수 있는 리추얼이 있다. 투자은행가인 지나는 이렇게 말한다. "이혼한 지 3년 됐는데, 매년 이혼을 기념하는 파티를 성대하게 엽니다. 아이들은 전 남편에게 맡기고, 나는 싱글 남녀 절친들을 모두 초대해 신나게 놀아요."[23]

일반적인 결혼식이든, 통상적으로 로맨틱하다고 여겨지는 빨간 장미와 촛불을 동원한 저녁 데이트든, 사랑과 헌신은 근사함과 화려함을 동반한다는 이미지가 우리의 뇌리 속에 강하게 각인되어 있다. 그러나 우리의 연구에 따르면 커플에게 무엇보다 의미가 깊은 리추얼은 둘만의 독특한 리추얼일 때가 많다. 제삼자가 보기엔 무의미한 리추얼일지라도 우리는 그런 리추얼을 통해 오직 한 사람과 공유하는 특별한 현실을 만들어낼 수 있다. 그것은 오로지 둘만을 위해, 둘이 함께 그려나가는 리추얼 시그니처다.

내가 리추얼을 주제로 강연을 하고 나면, 청중 중에서 다가와 이런 말을 하는 사람이 있다. "강연 듣고 정말 공감했어요. 제 아내(또는 남편이나 파트너)는 리추얼이 수백 가지는 되거든요." 자신에게는 리추얼이 없다는 뉘앙스다. 한편 그 사람의 파트너는 대개 그 말에 동의하지 않는다. 오히려 자기보다 상대방이 리추얼이 더 많다고 주장하기도 한다. 누가 리추얼을 많이 하는지 따지는 것보다는 함께 공유하는 리추얼이 무엇인지 생각해보는 것이 두 사람의 관계를 유지하고 발전시키는 데 중요하다. 함께 하는 리추얼이 떠오르지 않는다면, 이번 기회에 한번 새로 만들어보자. 사랑하는 사람과 현실을 공유하고 싶은 마음은 누구에게나 있다.

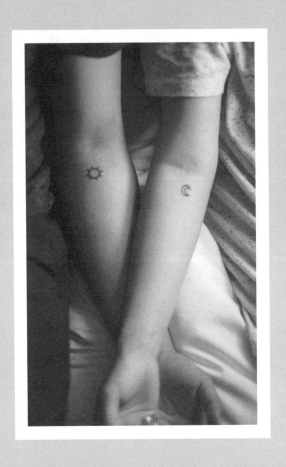

리추얼을 통해 두 사람은
세상에 함께 흔적을 남긴다.
둘만의 리추얼 시그니처를 만드는 것이다.

9장

계승: 가족만의 고유한 전통을 이어가기

다음은 세 가족의 리추얼을 묘사한 것이다. 각각 어느 명절을 기념하는 리추얼인지 한번 맞혀보자.

🌿 나는 캐나다 브리티시컬럼비아의 공동체에서 자랐다. 그곳에선 모두가 함께 명절을 즐겼다. 어른들이 시타르를 꺼내 오자, 잠시 후 초록색과 주황색 비단으로 만든 뱀 의상을 입은 사람들이 나타났다. 몇 사람은 뱀의 몸을 이루고 있었고, 한 사람은 뱀 머리에 웅크리고 들어가 혀를 날름날름 움직였다. 나는 그 광경에 신나기도 하고 무섭기도 했다. 뱀이 시타르 연주에 맞춰 춤을 추는데 몇 시간은 계속 추는 것처럼 느껴졌다. 이제 우리가 한 명씩

나가서 뱀의 입속에서 선물을 가져올 차례였다. 나는 무서워서 눈을 꼭 감고 뱀의 입속에 손을 넣었다. 손에 잡힌 것을 꺼내보니 헌 천과 실로 만든 새 아기 인형이었다. 딱 내가 갖고 싶었던 선물이었다.

🌿 미국인 무슬림인 내게는 이날이 일 년 중 가장 좋은 명절이다. 우리는 항상 이슬람 율법에 맞게 키우고 도축한 고기를 준비한다. 이날은 친척들이 모두 우리 집에 모여서 이모, 삼촌, 사촌들을 다 만날 수 있다. 우리에게 이날은 "하느님을 섬기고, 감사하는 자가 되어라"라는 말씀(쿠란 39:66)을 되새기는 시간이다. 이 신성한 시간에 성찰하고 감사할 수 있어 큰 축복이라고 생각한다.

🌿 우리 가족은 채식을 하기에 나는 전통 방식 대신 꽃으로 장식한 달걀과 사탕무를 준비한다. 우리 가족에게 이날 저녁 의식과 경전 낭독은 사회 정의 문제를 논하고 우리가 무엇을 할 수 있을지 이야기해보는 시간이다. 전통 음식을 채식으로 바꿔서 먹고 나면 아이들이 배고파하기에, 의식 후에는 늘 아이들이 좋아하는 식당에 데리고 가서 과일 스무디를 사준다.

첫 번째는 크리스마스, 두 번째는 추수감사절, 세 번째는 유월절이라는 것을 알 수 있었는지?

명절 리추얼은 강력한 감정 유발제다. 그 힘을 어떻게 활용해야 가족 모임에서 우리 모두가 바라는 소속감, 유대감, 신뢰감을 잘 이끌어낼 수 있을까? 우리가 가진 방대한 문화 도구함에서 무엇을 취하고 무엇을 버려야 친구나 가족과의 관계를 재정립하고 활력을 불어넣을 수 있을까? 오늘날의 전통적 가족 리추얼은 가족의 개념과 가치에 대한 인식이 확장됨에 따라 그에 맞춰 재해석되고 완전히 새롭게 변모하기도 한다. 가족이란 처음부터 주어지는 것이기도 하고, 스스로 선택하는 것이기도 하다는 사실을 리추얼은 일깨워준다.

명절은 가족과 함께

명절은 리추얼의 가치를 탐구하기에 완벽한 기회다. 물론 사람들을 무작위로 몇 년간 다른 가족에 배정하고 효과를 측정할 수는 없지만, 나는 과학자로서 리추얼의 효과를 최대한 정확하게 규명하고 싶었다. 행복한 가족은 불행한 가족보다 자연스레 리추얼을 많이 하는 것인가, 아니면 리추얼로 인해 가족이 더 행복해지는 효과가 있는 것인가? 톨스토이는 행복한 가정은 모두 엇비슷하지만, 불행한 가정은 제각각의 이유로 불행하다고 말했다. 리추얼은 그 다양한 감정을 만들어내는 데 어떤 역할을 할까?

나는 코넬대학교의 외빌 세제르*Övül Sezer*와 함께 이 같은 질문의 답을 찾아보기로 했다.[1] 세제르는 행동과학자이자 스탠드업 코미디언이다. 남을 웃기는 사람들이 누구나 그러듯 세제르도 가족 내에서 있었던 일을 유머의 소재로 자주 삼곤 하니, 이 프로젝트도 독특한 관점에서 접근할 것이라고 확신했다. 우리는 다양한 명절에 가족과 함께 리추얼을 실천하는 이들을 대상으로 조사하면서 2가지 질문을 염두에 두었다. 리추얼이 가족에 대한 전반적인 감정에 영향을 미치는가? 리추얼을 수행한 당일에 가족 간의 애정도가 바로 증가하는 현상이 나타나는가?

수백 명의 미국인 응답자들이 주요 명절을 어떻게 보내는지 이야기해주었다. 리추얼을 하는지? 한다면 어떤 리추얼인지? 가족과 함께 하는지, 아니면 혼자 하는지? 가족 전체에 대해 평소 어떤 감정을 느꼈고, 그날은 어떤 감정을 느꼈는지?

우선 미국에서 널리 기념하는 명절인 크리스마스부터 조사를 시작했다. 설문에 응한 140명 중 60% 이상이 크리스마스를 기념하고 있으며 적어도 한 가지 이상의 가족 리추얼이 있다고 응답했다. 그중 39%의 리추얼은 선물 개봉 관련이었고, 34%는 크리스마스 식사 관련이었다. 예를 들면 햄과 닭 날개 구이 또는 다량의 디저트 먹기, 나이순으로 진행되는 선물 개봉 행사 등으로, 이 2가지 범주의 리추얼이 크리스마스 리추얼의 4분의 3 가까이 차지했다.

조사 대상 152명을 새로 선정해 새해 리추얼에 관해 물었더니, 가족 리추얼이 있다는 응답 비율은 더 낮아진 37.5%였다. 리추얼의 50% 가까이는 저녁 식사가 중심이었고, 특정한 칵테일이 리추얼 시그니처 역할을 하는 경우가 많았다. 이를테면 '크라운 로열' 위스키와 '캐나다 드라이' 탄산음료를 섞거나, 구리컵에 샴페인을 담아 마시는 식으로 가족만의 리추얼을 통해 새해 전야의 흥겨운 분위기를 조성하고 있었다.

　　미국의 여러 명절을 조사해본 결과 리추얼에는 예측 가능한 공통점이 있었다. 음식과 음료는 늘 빠지지 않았지만, 가장 중요한 요소는 가족만의 시그니처, 즉 가족의 정체성을 이루는 '방식'이였다. 가족마다 그들만의 방식으로 명절을 기념하며 고유한 경험을 만들어갔다. "우리 가족은 항상 크랜베리 소스에 레몬 제스트를 넣는다" "나는 엄마가 어릴 때 쓰던 토끼 모양 사기 그릇에 달걀을 염색한다"처럼 단순한 행위일지라도, 거기엔 큰 의미가 있었다. 가족 간의 유대를 확인하는 데는 화려한 행사나 거창한 선언이 꼭 필요하지 않다. 오히려 일상적인 행동과 사물이 가족 문화의 중심을 이루는 경우가 많다.

　　응답자들에게 리추얼의 효과에 관해서도 물어봤다. 가족과 한자리에 모여서 리추얼을 수행했는지, 그렇다면 가족과 즐거운 시간을 보내는 데 리추얼이 어떤 영향을 미쳤는지? 응답을 통해 우리는 명절의 감정 기복 속에서 리추얼이 갖는 효과에 관해 몇 가지 중요한 통찰을 얻을 수 있었다.

명절 리추얼은 일종의 '물류 관리'

기능적 측면에서 가족 리추얼의 가장 기본적인 작용 하나를 꼽아보면, 바로 물류 관리다. 명절 리추얼은 사람들을 조율하는 역할을 한다. 큰 모임의 경우 "아이들은 저쪽에 앉는다" "식사 시간은 오후 4시 45분" "그 집에서 항상 디저트를 챙겨 온다" 같은 간단한 규칙이 그런 예다. 그와 같은 리추얼은 가족 구성원들이 난감하거나 껄끄러운 상황을 피할 수 있도록 돕는 지침의 역할을 하기도 한다.

2020년 제러미 프라이머*Jeremy Frimer*와 린다 스키트카*Linda Skitka*의 연구에서는 추수감사절 저녁 식사에 모인 참석자들의 정치적 신념이 다양한 경우 모두 같은 신념을 가진 경우에 비해 식사가 35~70분 짧게 진행된 것으로 나타났다.[2] 가족 구성원들을 잘 조율해 모두가 얼굴 찌푸리는 일 없이 원만한 시간을 보내게 하려면 기술이 필요하다. 한 번의 실수로도 큰 대가를 치를 수 있다. 칼럼니스트 미셸 슬라탈라*Michelle Slatalla*는 식탁에 두 사람을 나란히 앉히는 것만으로도 충분히 사달이 날 수 있다며, "자리 배치가 요리보다 어렵다"라고 탄식했다.[3] 명절에 하는 이런저런 일을 리추얼화함으로써 긴장된 분위기를 풀고 모두가 편안한 활동에 몰입할 수 있다. 크리스마스 트리 베기, 파이 굽기, 칠면조 썰기, 와인 따기, 냅킨 접기, 꽃 장식하기와 같은 간단하면서 익숙한 행위들이 그 예로, 이를 통해 갈등을 유예하고 모든 사람에게 할 일을 부여할 수 있다.

이러한 조율 리추얼은 평온감을 넘어 안도감마저 자아낼 수 있다. 그 같은 차분한 감정은 흥을 떨어뜨릴지언정 만족감을 훨씬 높여줄 가능성이 크다. 베스트셀러 《분노의 춤 *The Dance of Anger*》을 쓴 심리치료사 해리엇 러너 *Harriet Lerner* 는 불안에 전염성이 있다면("격정과 과잉 반응은 악순환을 부를 뿐") 평온함도 전염성이 있다고 주장한다.[4] 가족 중 평온함을 느끼는 사람이 많을수록 그 기운이 나머지 사람들에게도 퍼지기 쉽다. 앉기, 서기, 먹기처럼 지극히 단순한 행위를 조율하는 리추얼도 여러 사람이 모인 혼잡한 자리에서 충돌의 소지를 줄이고 균형을 잡아주는 역할을 할 수 있다.

리추얼을 위해서라면 집에 간다

조사 결과에서 뚜렷이 드러난 한 가지 사실은, 리추얼이 우리를 집으로 불러들이는 역할을 할 수 있다는 것이다. 가족이 해마다 적어도 하나의 리추얼을 한다고 응답한 사람은 명절을 가족과 함께 보내기 위해 찾아오는 비율이 높았다. 크리스마스의 경우는 그 비율이 96%였다. 즉, 가족의 크리스마스 리추얼이 있다고 응답한 사람의 거의 전부는 크리스마스를 가족과 함께 보냈다. 반면 리추얼이 없다고 응답한 사람의 약 3분의 1은 크리스마스에 가족 모임을 건너뛰었다. 새해의 경우에도 가족 리추얼이 있는 사람의 90%는 가족과 함께했고, 가족 리추얼이 없는 사람의 절반 이상은 가족과 함께하지 않았다. 우리가 조사한 모든 명절의 경우에, 리추얼을 하는 가족의 구성원은 리추얼 없이 모임만 갖는 가족에 비해 그날을 즐겁게 보낸다고 응답하는 비율도 더 높았다. 심지어 사이가 원만하지 않은 가족의 경우에도 리추얼의 이점은 분명했다. 적어도 리추얼을 하는 동안에는, 평소 싫어하는 구성원과도 약간 더 가까워진 느낌을 갖게 된 것으로 나타났다.

커플들을 대상으로 했던 연구에서와 마찬가지로, 우리는 가족들이 진정 의미 있는 리추얼을 하고 있는지 아니면 그냥 따분하면서 익숙한 루틴을 기계적으로 치르고 있는지 궁금했다. 일리노이대학교 어배너-섐페인의 가족 회복력 센터 소장인 심리학자 바버라 피제*Barbara Fiese*는 가족 루틴과 가족 리추얼을 '해치워야 하는 일'과 '우리가 누구인지를 나타내는 일'로 구분한다.[5] 예를 들면 요리에 진지하게 임하는 데서 가족의 정체성을 찾는 사람도 있다. "우리 집안 사람들은 대대로 요리의 대가다. 나는 전통을 지키고 이모의 파전 레시피를 완벽히 익혀야만 한다. 이모를 실망시킬 수는 없다." 그런가 하면 음악 연주와 노래를 공통의 정체성으로 여기는 이들도 있다. "우리 가족은 명절만 되면 어김없이 기타를 꺼내 밥 딜런 노래를 부르며 모닥불에 둘러앉아 밤새도록 음악을 즐

어떻게 이 삶을 사랑할 것인가

긴다." 한편 조용히 앉아 독서하며 명절을 보내는 가족도 있다. "저녁 식사 후에는 보통 거실의 큰 소파에 다 같이 앉아서 각자 책을 들고 엉겨 붙는다. 나는 발을 엄마 무릎에 올리는 게 제일 편하다." 드라마 하나를 정해 함께 몰아서 보는 일이 중요한 가족도 있다. "우리는 10월쯤부터 어떤 드라마를 볼 것인지 문자를 주고받기 시작한다. 저마다 후보를 추천하고, 제일 표를 많이 받은 드라마가 선정된다. 크리스마스 날 아침이면 같이 앉아서 종일 그것만 본다. 혼자 빠지거나 폰에 한눈파는 행위는 금지다. '모두 두 눈 똑바로 뜨고 집중한다'라는 규칙을 세워놓았다."

이처럼 유대감을 조성하면서 가족 정체감을 고양하는 활동은 단순한 루틴도 리추얼로 변모시킨다. 음식 평론가 제니 로젠스트라크*Jenny Rosenstrach*는 회고록이자 레시피 모음집인《모든 것을 축하하는 법*How to Celebrate Everything*》에서 매일 아침 아이들과 함께 스쿨버스 정류장까지 걸어가는 간단한 활동에도 예사롭지 않은 의미가 있었다고 말한다.

🌿 스쿨버스 배웅 행사는 단순한 루틴을 넘어선, 공동체와 하나로 이어지는 순간이었다. 나중에야 깨달았지만 스쿨버스를 타지 않으면 하기 어려울 경험이었다. 하지만 무엇보다도 우리를 가족으로 이어주는 역할을 했다. 변함없이 혼란스러운 하루를 정신없이 준비하면서도, 매일 아침을 함께 시작한다는 의미가 있었

다. 버스 정류장 리추얼에 소요되는 시간은 기껏해야 총 8분 미만이었겠지만, 그 짧은 시간 동안에도 적어도 한 번은 어김없이 조그만 손이 무심코 올라와 내 손을 꼭 잡곤 했다. 그 작은 몸짓만으로도 나는 사무실에서 하루를 버텨낼 행복 에너지를 가득 충전할 수 있었다.[6]

리추얼이 세상을 바꾸지는 못한다 해도, 사람의 마음을 움직일 수는 있다. 마음이나 몸이 멀어진 가족이나 친구가 있다면, 함께 리추얼을 수행함으로써 다시 가까워지는 기회를 만들 수 있다.

가족을 이어주는 '가족지킴이'

우리는 가족 리추얼을 통해 서로의 결속을 확인한다. 가족 리추얼은 우리 가족이 어떤 사람들이며, 앞으로도 죽 그럴 것이라는 스토리가 펼쳐지는 공간이다. 그러나 아이러니하게도, 가족의 결속은 대개 집단적인 노력이 아니라 한두 명의 노력으로 이루어지는 경우가 많다. 가족 중 그 역할을 하는 사람을 '가족지킴이kinkeeper'라고 부른다. 캐나다 맥마스터대학교의 사회학자 캐럴린 로젠탈Carolyn Rosenthal에 따르면, 가족지킴이는 가족 간에 안부가 끊기지 않게 하고 가족 리추얼이 다음 세대로 이어지게 하는 책임을 주로 맡은 사람이다. 한 52세 남성은 자신의 가족에서 가족지킴이 역할을 맡고 있는 사람이 "서로 간에 편지를 쓰라고 당부하고 자기도 우리 모두에게 편지를 쓴다"라고 설명했다.[7] 한 58세 남성은 가족지킴이가 가족의 결속을 위해 리추얼화된 모임을 조직하는 일을 도맡으며 "가족 소풍이나 생일 파티 같은 모임을 연다"라고 말했다.

가족지킴이의 감정 노동은 가족의 정체성 작업에 반드시 필요하다. 가족 중 누군가는 기획자, 호객꾼, 연출자, 진행자가 되지 않으면 안 된다. 누군가는 좌석 배치를 고민해야 한다. 누군가는 소속감을 불러일으키면서 즐겁기도 한 활동과 행사를 구상하고 계획해야 한다. 연구 결과는 가족지킴이가 가족을 하나로 연결해주는 접착제 역할을 한다는 점을 강력하게 시사한다. 가족지킴이가 있는 가족은 확대가족 구성원들과 더 자주 만나고, 중요한 기념행사 때 더 자주 모인다. 또한 가족지킴이가 있는 형제자매는 서로 더 친밀하게 지낸다.

그러나 가족지킴이의 역할을 하는 사람이 항상 고정되어 있는 것은 아니다. 내 경험에 비추어 보면, 가족 내에서의 역할이 바뀌면서 가족지킴이도 자연스럽게 바뀐다. 내가 아주 어렸을 때는 추수감사절을 다 완성된 형태로만 접했고, 그때는 그저 빨리 커서 아이들 식탁을 벗어나고 싶은 마음밖에 없었다. 나밖에 모르던 10대와 20대 때는, 추수감사절에 집에 가는 것만도 굉장히 희생적인 행동이라고 생각했다. 하지만 30대, 40대로 접어들면서, 특히 아버지가 되고 나자, 이제는 내가 전통과 지식을 다음 세대로 이어갈 책임자가 되었구나 하는 생각이 들었다. 내 딸에게 풍부한 정체성과 유산을 물려주고 싶었고, 그렇다 보니 자연히 내가 가족지킴이가 되었다. 이제는 명절이 완성된 형태로 내게 다가오지 않았다. 가려져 있던 장막이 걷히면서, 칠면조 자르는 법을 내가 배워야 한다는 깨달음이 밀려왔다.

대부분의 가족이 그렇지만, 내가 꾸린 새 가족의 리추얼은 내가 가진 문화 도구함과 아내가 가진 문화 도구함에서 얼기설기 엮어서 만든 것이다. 내 가족의 명절 전통 일부를 가져왔고(추수감사절 칠면조 속을 여러 종류로 만든다는 것이 중요), 아내 가족의 전통 일부를 반영했고(크리스마스에 반짝이 전등을 풍성하고 정밀하게 다는 것이 중요), 거기에다가 우리만의 새로운 방식을 도입했다(미트로프에 초를 꽂고 '해피 미트로프 투 유' 하고 노래를 부른다).

우리의 명절 리추얼 설문조사에서 한 어머니는 이런 이야기를 들려주었다.

🌿 우리 아들은 과학자다. 원래는 연구에만 몰두하곤 했다. 이제는 삶의 패턴을 깨달았는지 우리 방식을 다시 따르고 있다. 자기 가족과 친하게 지내고, 한때는 중요하지 않다고 생각하던 생일이나 명절 같은 것을 함께 치른다. 전통을 다시 받아들인 셈이다.[8]

내게 많이 와닿는 이야기였다. 한때는 과학자라는 자기의 정체성과 어울리지 않는다고 생각했다가 "전통을 다시 받아들인" 그 아들처럼, 나도 가족지킴이의 역할을 자연스레 받아들이게 되었으니까. 사람들은 대개 아이를 낳고 나서, 지금껏 누려왔지만 소중함을 몰랐던 무언가를 깨달으면서 그런 변화를 겪는다. 그런가 하면 아픈 이별을 겪고 나서 그 역할이 불쑥 주어질 수도 있다. 작가 렘버트 브라운*Rembert Browne*이 어머니가 돌아가신 후 처음 맞은 추수감사절의 이야기는 심금을 울린다.[9] "나는 사촌 에린과 함께 어머니의 소파에 앉아 있었다. 우리는 배부르고 피곤했고, 무언가를 깨달은 충격에서 벗어나지 못하고 있었다. 나는 30을 앞두고 있었고, 에린은 갓난아기를 안고 있었다. 언젠가는 우리가 가족을 이끌어야 한다는 깨달음이 밀려왔다. 주방에 있는 어른들을 함께 바라보다가, 에린이 중얼거렸다. "우리 말야, 이 음식 만드는 법을 배워놓아야겠어." 브라운이 이때 겪은 기분을 공감하기는 어렵지 않다. '과거를 간직한 채 앞으로 나아가려면 어떻게 해야 하나?' 가족지킴이들은 누구나 그 숙제를 안고 있다.

옛것과 새것: 유산 리추얼과 DIY 리추얼

2018년 말, 시사주간지 《애틀랜틱*Atlantic*》은 '특이한 명절 전통'을 주제로 독자 기고를 받았다. 네이트 랜실*Nate Ransil*이라는 독자는 다음과 같은 이야기를 보내 왔다.

🌿 아내의 외할아버지가 말씀하시길, 크리스마스에는 좋은 것이 너무 많으니 싫은 것이 적어도 하나는 있어야 한다고 했단다. 외할아버지는 그래서 크리스마스 날 아침으로 달걀, 베이컨, 토스트, 오렌지 주스를 믹서기에 넣고 갈아 스무디를 만들어서 아이들에게 먹였다고. 장인 어른이 그 이야기를 장모님에게서 듣고 기상천외하다고 감탄하더니 자기도 그런 전통을 만들어서 딸들과 함께 시작했다고 한다. 그런데 매년 똑같은 것을 만들어 먹는 게 아니라, 가족 중 몇 사람이 희한한 아이디어를 계속 새로 낸다고. 해마다 테마가 있어서, 예를 들면 그림책 《그린치*The Grinch*》에 나오는 음식을 준비하기도 한다('후 푸딩', 덜 익힌 '후 로스트 비스트', 비소 소스를 뿌린 삼단 독버섯 샌드위치, 껍질이 눅눅하고 검게 변한 바나나 등). 코미디 영화 〈엘프*Elf*〉를 소재로 삼기도 한다(스파게티와 달디단 과자에 메이플 시럽을 끼얹은 음식). 혹은 '응가' 테마를 택하기도 한다(고양이 모래상자에 코코크리스피 시리얼을 깔고 덜 익은 호박파이 속으로 장식하거나, 으깬 콩 요리를 기저귀에 담아내는 등).

DIY 리추얼이 어떻게 발생하고 정착하는지를 보여주는 매우 재미있는 사례다. 한 스코틀랜드 출신 가족은 '새해 첫 손님'으로 어떤 사람이 오느냐를 중시한다. 새해 첫날 가장 먼저 집에 들어오는 손님이 키가 크고, 머리가 검은색이고, 눈이 갈색인 남자여야 하며 빵과 위스키와 우유와 석탄 한 덩이를 들고 와야 한다.

이렇게 가족만의 참신한 행위로 이루어진 독특한 리추얼 시그니처 속에서 그 가족이 어떤 사람들인지 분명해지고 만방에 드러난다. 위의 기고문을 쓴 독자는 "지금 우리와 똑같은 걸 먹고 있는 사람은 세상에 아무도 없을 것"이라고 했다.[10]

연구에 따르면 88%의 응답자가 어릴 적에 가족 리추얼이 있었다고 밝혔고, 81%가 그 리추얼을 자녀들과 계속 수행하고 있다고 했다. 또한 74%는 거기에 새 리추얼을 추가로 도입했다고 한다.[11] 이전 세대의 가족 리추얼이 꾸준히 이어지고 있을 뿐 아니라 창의적으로 유연하게 각색되어 새로이 재탄생하고 있음을 알 수 있다. 그런 각색을 거친 리추얼은 옛스러우면서도 무척 새로운 느낌을 자아내기도 한다. 현 세대의 정서적 필요에 맞게 손질하고 보강한 결과다.

한 할머니가 들려준 리추얼에는 전통과 변화가 완벽히 어우러져 있다. 어렸을 때 가족들이 명절마다 패스티라는 전통식 미트파이를 구워 먹었다고 한다. 패스티는 광부였던 아버지와 할아버지가 긴 하루를 버티기 위해 늘 싸 가던 음식이었다. 그 리추얼을 딸에게 물려주었고, 딸은 자기 아이들에게 또 물려주었다. 그러나 세대가 바뀌면서 다소 부담스러운 미트파이는 더 이상 요즘 감각과 식단에 맞지 않게 되었다. 젊은 세대는 '고기 패스티'를 신성불가침의 전통으로 고수하지 않고, 레시피를 살짝 바꿔 재구성했다. 이제는 두부와 커리를 넣거나, 고구마와 시금치를 넣어서 굽기도 한다. 한 손녀는 아르헨티나 출신 남자와 결혼했는데, 그 집에서는 패스티가 엠파나다로 바뀌었다. 파이의 겉껍질만큼은 변함없이 유지되고 있다.

오래된 인덱스 카드에 적혀 있던 레시피가 여러 번의 복사를 거쳐 이제 후손들 스마트폰에 보관되어 있다. 세대마다 조금씩 다른 속 재료, 모양, 크기로 패스티를 만들지만, 리추얼은 그대로다. 겉껍질 레시피가 가족 문화를 고스란히 이어가는 구실을 하고 있는 것이다.

가족 식사의 힘

평상시의 가족 식사도 얼마든지 새로운 모습으로 재탄생할 수 있다. 미국인들의 가족 식사는 5분의 1이 차 안에서 이루어지고, 거의 4분의 3이 집 밖에서 이루어진다.[12] 일주일에 세 번 이상 식탁에 함께 앉아 식사하는 미국 가정은 33%가 되지 않는다.[13]

이 리추얼을 되살릴 때 일어나는 효과는 최근 20년간의 수많은 연구에서 확인된다. 2012년 컬럼비아대학교의 중독·약물남용

센터에서 수행한 조사에 따르면, 정기적인 가족 저녁 식사는 청소년의 약물 남용률 감소, 청소년과 부모 간 유대감 향상과 관련이 있었다.[14] 초등학교 1학년 자녀를 둔 부모 93명을 대상으로 한 연구에서는 식사 리추얼이 특히 부녀 관계를 개선하는 데 현저한 효과가 있는 것으로 나타났다(아버지와 딸은 평소에 함께 보내는 시간이 비교적 적다).[15] 대부분의 가족에게 가족 식사는 할지 말지의 문제가 아니라 어떻게 할지의 문제다. 운동 스케줄, 방과 후 아르바이트, 통근, 늦은 시간까지 이어지는 학업과 업무 회의 속에서 가족 식사를 의미 있는 행사로 만들려면 어떻게 해야 할까?

정신과 의사 앤 피셀Anne Fishel은 몇 가지 아이디어를 제시한다. 피셀은 매사추세츠 종합병원에서 가족·커플 치료 프로그램을 운영하면서 가족 식사를 실천하는 데 도움이 될 지침의 필요성을 절감했다. 이에 따라 '가족 식사 프로젝트Family Dinner Project'를 시작해 가족의 일상 속에서 리추얼적인 요소를 되살릴 수 있도록 돕고 있다.[16] 프로젝트의 목적은 가족 식사를 습관에서 리추얼로 변화시키는 것이다. 습관이 공허한 루틴이라면('우리가 하는 일'), 리추얼은 가족을 이어주고 아이들의 삶을 풍요롭게 해주는 뜻깊은 경험이다('우리이기 때문에 하는 일').

피셀은 작게 시작할 것을 권장한다. 식사 한 끼, 아니면 간식 시간이라도 좋으니 가족이 함께하기로 약속할 시간을 정한다. 모든 식구의 스케줄을 따져서 모일 수 있는 단 30분의 시간을 찾는 것도 쉬운 일은 아니다. 딱 한 타임만 정하는 게 포인트다. 가족 식사가 중요하다는 생각에 너무 매몰되면 매일 식사를 함께 해야 한다는 부담에 엄두가 나지 않아 자포자기하기 쉽다. 시간이 부족한 현실을 인정하는 게 중요하다.

메뉴도 작게 시작하는 게 좋다. 물론 건강한 가정식이 좋긴 하겠지만, 식사를 제대로 준비해야 한다는 부담도 시작하는 데 걸림돌이 될 수 있다. 세상일이 다 그렇듯, 너무 잘하려고 하다 보면 아무것도 하지 못한다. 피셀은 훨씬 더 유쾌하고 즉흥적인 스타일을 권한다. 일요일의 정통 로스트 만찬보다 화요일 저녁에 팝콘을 같이 먹는 간식 타임 쪽으로 생각해보라는 것이다. 예컨대 '선물 포장한 깜짝 간식' '잡탕 샌드위치(냉장고에 있는 남은 재료를 빵 사이에 넣고 샌드위치 메이커에 돌린다)' '꼬치 파티(한 응답자에 따르면 무엇이든 꼬치에 꽂으면 더 맛있다고)' '방바닥 피크닉(체크 무늬 식탁보와 피크닉 바구니를 꺼내 놓으면 평범한 샌드위치와 간식도 달라 보인다)' 등은 어떤가. 종래의 틀을 벗어나면 가족 식사가 활기를 되찾을 수 있다.

피셀은 "오늘은 학교에서 어땠어?"처럼 틀에 박힌 주제는 금물이라며, 그런 통상적인 질문 대신 게임북 스타일의 대화를 해볼 것을 권한다. 가족 간의 일치를 종용하기보다는 소속감을 북돋울 수 있도록 놀라움과 즐거움, 호기심을 유발할 수 있는 대화 기술을 써보라는 것이다.

연령대별로 적절한 질문의 예도 들고 있다.

어떻게 이 삶을 사랑할 것인가

만약 초능력을 갖게 된다면 어떤 능력을 갖고 싶고, 사람들을 어떻게 돕고 싶은가? (2~7세)

만약 학교 교장이 된다면 바꾸고 싶은 것이 있는가? 어떤 것인가? (8~13세)

자유 시간이 일주일 주어졌고, 연료를 가득 채운 자동차와 음식이 가득 든 아이스박스, 절친 2명이 있다면 어디로 가서 무엇을 하고 싶은가? (14~100세)

꼭 위와 같은 질문이 정답이라는 말이 아니다. 가족이 서로를 위해 시간과 자리를 낸다는 것, 그리고 틀에 얽매이지 않고 마음 가는 대로 이야기한다는 게 중요하다. 피셸은 가족 모두가 편안하게 자기 모습이 될 수 있는 식사 분위기를 권한다. 예의 차린답시고 겉도는 대화만 하지 말자는 것이다. 그런 텅 빈 대화는 진정한 교감에 걸림돌만 된다. 뭐든 터놓고 이야기하자.

가족 리추얼이 있기에 우리는 한자리에 모여 그 시간에 몰입하고 가족으로서의 정체감을 북돋울 수 있다. 하지만 가족 리추얼의 효과 중 가장 오래도록 남는 것은 기억이라는 선물인지도 모른다. 이모, 삼촌, 사촌, 당숙, 떠나간 분들 등 우리 기억 속에 남아 있는 가족들의 추억은 함께 모여 리추얼을 하던 순간을 배경으로 하는 경우가 많다. 그런 리추얼은 언뜻 수고롭게 느껴질 수도 있지만, 소기의 효과를 내는 리추얼은 사랑의 노동이 된다. 또한 그 익숙한 틀과 유연한 가공성 덕분에 우리가 평생 동안 의지할 수 있는 공동의 레퍼토리이자 기억의 보고가 된다. 가족 리추얼은 가족을 만나는 시간에 그치지 않고, 진정한 가족이 되는 시간이다.

가족 리추얼은 가족을 만나는 시간에 그치지 않고,

진정한 가족이 되는 시간이다.

10장

애도: 상실의 아픔을 견뎌내기

🌿 극복하는 게 아니라
견뎌내는 것일 뿐[1]

— 윌리 넬슨*Willie Nelson*

1863년, 뉴욕의 소매업체 로드 앤드 테일러*Lord & Taylor*는 남북전쟁의 참화 속에서 비탄에 잠긴 북부 지역 과부들의 절실한 수요를 충족하기 위해 '애도 상점*mourning store*'을 새로 열었다. 판매된 상품은 검은색 크레이프 그레나딘, 가벼운 면과 울의 혼방 소재인 검은색 발제린, 얇고 거즈처럼 비치는 검은색 바레주 등이었다. 여성들은 당시 구하기 힘들었던 상복을 마련하기 위해 갖은 노력을 다했다. 힘겨운 애도 과정에 조금이라도 도움이 될 옷을 구하려는 절박함에서였다.

애도는 끝이 없었다. 드루 길핀 파우스트*Drew Gilpin Faust*의 남북전쟁 연구서 《이 고통의 공화국*This Republic of Suffering*》에서 이 주제를 다루었다. 파우스트는 "1861년에서 1865년 사이에 사망한 군인은 약 62만 명으로, 독립 전쟁, 미영 전쟁, 멕시코 전쟁, 스페인-미국 전쟁, 제1차 세계대전, 제2차 세계대전, 한국 전쟁에서 발생한 미국인 사망자 수를 모두 합한 것과 대략 동일한 수치"라고 지적하며 "남북전쟁의 미국 인구 대비 사망률은 약 2%로, 제2차 세계대전의 6배에 달했다. 오늘날 인구로 따지면 약 600만 명이 사망한 셈"이라고 말했다.[2]

남북전쟁에서 백인 입대자의 18%가 사망하는 등 사망률이 심지어 더 높았던 남부 지역에서는, 여성들이 상복을 입는 리추얼이 고통을 견디기 위한 한 가지 방법이었다. 당시의 사회적 관습에 따르면, 전사한 남편이나 형제를 애도하는 여성들은 애도 초기에 오로지 검은색 옷만 입어야 했다. 중기가 되면 좀 더 옅은 회색을 추가할 수 있었으며, 후기에는 칼라와 소맷부리 등에 연보라색을 추가할 수 있었다. 장신구 착용은 금기시되었는데, 단 장신구에 고인의 사진이나 머리카락이 들어 있는 경우는 예외였다. 내가 보기에 가장 흥미로웠던 점은, 각 애도 단계의 기간이 고인과의 관계에 따라 달랐다는 것이다. 검은색, 회색, 연보라색의 각 단계가 남편이나 형제를 잃었을 때는 더 길었고, 사촌이나 삼촌을 잃었을 때는 비교적 짧았다.

나는 파우스트가 묘사한 19세기의 이 통절한 애도 리추얼에 감명을 받았다. 특히 2가지 요소가 눈에 띄었다. 첫째, 누군가를 떠나보내는 슬픔을 겪어본 사람이라면 아픔이 좀처럼 가시지 않는다는 것을 안다. 하지만 나는 과학자로서, 상을 치르는 사람들이 회색 옷을 입은 자신의 모습을 보면서 언젠가 슬픔이 잦아들 수 있다는 희망을 느꼈을지도 모른다는 생각이 들었다. 그와 같은 복식 규정 덕분에, 과거에도 사람들이 같은 방식을 따랐고 결국 아픔을 이겨냈다는 모종의 위안을 얻을 수 있지 않았을까?

두 번째로 눈에 띈 것은 남북전쟁 시기의 애도 리추얼이 옛것과 새것을 폭넓게 결합했다는 점이다. 정해진 기간 동안 상복을 입는 관습은 당시에 이미 확립되어 있었고, 그 밖에도 기도, 교회 예배, 묘지 방문 등 전통적인 애도 리추얼이 이루어졌을 것이다. 그처럼 역사가 긴 애도 리추얼은 우리에게 중요한 신호를 보내준다. 슬픔에 빠진 이들은 고통을 어떻게 견뎌야 할지뿐만 아니라 고통이 언제 끝날지도 알 수 없다. 이를테면 유대교의 시바*shiva* 의례처럼, 오랜 세월에 걸쳐 확립된 리추얼은 슬픔에도 끝이 있고 언젠가 지나가리라는 신호를 줄 수 있다.[3] 사람들이 수천 년간 이 리추얼을 수행했다는 것은 다들 슬픔을 이겨냈다는 뜻이니, 우리도 이 리추얼을 수행하면 이겨낼 수 있다는 희망을 암시한다.

이들은 전에 없던 세속적 관습을 즉흥적으로 만들어내기도 했다. 기존의 리추얼을 기반으로 삼되, 전례 없이 수많은 목숨이 전장에서 스러지는 암울한 현실 속에서 자신들만의 방식으로 리추얼을 재해석한 것이다. 왜 연보라색일까? 왜 그 특정한 기간을 정했을까?

나는 그런 점들이 쉽게 이해되지 않았다. 한때 리추얼 회의론자였던 나는 리추얼이란 본래 종교적인 것으로서 신성한 믿음에 뿌리를 두고 길게는 유사 초기까지 거슬러 올라가는 전통이라고 생각했었다(기록된 최초의 문학 작품인 기원전 2100년경의 《길가메시 서사시 Epic of Gilgamesh》에는 주인공이 태양신 샤마시에게 밀가루를 반복해서 바치는 내용이 나온다).[4] 하지만 어떤 성경도, 어떤 종교도, 연보라색을 규정하지는 않는다. 상복의 색은 문화권에 따라 놀랄 만큼 다양해서, 흰색(일본과 몇몇 아메리카 원주민 문화)에서 검은색(서구·미국 문화와 힌두교 전통), 노란색(동유럽), 보라색(남미)에 이른다.[5] 역사를 통틀어 사별을 맞은 사람들은 항상 색과 의복에 의지했고, 그 방면에 있어 놀라운 창의성과 다양성을 보여주었다.

애도 리추얼은 대개 공개적으로 이루어지며 엄격한 절차를 따른다. 2016년에 사회과학자 코리나 사스 Corina Sas와 알리나 코만 Alina Coman은 애도의 과정을 지켜본 심리치료사들을 인터뷰하면서 환자들의 리추얼 중 치료 효과가 있다고 느꼈던 사례를 물었다.[6] 응답에서 몇 가지 공통적으로 나타나는 요소가 있었는데, 그중 첫

어떻게 이 삶을 사랑할 것인가

번째는 애도자들을 공동체와 하나로 묶어주는 리추얼의 역할이었다.

애도 행위가 사회적이고 가시적인 형태로 이루어질 때, 우리는 망자와의 각별한 관계를 기릴 수 있다. 일부 문화에서는 아예따로 지정된 애도자의 도움을 빌려 애도 과정을 외적으로 뚜렷이드러내기도 한다. 한 예로 그리스 마니 지방의 전문 애도꾼을 들수 있다.[7] '모이롤로지스트*moirologist*'라 불리는 이들 여성은 돈을 받고 장례식에 참석하는데 머리끝부터 발끝까지 검은색 옷을 입어눈과 입만 드러낸다. 정해진 시각이 되면 이들은 원시적인 울부짖음을 내지르는데, 노래도 비명도 아닌 독특한 소리다. 이들은 장례식장에서 깊은 슬픔을 외적으로 표출해 공연하는 역할을 한다. 카타르시스를 불러일으키기 위한 이 공연은 슬픔에 빠진 이들에게자신의 감정을 조금이나마 멀리서 바라볼 수 있는 기회가 된다. 슬픔의 극장에 앉은 관객이 될 수 있는 것이다.

전문 애도꾼은 중국과 인도에서 흔하다. 한편 영국에서도 그런 발상이 점차 인기를 얻고 있어서, 유족이 장례식에 배우들을 고용해 연기하게 하기도 한다. 단순히 조문객이 많은 것처럼 보이게 하려고 그렇게 하는 경우도 있지만, 전문 애도꾼을 모이롤로지스트와 비슷하게 활용하는 경우도 있다. 이들의 역할은 리추얼의기능이 원활히 수행될 수 있도록 슬픔을 연기하고 실제 조문객들의 이야기를 경청해주는 일이다. 영국의 전문 애도꾼 오웬 본*Owen*

*Vaughan*은 자신이 하는 일을 이렇게 표현했다. "사람들이 모여서 이런 활동을 벌인 것은 인류의 역사만큼이나 오래된 일입니다. 이야기 나누고, 울고, 마음을 추스르는 일 말이죠. 나는 그 과정을 돕기 위해 이 직업을 택했습니다."[8]

전문 애도꾼들이 슬픔을 외적으로 표현할 수 있게 돕는다면, 슬퍼하는 이들을 더 단단히 묶어주는 집단 의례도 있다. 가장 필요한 순간에 집단을 결속시켜주는 셈이다. 미 해군 특수부대 네이비 실*Navy SEAL*에는 부대원이 전사했을 때 수행하는 특별한 절차가 있다.

 부대원들이 무덤에 한 명씩 다가가, 정복 왼쪽 가슴에 부착된 금색 핀을 떼어 전우의 관에 박아 넣는다. 부대원들은 형제애의 상징물을 뗀 채 애도하고, 핀은 매장이 거행된 이후에야 새것으로 지급받는다. 죽은 동료가 전우들의 핀을 가지고 떠나가는 것이다.[9]

네이비 실 같은 특수부대원들에게 죽음은 낯선 일이 아니지만, 그렇다고 쉽게 감당할 수 있는 일도 아니다. 네이비 실의 이 리추얼은 함께하는 봉사와 희생의 정신을 기리고, 심지어 한 번도 만나지 못한 동료 부대원들과도 확실한 동료애를 느낄 수 있게 해준다.

장기 기증 예정자가 뇌사 판정을 받았을 때도 그 이타심을 비슷한 방식으로 기린다. 이때 많은 병원에서는 '아너 워크*honor walk*(영예로운 행진)'라는 것을 한다.

🌿 중환자실의 문이 활짝 열리고 병상 하나가 모습을 드러냈다. 복도에 모여 있던 수십 명의 병원 직원들은 순간 고요해졌다. … 평상복 차림의 사람들이 병상 뒤를 바짝 따라오며 어디를 봐야 할지 몰라 두리번거렸다. 병상에 누워 있는 젊은 여성의 부모였다. 우리는 그 여성을 배웅하기 위해 서 있었다. … 다들 하던 일을 놓고 나온 사람들이라 직종에 따라 입은 옷도 다양했다. 흰 가운에 넥타이, 구겨진 파란색 수술복, 붕 뜬 수술모, 고급스러운 줄무늬 정장.[10]

버몬트대학교 의료 센터의 의사 팀 레이히*Tim Lahey*는 이렇게 말한다. "그 15분 동안 복도에서는 무언가 엄숙하고 신성하기까지 한 일이 벌어집니다. 직종과 배경이 다른 여러 사람이 함께 기다리며 이야기를 나누죠. 모두 함께 큰 희생을 기리고 고마움을 표현하는 시간이에요. 헤아릴 수 없는 상실감 속에 비통해하는 가족에게 힘이 되고자 합니다."

'아너 워크'는 모두의 시선을 한곳에 모으고, 비록 짧은 순간일지라도 사람들을 공동의 현실 속에 머물게 한다.

입을 옷, 취할 행동, 따를 일정, 먹을 음식이 정해져 있는 애도 리추얼을 통해 우리는 모두의 시선을 모으고 떠나보낸 사람에 대한 마음을 모을 수 있다. 그렇게 마련된 특별한 시간과 자리에서 공동의 목적 아래 모여, 추모에 잠기고 아픔을 달랠 수 있다. 애도 리추얼의 정해진 형식은 슬픔을 가누려고 하는 사람들에게도, 그들을 돕고자 하는 사람들에게도 유용한 지침이 된다. 검은 옷을 입었다면 마음이 황망할 것이고, 그 사람을 어떻게 대해야 할지도 충분히 짐작할 수 있다.

죽음에서 낯섦을 지우기

프랑스 역사학자 필리프 아리에스*Philippe Ariès*는 20세기를 "금기된 죽음*Forbidden Death*"의 시대라고 칭하며, 죽음을 앞둔 이에게 그 사실을 결코 알리지 않는 현대의 관습 탓에 가족과 친구들도 감정적 반응을 억제하게 되었다고 설명한다.[11] 우리는 죽음에 관한 생각을 본능적으로 피하려 하는 경우가 많다. 누구에게든 상실의 그늘이 드리우지 않게 막고, 가능한 한 빨리 잊고 넘어가려 한다. 그런 모습은 아이들을 가족의 죽음으로부터 '보호'하려 하는 관행에서 가장 두드러지게 나타난다. 아이들을 가족의 장례식뿐 아니라 공동체의 모든 애도 리추얼에 참석하지 못하게 배제하는 것이다. 이 역시 현대에 들어 생긴 발상이며, 현대 사회의 많은 규범이 그렇듯 망상의 기미가 물씬 풍긴다. 르네상스 시대의 학자 미셸 드 몽테뉴*Michel de Montaigne*는 불후의 저서 《수상록*Essays*》에서 이렇게 말했다.

> 죽음에게서 우리를 압도하는 최대의 강점을 빼앗기 위해, 죽음에서 낯섦을 지우자. 죽음을 자주 접하고, 죽음에 익숙해지자. 머릿속에 그 무엇보다 죽음을 더 많이 떠올리자.[12]

2015년, 기자이자 작곡가인 마이크 브릭*Mike Brick*이 바로 그런 결심을 했다.[13] '죽음에서 낯섦을 지우기로' 한 것이다. 몇 달 전부터 피로와 흉통에 시달리던 40세의 브릭은 단순한 검진 정도로 생각하며 병원 예약을 잡았다.

그런데 돌아온 결과는 대장암 4기 진단이었다. 공격적인 항암 치료를 강행했지만 암 확산을 막을 수 없었다. 그는 다가올 죽음을 아내 스테이시와 함께 준비하기 시작했다. 독실한 가톨릭 신자인 마이크는 조문객들이 정장을 입고 성당에 모이는 정식 장례 미사를 원했다. 이어 아일랜드 장례식 스타일의 밝은 추도식을 논의했다. 작곡가의 추도식이니 당연히 좋은 음악이 있어야 할 텐데 마이크의 밴드가 그를 기리며 연주하면 될 것이고, 많은 이야기가 오가면 좋을 것 같았다. 텍사스주 오스틴 음악인들의 전설적인 아지트인 '홀 인 더 월Hole in the Wall'이라는 곳을 장소로 선택하고, 그리 멀지 않은 그날의 계획을 착착 준비해나갔다.

부부의 머릿속에 그날의 모습이 생생하게 그려졌다. 당사자인 마이크 없이 치르게 될 최고의 파티. 문득 뭔가가 영 잘못됐다는 생각이 들었다.

스테이시가 말했다. "당신 멀쩡히 살아 있잖아. 당신도 추도식에 참석해."

꼭 죽어야만 자신의 추도식에 참석할 수 있다는 법이 있나? 두 사람은 몇 시간 만에 계획을 뒤집었다. 미래의 어느 날 '홀 인 더 월'에서 행사를 치른다는 계획을 취소하고, 바로 그 주에 가능한 장소를 급히 예약했다. 친구들, 가족들, 밴드의 전 멤버가 전국 각지에서 비행기를 타고 모여들었다. 그리 이상할 것 없는 상황이었다. 소중한 이가 떠나갔다는 소식에 일정을 취소하고 경황없이 모여드는 것은 동서고금이 똑같다. 다만 이 경우에는 당사자가 함께 참석한다는 점만 달랐다. 마이크는 일생 최고의 공연을 앞두고 있었다.

2016년 1월 13일, 마이크는 사랑하는 이들이 빼곡히 자리한 행사장에 서서, 그들의 눈 속에 비친 자신의 마지막 모습을 보았다. 내가 마이크의 용감한 행동을 알게 된 것은 그의 기자 친구들이 그날의 기록을 전한 여러 언론 기사와 추모의 글을 통해서였다. 마이크는 그 자리에 모인 백여 명의 사람들 앞에서 이렇게 말했다고 한다. "살면서 이렇게 좋은 사람들을 만난 게 참 다행이었고, 모두 사랑합니다." 이어서 자신의 밴드 '뮤직 그라인더스*Music Grinders'*와 함께 두 시간 동안 장내를 뒤흔드는 공연을 펼치는 가운데, 절친한 친구들은 춤을 추고 어린 자녀들은 무대 조명 아래 신나게 뛰어다녔다. 밴드는 마이크의 최애곡 중 하나를 6분 28초간 연주하며 공연을 마무리했고, 마지막으로 마이크는 참석자 한 명 한 명과 눈을 맞추며 입 모양으로 "사랑해요"라고 전했다.

우리 생애의 가장 중요한 행사에 우리가 굳이 빠져야 할 이유가 있을까? 마이크는 몇 주 후에 세상을 떠났고, 며칠 후 스테이시와 가족들은 애초에 계획했던 유산 리추얼에 결국 의지했다. 그러나 무력감으로 점철되었던 투병 과정에서 마이크가 보여주었던 주체성만큼은 지금까지 자녀들의 기억 속에, 그리고 스테이시의 가슴속에 소중히 남아 있다.

스테이시는 친구들에게 이렇게 말했다. "남편은 떠나야 한다는 걸 알고 있었어. 떠나고 싶진 않았지만, 의연하게 받아들였고 사람들이 이겨낼 수 있도록 돕고 싶은 마음뿐이었어. 그래서 그렇게 한 거야."

금기된 죽음의 시대로 일컬어지는 우리 시대의 세태에 저항하고자 나선 집단은 그뿐만이 아니다. '죽음을 이야기하는 저녁 모임*Death Over Dinner*'은 식사를 함께하며 삶의 끝을 논하자는 대중 운동이다. "저녁 같이 먹으면서 죽음을 이야기해요"라고 적힌 초대장은 언뜻 무거워 보이는 주제를 유쾌하게 제시하면서, 생의 유한성을 놓고 교감을 나누기에는 식사 모임이 최선이 아니겠냐고 말한다. 미국의 말기 환자 돌봄 위기에 대처하고자 이 운동 조직을 창설한 마이클 헤브*Michael Hebb*는 "아무도 죽음을 이야기하고 싶어 하지 않는다는 통념은 허구에요. 우리가 그동안 적절한 초대장을 못 받은 것뿐이라고 생각합니다"라고 말했다.[14]

죽음이라는 주제를 외면하거나 회피하려는 우리의 문화적 성향은 역효과를 낳기 쉽다.[15] 반면 죽음을 정면으로 마주하는 기회는, 당시에는 고통스럽더라도 현실을 수용하는 데 도움이 될 수 있다. 한 예로, 부모의 장례식에 참석한 자녀는 그럴 기회가 없었던 자녀에 비해 상실을 더 잘 견뎌내는 것으로 나타났다.[16] 또 아이의 사산이라는 무참한 경험을 치른 부모는 마지막 작별 인사로 아이를 한번 안아보았을 때 상실을 더 잘 견뎌낸다는 조사 결과도 있다.[17]

일본에서는 고령화와 함께 고립되어가는 노령 인구층에서 무덤에 함께 묻힐 '친구'를 찾는 움직임이 활기를 띠고 있다. 이들은 서로를 '무덤 친구'라는 뜻의 '하카토모墓友'라 부르며, 묫자리를 나란히 쓰기로 약속하고 생전에 서로를 알아간다. 사후를 함께하기로 한 관계이니 현세의 친구라기보다 내세의 친구인 셈이다. 암울하게 느껴질 수도 있는 발상이지만, 이 현상을 연구한 인류학자 앤 앨리슨*Anne Allison*은 "사후에 쉴 곳이 없거나 쓸쓸해지는 신세를

피하고 능동적으로 죽음을 맞기 위한 방법"으로 편안하게 표현한다.[18]

몽테뉴는 "죽음을 자주 접하라"라고 호소했지만, 마음이 불편해지고 우리의 연약함을 실감하게 하는 일이기에 쉽지 않다. 그때 리추얼의 힘이 버팀목이 되어줄 수 있다.

수용에는 '정점'이 없다

오늘날 수행되는 유산 리추얼은 기간이 한정되어 있는 것이 보통이다. 장례식처럼 하루에 끝나는 경우도 있고, 몇 주 정도 이어지기도 한다. 남북전쟁 시절의 단계별 상복처럼 매우 장기간 진행되는 리추얼은 이제 드물다. 결혼하면 매년 결혼기념일을 챙기지만, 가족의 기일을 매년 기리는 경우는 그리 흔치 않다. 공인된 짧은 애도 기간이 지나면 공동체 차원의 애도는 그것으로 갑작스레 끝나버린다. 상을 당한 직후에는 위로와 염려가 쏟아지지만 이내 관심이 사그라든 경험을 호소하는 이들이 많다. 장례식이 끝나고 조문객들이 각자의 일상으로 떠나가면, 우리는 여전한 상실의 아픔을 안고 생업으로 돌아가야 한다. 다른 여지가 없다. 실제로 미국은 애도 휴가를 보장하는 법률이 없다.[19]

경험해본 사람이라면 누구나 알듯이, 소중한 이를 떠나보내는 과정은 그렇게 간단하지 않다. 사별을 겪은 233명을 24개월간 관찰한 연구에서는 사별 한 달 후에 상실에 대한 불신이 정점에 달한 것으로 나타났다.[20] 그리움은 네 달 후, 분노는 다섯 달 후에 정점에 달했고, 우울감은 여섯 달 후에 최고조에 이르렀다. 그럼에도 잊고 나아가야 한다, 고인의 생각을 떨치고 아픔을 '극복해야' 한다고 스스로를 다그치는 사람이 많다.

1969년, 스위스 태생의 정신과 의사 엘리자베스 퀴블러-로스 *Elisabeth Kübler-Ross*는 말기 환자와 임종 경험에 관한 자신의 연구를 책으로 냈다. 당시 의료계는 죽음을 앞둔 환자에게 그 사실을 감추거나 얼버무리는 경향이 있었다. 말기 환자는 자신의 병환이 얼마나 위중한지 굳이 알 생각도, 그럴 이유도 없다는 통념에 따른 것이었다. 완곡하게 표현하거나 돌려 말하는 일이 흔했다. 죽음을 대놓고 이야기한다는 것은 패배를 시인하는 것으로 여겨졌다. 퀴블러-로스는 지대한 영향을 끼친 저서 《죽음과 임종에 관하여*On Death and Dying*》에서 기존의 통념에 반박했다. 환자들도 자신의 병세를 잘 알고 있으며 의사의 정직한 소견을 마땅히 들을 권리가 있다고 주장했다. "환자는 모든 것을, 그리고 사랑하는 모든 사람을 잃어가는 중이다. 슬픔을 표현할 길이 주어진 환자는 마지막을 훨씬 쉽게 받아들일 수 있을 것이다."[21]

퀴블러-로스는 말기 환자들의 관찰을 통해 부정, 분노, 타협, 우울, 수용이라는 '죽음의 5단계' 이론을 제시했다. 애초에는 죽음을 앞둔 환자에 대한 의료계의 잘못된 통념을 바로잡고자 창안한 이론이었는데, 점차 애도의 과정을 나타내는 모델로 자리 잡았다. 오늘날은 그 용어가 워낙 널리 알려져 있어, 사별을 겪은 사람이 다섯 단계를 제대로 치르지 않은 경우 아직 과정이 완전히 마무리되지 않았다고 가족들이 충고할 정도다.

이 5단계 이론이 인기를 얻은 것은 아마도 단계를 순서대로 밟아 마지막 단계까지 마치면 종결에 이를 수 있다는 희망을 주는 단선적 구조 때문이 아닐까 한다. 그러나 애도 과정이 그런 단계로 이루어진다는 과학적 근거는 없다. 누구나 다섯 단계를 꼭 거쳐야 한다고 생각할 이유도 없다. 세 단계나 네 단계면 안 되는가? 매일같이 조상과 소통하고 죽음을 과도기적 상태로 여기는 토착 문화에서는, '수용'이란 결코 정식으로 이루어지지 않는 단계일 수도 있다. 그렇다고 하여 그런 문화권에서는 애도를 잘못 이해하고 있다고 할 수 있을까?

캘리포니아 북부의 사별자 모임 회원들을 대상으로 수행한 연구에서는, 최근 3개월 이내에 사별을 겪은 이들에게 20가지 목표를 제시하고 그중 어느 목표가 리추얼을 수행한 덕분에 잘 충족되었는지 평가하도록 했다. 특히 높은 평가를 얻은 목표 2가지는 수용의 감정과 밀접하게 연관된 것이었다. "슬픔을 지속적 과정으로 받아들이기"와 "사랑하는 이의 죽음을 받아들이기"에 리추얼이 큰 도움이 되었다고 참여자들은 응답했다.[22]

윌리 넬슨의 노래 가사처럼, 사랑하는 이의 죽음은 극복하는 것이 아니라 견뎌내는 것인지 모른다. 사별의 슬픔은 빠르게 잊고 살려고 한다 해서 잦아들지 않는다. 찢어지는 아픔을 견디며 살아갈 힘이 생기면서 잦아든다. 사별한 233명을 관찰한 연구에서 '수용' 단계가 정점에 이르는 일은 없었다.[23] 다만 시간이 지나면서 그 정도가 점차 높아졌을 뿐이다.

코주부 안경을 낀 남자

2010년 가을, 내가 존경하는 학자이자 하버드 사회심리학과의 사랑받는 동료 교수인 댄 웨그너가 루게릭병 진단을 받았다. 앞에서 사고 억제와 관련해 '흰곰을 생각하지 말라'라는 창의적 연구를 했다고 소개했던 사람이다. 학계에서 댄은 독창적인 학자로 명성이 높았다. 그는 철저히 독자적인 관점에서 가장 난해한 분야의 가장 기이하고 골치 아픈 문제에 과감히 도전했던 지식인이었다. 그가 풀고자 했던 문제는 이를테면 '자유의지란 무엇인가?' '비밀과 집착의 심리적 기반은 무엇인가?' 등이다. 그러나 심리학자로서의 화려한 경력만으로는 때로 경직된 학내의 일상에 유쾌함과 장난기를 불어넣은 그의 공로를 설명할 수 없다. 우선 그는 키가 190센티미터가 넘는 거구였는데, 현란한 하와이안 셔츠를 헐렁하게 매일 유니폼처럼 입고 다녔다. '스타일리시하다'라고 보기까지는 어려워도 '남다른' 패션인 것만은 틀림없었다.

그는 코주부 안경을 수집해 진열장에 단정하게 전시해놓기도 했다. 첫딸이 태어났을 때 코주부 안경 세 개를 꺼내 하나는 자기가 쓰고, 또 하나는 아내 토니에게 씌우고, 마지막 하나는 갓난아기의 조그만 얼굴에 씌우고는 사진을 찍었다. 둘째 딸이 태어났을 때도 같은 리추얼을 이어가며, 네 가족이 머리에 가짜 화살 장식을 얹고 사진을 찍었다.

2013년, 댄이 65세의 나이에 세상을 떠났다는 소식을 듣고 나는 그의 주변 친구와 동료들의 비통한 대열에 합류해 애도했다. 그의 가족은 추도식이라는 유산 리추얼을 통해 그의 삶을 기렸다. 그런데 댄은 죽기 전에 특별한 부탁을 남겼다. 추도식에 참석하는 사람 모두가 하와이안 셔츠와 코주부 안경을 착용해달라는 것이었다. 추도식 장소에 빼곡히 모인 사람들은 서로를 보고 같은 생각을 했다. 우리 모두가 댄의 분신인 듯했다. 한 사람 한 사람 속에 그가 살아 있었다. 자신을 되살린 연출인 셈이었다. 검은색 옷도, 연보라색 옷도 아니었다. 하와이안 패션과 코주부 안경으로 슬픔과 추억을 나누는 애도 방식은 아마 이전에도 없었고 이후에도 없을 것이다.

하와이안 셔츠든 검은색 상복이든, 이렇게 겉으로 뚜렷하게 드러난 질서 상태는 애도자들의 삶에 통제감 비슷한 것을 되살리는 구실을 한다. 통제감 상실 자체가 슬픔의 강도를 가늠하는 지표이니, 그에 비추어 슬픔을 측정하는 기법이 많다.[24] 이를테면 감정이 폭주하거나 무력감에 빠지거나 걷잡을 수 없는 울음이 터질까봐 얼마나 걱정되는지를 측정하는 식이다. 작가 조앤 디디온이 에세이 《상실》에서 남편이 갑작스럽게 세상을 떠난 직후 자신이 보인 행동을 묘사한 장면은 통제감의 필요성을 잘 보여준다.

남편의 주머니에 있던 현금을 내 핸드백 안의 현금과 합치면서, 지폐를 곱게 펴고, 20달러는 20달러끼리, 10달러는 10달러끼리, 5달러와 1달러도 끼리끼리, 정성스럽게 정리했던 기억이 난다. 그러면서 생각했다. 내가 정신줄을 잡고 있는 것을 그이도 보고 있겠지.[25]

코로나와 애도

코로나19 팬데믹 중 고통스러웠던 점 중 하나는 대면 모임을 통한 애도가 불가능한 현실이었다. 장례식과 추도식, 추모 행사가 다시 대면으로 열리게 되었지만, 팬데믹 중에 가족을 잃은 많은 유족이 공개적인 애도 리추얼을 여전히 갈망하며 기다릴 수밖에 없었다. 시사 웹진 《슬레이트Slate》의 독자 상담 코너에는 한 여성이

2020년 3월 돌아가신 아버지를 어떻게 애도해야 할지 조언을 청하는 사연이 올라왔다.

🌿 아버지가 돌아가시면 그동안 억눌렀던 슬픔과 고통을 '정상적인' 장례와 매장 의식을 통해 해소할 수 있기를 내심 바라고 있었어요. 하지만 이 모든 게 불가능해지자, 어머니와 언니 오빠는 아버지를 공개적으로 기릴 방법이 이것뿐이라며 두 문장짜리 부고만 냈는데, 저로서는 이해할 수 없었어요.

저는 애도 과정이 필요하고, 리추얼이 필요해요. 그런데 돌아가신 지 이렇게 시간이 지난 지금 어떻게 해야 할지 모르겠어요. 이런 문제를 겪고 있는 독자가 저뿐만은 아닐 텐데, 다들 떠나간 가족을 어떻게 기렸을까요? 어떻게 치유의 자리를 만들었을까요?[26]

이 여성의 애절한 호소에 트위터에서 수많은 이들이 반응했다. 코로나 기간에 유산 리추얼을 다소 조정하여 추도했다거나 당시의 이례적인 상황에 맞게 리추얼을 새로 만들었다는 경험담이 줄을 이었다. 3년 동안 사람들은 '줌'으로 모여 애도하고, 사회적 거리두기를 지키며 추모식을 열고, 드라이브스루 조문 방식을 도입하기도 했다. 인생의 마지막 통과의례를 거행하기 위해 사람들이 그토록 다양한 방식으로 행동을 바꿔 적응한 모습은 감동을 자아낸다.

할아버지가 2020년 1월에 돌아가셨는데 장례를 치르지 못했어요. 작년에 고모가 할아버지 좋아하시던 식당에서 가족 점심 식사하는 날을 잡아서, 온 가족이 모여 소박한 추도식 비슷한 걸 진행했어요. 다들 옛이야기와 추도사를 하고, 울고, 안아주었고요.

2020년 6월에 돌아가셨는데, 올여름에 파티를 열고 유골을 생전에 좋아하시던 곳에 뿌리기로 했습니다.

저는 호스피스 시설에 목사로 있는데요. 비슷한 상황을 자주 봅니다. 별다른 식을 치르지 않은 가족을 판단할 생각은 없지만, 이 독자분의 생각이 결국 더 건강하다고 봅니다. 어쨌든 장례식이나 추도식을 하는 데 정해진 기한은 없지요.

'슬픔은 힙색처럼 차고 다니는 것 *Grief Is a Fanny Pack*'이라고 이름을 밝힌 이 사연자는 "애도 과정이 필요하다"라고 호소했지만, 한 답변자는 이미 애도를 하고 있는 것이라며 위안했다. "가지고 계신 슬픔은 지금도, 그전에도, 앞으로도 계속 유효해요. 지난 몇 년을 허비했다거나 늦었다고 생각할 필요 없어요."[27]

내게는 무척 의미심장한 답변들이었다. 우리는 어떤 행동이나 연출이든 가능한 대로 활용해 애도할 방법을 찾아낸다는 것, 동시에 그 애도 과정을 남들에게 보이고 공동체 성원들에게 인정받기를 본능적으로 원한다는 것이 잘 드러난다는 점에서다.

잊지 않고 기억하기 위해

애도 리추얼은 단순히 슬픔을 이겨내기 위한 것만은 아니다. 기억하고 추모하는 과정이기도 하다. 그런 리추얼을 통해 우리는 떠나간 이에게 마음을 모으고 집중하는 시간을 갖는다. 세상은 바쁘게 돌아가지만, 우리는 모든 것을 멈추고 잠시 머문다. 그리고 기억하고, 기린다. 애도 리추얼이 제대로 효과를 낼 때, 그 과정은 때로 마법처럼 느껴진다. '디너 파티*Dinner Party*'는 사랑하는 이를 잃은 타인들끼리 모여 함께 식사하며 슬픔을 나누는 모임을 주최하는 단체다. 한 참가자는 이런 후기를 남겼다.

> 어머니가 돌아가시자 나는 처절한 고독을 느꼈다. 살면서 한 번도 느껴보지 못했던 고립감이었다. 그런데 한 달 반쯤 지나 저녁 모임에 나가기 시작하면서, 외로움이 서서히 잦아들었다. 마치 《오즈의 마법사*The Wizard of Oz*》에서 도로시가 겪었던 순간처럼, 회색빛 세상에서 벗어나 다채롭고 생동하는 세상에 다시 발을 들이는 느낌이었다.[28]

아무리 힘겨운 상실을 마주했을 때도 리추얼은 우리에게 생기를 불어넣고 마법을 선사하는 힘이 있다.

부모 잃은 아이들을 돕기 위해 설립된 비영리 단체 '패밀리 리브스 온*Family Lives On*'은 '전통 프로그램*Tradition Program*'이라는 것을 운영한다.²⁹ 이 프로그램에서는 아이들에게 세상을 떠난 어머니나 아버지와 함께 가장 즐겁게 했던 활동이 무엇이었는지 묻고, 매년 가족의 기념일 등에 아이들이 그 활동을 재현할 수 있도록 돕는다. 네 살 때 어머니를 폐암으로 잃은 매슈도 이 단체의 도움으로 적절한 리추얼을 마련할 수 있었다. "매슈의 어머니는 생일과 크리스마스를 아주 특별하게 생각했고, 늘 가족을 위해 베이킹하는 것을 즐겼다. 호스피스에서 마지막 시간을 보내는 어머니와 이야기하면서, 매슈는 매년 어머니 생일마다 쿠키나 컵케이크를 구우며 어머니의 기억을 되살리는 전통을 만들기로 했다. 이제 매슈와 아버지는 해마다 어머니를 기리는 쿠키나 컵케이크를 굽고 예쁘게 장식한다."

사람들의 창의성은 끝이 없어서, 옛사람들이 상복의 색깔을 정했듯 주변에서 적절한 사물을 택해 의미를 부여하고 리추얼에 활용함으로써 수용을 향해 나아간다. 연구 과정에서 접한 한 여성은 수국으로 추모 정원을 꾸민 이야기를 들려주었다. 친한 친구나 사랑하는 가족이 세상을 떠날 때마다 그 사람의 정원에서 수국 한 뿌리를 가져와 자기 정원에 옮겨 심는다고. 그렇게 여러 해 하다보니 뒤뜰에 수국 추모터가 널따랗게 만들어졌고 한 그루 한 그루가 어머니, 이모, 절친의 어머니, 대학 시절 단짝 친구 등 누구의 것인지 기억하고 있다. 뒤뜰에 나가 평화로운 오후를 보내며 꽃을 감상하거나 다듬으면, 소중했던 사람들 한 명 한 명의 분신과 교감하는 느낌이라고.

메인주에 거주하는 에이미 홉킨스*Amy Hopkins*는 부모를 모두 잃은 슬픔 속에서 차가운 바닷물에 뛰어드는 리추얼을 통해 위안과 활력을 얻었다. 그는《뉴욕타임스》와의 인터뷰에서 이렇게 밝혔다. "온몸이 싸우거나 도망가려는 태세에 들어가면서 정신이 번쩍 듭니다. 냉기에 몸 전체가 수축하면서 보호 자세가 되죠. 장기에 피가 몰려듭니다"라고 설명했다.

이 극한의 체험 속에서 홉킨스는 상실의 아픔을 견디며 숨 쉬는 방법을 배웠다. 겨울 바다에 몸을 담그고 있는 동안은 오로지 지금 이 순간만 존재한다. 그렇게 한 호흡 한 호흡 살아가면서 우리는 슬픔을 견뎌낸다. 홉킨스는 이 혹한의 입수 활동을 도와줄 조력자들도 구했다. 그가 '떠오름을 위한 잠김*Dip Down to Rise Up*'이라 이름 붙인 이 모임에서, 참여자들은 서로 손을 잡고 얼음 같은 바닷물 속으로 들어간다. 그렇게 물속에 함께 몇 분간 조용히 서 있다가, 서로 안아주고는 따뜻한 외투와 모자와 장화가 기다리는 곳으로 돌아간다.[30]

모호한 상실을 애도하려면

  홉킨스의 리추얼과 같은 활동은 상황을 끝맺었다는 '종결감'을 제공해주며, 그러한 종결감의 중요성은 결코 작지 않다. 관계가 좋지 않게 끝난 후 이별의 리추얼을 고안해 새롭게 출발하고자 한 사람들의 사례도 살펴보았지만, 그런 리추얼은 대체로 흔하지 않다. 대부분의 사람은 인간관계가 변하거나 끝나는 상황에 대처할 수완이 부족하다. 결별의 슬픔 중에서도 특수한 유형이 있다면, 바로 상대방과 연락이 충분히 가능한 경우의 뼈아픈 상실감이다. 연인뿐만 아니라 가족이나 친구 간에도 일어나는 일이다. 상담 칼럼을 읽다 보면 사랑하는 사람이 아무 설명 없이 전화나 문자에 답하지 않아서 상심에 빠졌다는 사연이 흔하다. 영어로는 유령처럼 사라져버린다는 뜻에서 '고스팅ghosting'이라고 하는 행위인데, 말 그대로 유령처럼 우리를 괴롭힌다. 《뉴욕타임스》의 한 독자는 이런 사연을 보냈다.

  🌿 50년 전에 여동생이 교통사고로 세상을 떠났습니다. 9년 전에는 큰딸이 가족과 연락을 끊었습니다. 여러모로 더 받아들이기 쉬웠던 것은 여동생의 죽음이었습니다. 무척 사랑했던 동생이고, 아픔 끝에 이별을 차츰 받아들일 수 있었습니다. 하지만 제 첫아이인 큰딸은 지금도 세상 어딘가에 살아 있습니다. 아픔이 뼛속

까지 사무칩니다. 이별을 받아들일 수 있을 날은 결코 오지 않을 겁니다.[31]

우리는 세상을 떠난 사람의 장례를 치르고, 헤어진 연인의 사진을 불태우기도 하지만, 이처럼 마음을 오래도록 괴롭히는 복잡한 관계를 애도할 방법도 필요하다.[32] 심리학자들은 이런 종류의 상실을 가리켜 '모호한 상실ambiguous loss'이라고 부른다.[33] 불확실하게 지속되는 상실로서, 아직 완전히 끝난 게 아니기에 쉽게 털어내지 못한다. 모호한 슬픔이 스멀스멀 다가와 쌓이면서, 그 상실을 기릴 특별한 계기, 즉 리추얼이 없는 한 점차 고조되기 쉽다.

수많은 사람이 이 문제를 다양한 양상으로 겪는다. 한 예로 알츠하이머 같은 퇴행성 질환을 진단받은 가족을 둔 사람들은 그 감정을 잘 안다. 사랑하는 가족이 여전히 곁에 있지만 이미 영원히 떠난 것 같은 느낌이다. 알츠하이머 관련 연구에서 한 인터뷰 참여자는 그 현실을 깨닫는 고통을 이렇게 전했다.

그날 오후 저를 바라보는 어머니의 눈빛이 무심했어요. 기쁨이나 교감의 눈빛은 찾아볼 수 없었어요. 어머니는 저를 알아보지 못했어요. 안아드리려고 했더니 겁먹은 표정으로 쳐다보더군요. 순간 눈물을 꾹 참았지만 그렁그렁 맺혔어요. 저를 알아보지 못하시던 그날, 제게 어머니는 돌아가신 것과 다를 바 없었어요.[34]

환자를 보살피는 가족들은 사랑하는 가족이 이미 떠나갔다고 받아들이고 싶은 마음에 괴로움을 호소하는 경우도 많다. 상대방이 여전히 살아 있는데 그러한 상실감을 들어 추도 행위를 한다는 것은 매우 부적절하게 느껴질 수 있다. 사람이 떠나갔을 때 치르는 일반적인 리추얼은 장례식이 유일하지만, 이 경우에는 맞지 않는다. 모호한 상실을 겪는 상황에서는 자신만의 리추얼을 찾는 것이 적절한 접근일 때가 많다. 각자의 감정과 상황에 맞춰 리추얼을 고안하는 것이다.

레슬리 매캘리스터*Lesley McCallister*가 첫 아이를 23주에 유산했을 때, 주변 사람들은 빨리 잊으라고 조언했다. 그러나 레슬리는 태어날 예정이었던 아이의 삶을 기리고자 결심했고, 비록 잃은 아들이지만 가족의 일원으로 삼기로 했다. 레슬리의 두 아이는 밤마다 잠들기 전 기도할 때 "하늘에 있는 큰형 윌"을 언급하고, 가족은 매년 4월 윌의 생일을 아이스크림 케이크로 기념한다. 이러한 리추얼 덕분에 레슬리는 상실을 잘 견뎌낼 수 있었고, 이제는 "슬픈 일이었고 지금도 슬프지만, 그로 인해 좋은 일도 있었다"라고 말한다.[35]

죽음의 예행연습

애도 상담가나 영적 수행자들은 '죽음은 피할 수 없다'라는 사실을 인정할 때 비로소 수용과 평안에 이를 수 있다고 말한다. '위크로크WeCroak'라는 스마트폰 앱은 날마다 하루에 몇 번씩 랜덤한 시간에 "잊지 마세요, 당신은 언젠가 죽습니다"라는 메시지를 띄운다.[36] 17세기에는 '죽는다는 것을 기억하라'라는 뜻의 라틴어 문구 '메멘토 모리memento mori'를 제목으로 단 정물화가 유행했다.[37] 오브제는 해골, 양초, 과일, 꽃 등이었고, 죽음이 항상 다가오고 있음을 상기시킴으로써 죽음의 '예행연습' 효과를 냈다는 점에서 '위크로크' 앱과 비슷한 구실을 했다.

19세기 중반에 사진술이 발명되자, 상을 당한 가족은 죽은 아이나 어른의 모습을 매장 전에 마지막으로 사진에 담아 남김으로써 일종의 메멘토 모리로 삼곤 했다. 홍역, 디프테리아, 결핵 같은 질병이 창궐하던 빅토리아 시대 영국에서는 죽음의 그림자가 일상에 드리워 있었기에, 죽은 아이를 마치 인형처럼 자세를 잡아 세워놓은 모습이 그리 섬뜩하게 여겨지지 않았다. 사진기와 필름이 희귀하고 비싼 물건이었던 당시에 자녀의 죽음은 가족들이 처음이자 마지막으로 사진사 앞에 모여 사진을 찍는 기회가 되기도 했다. 이는 으스스한 광경이 아니라, 떠나는 이를 마지막으로 눈에 담는 시간이었다. 묵념이든, 추도사든, 아일랜드식 추모 행사든, 수많은 애도 리추얼이 근본적으로 하는 역할이 바로 그것이다. 이 순간을 눈에 담고, 무심히 흘려보내지 말자는 것이다.

《괴물들이 사는 나라Where the Wild Things Are》 등의 작품으로 유

명한 그림책 작가 모리스 센댁*Maurice Sendak*은 만년에 죽음과 슬픔에 관해 담담히 이야기했다. "나는 사람들이 그리워서 많이 운다. 사람들은 죽고, 붙잡을 길은 없다. 떠나가면 사랑은 더 커지기만 한다."**38** 센댁은 영원한 이별의 슬픔 속에서 큰 사랑을 느꼈다. 애도 리추얼은 상실의 아픔을 견뎌내면서 동시에 그 큰 사랑을 간직하기 위한 중요한 과정이다.

애도 리추얼은 상실의 아픔을 견뎌내면서
동시에 그 큰 사랑을 간직하기 위한 중요한 과정이다.

4부
——
함께 살아가다

11장

소속: 일터에서 의미를 찾기

나는 리추얼을 주제로 강연할 때면 일단 단상에 나가 선 다음, 청중들에게 일어서달라고 한다. 그리고 아무 말 없이, 이렇게 적힌 슬라이드를 띄운다.

🌿 손뼉을 한 번 치세요. 오른발을 한 번 구르세요. 손뼉을 한 번 치세요. 왼발을 한 번 구르세요.

손뼉을 3번 치세요. 오른발을 3번 구르세요. 손뼉을 3번 치세요. 왼발을 3번 구르세요.

손뼉을 5번 치세요. 오른발을 5번 구르세요. 손뼉을 5번 치세요. 왼발을 5번 구르세요.

오른손을 높이 들고, 제가 셋까지 세면 "가자!"라고 외쳐주세요.

다시 한 번 더 크게 외쳐주세요.

마지막으로, 더욱더 크게 외쳐주세요.

그러면 매번 어김없이 같은 광경이 펼쳐진다. 청중이 학자들이든, 학생이든, 회사원이든, 어떤 집단이든 마찬가지다. 처음에는 어색한 침묵이 흐른다. 그러다 한 사람이 손뼉을 치고, 이어서 몇 사람이 따라서 치고, 오른발 구르는 소리가 여기저기서 들리다가, 다들 일제히 참여하기 시작한다. "손뼉을 3번 치세요"에 이르면 전원이 박자를 맞추고 있다. 수백 명이 모인 강연장에서도 마치 마법처럼, 전원이 손뼉 치는 타이밍을 똑같이 맞춘다. 그러다가 속도가 빨라진다. 손뼉도 빨라지고, 발 구르기도 빨라진다. 내가 속도를 높이라고 한 적이 없는데 저절로, 게다가 정확히 같은 빠르기로 속도를 올린다. 마치 몇 주 동안 손발을 맞추기라도 한 것처럼 일사불란한 동작이다.

"가자!"를 세 번째 외치고 나면 모두들 묘한 무언가를 느끼는 듯하다. 내가 사이비 교주는 아니지만, 그 순간은 내가 강연장 밖으로 뛰쳐나가면 다들 따라 나올 것 같은 느낌마저 든다. 이 활동이 끝나면 나는 여전히 말없이 서 있고, 사람들은 서서히 제정신으로 돌아온다. 강렬한 집단적 감정이 가라앉으면서 서로를 바라보며 '지금 무슨 일이 일어난 거지?' 하는 표정을 짓는다.

이것이 바로 집단 리추얼의 힘이다. 집단 리추얼은 철학자 에밀 뒤르켐*Émile Durkheim*이 말한 '집합적 열광*collective effervescence*' 현상을 일으킬 수 있다.[1] 무의미한 행위일지라도 함께 수행하면 한자리에 모인 타인들이 의미 있는 집단으로 바뀔 수 있다. 만약 청중들이 정말로 강연장을 함께 뛰쳐나갔다면, 하나 된 마음으로 그렇게 했을 것이다. 무슨 행동을 함께 했든 그건 진심에서 나온 행동이었을 것이다.

그 리추얼은 내가 그냥 만든 것이다. 내가 매번 확인하는 사실이지만, 그렇게 단순한 일련의 행위도 얼마든지 리추얼이 되어 어느 수요일 오후 어느 강연장에 모인 한 무리의 타인들을 열광적인 '우리'로 탈바꿈시키는 힘을 발휘한다.

리추얼로 물든 세상

리추얼은 공동체와 문화를 돌아가게 하는 핵심 메커니즘이다. 강연장 손뼉 실험에서 다른 대중 리추얼로 시야를 넓혀보자. 국가 제창이나 국기와 관련된 모든 의례, 경기장에 운집한 관중들이 같은 유니폼을 입고 같은 구호를 외치는 모습, 지역과 시대를 초월해 형식을 유지하는 종교 의식과 상징. 이와 같은 집합적 리추얼은 서로 배경이 다른 사람들을 먼 거리에서도 한 집단으로 묶는 힘이 있다. 그 결과는 단순한 집단을 넘어 공동의 정체감과 소속감으로 뭉친 민족, 문화, 국가 등의 강력한 단위가 되기도 한다. "모든 개별 정신이 하나의 소용돌이 속으로 빨려들어가며, 개인의 특성은 거의 집단의 특성 속에 묻히게 된다"라고 뒤르켐은 설명했다.[2] 리추얼은 단순한 공동의 행위를 통해서도 공동체 의식을 불러일으킬 수 있다. 이처럼 지극히 사소해 보이는 행위를 매개 삼아 모이고 뭉칠 수 있는 능력은 인간 본성 깊숙이 자리 잡고 있는 듯하다. 그와 같은 리추얼을 경험해보았거나 주기적으로 수행하는 사람들에게 그 강력한 공동체 의식과 연대감은 무척 깊은 의미를 가질 수 있다.

동시에 그와 같은 리추얼은 사회적 비용도 크게 초래할 수 있다. 대중 리추얼은 특정 공동체에만 배타적인 소속감을 느끼게 함으로써 사람들을 갈라놓는 힘이 있다. 이것이 바로 대규모 리추얼의 강력한 효과다. 리추얼은 우리를 하나로 묶을 수도, 갈라놓을 수도 있으며, 때로는 그 과정에서 발생하는 사회적 갈등과 균열을 치유하는 힘을 발휘하기도 한다.

연구에 따르면 리추얼과 집단적 유대감의 연관성은 인간의 발달 초기에 이미 나타난다.[3] 니콜 웬Nicole Wen, 퍼트리샤 헤르만Patricia Herrmann, 크리스틴 르게어Cristine Legare 연구팀은 4~11세 어린이 71명을 방과 후 프로그램에 참여시키고, 모두에게 특정 색(가령 녹색)의 팔찌를 나눠주었다. 어린이들은 주당 3회 수업을 2주간 받으며, 팔찌와 같은 색의 끈과 도형을 가지고 목걸이를 만들었다. 일부 아이들에게는 재료를 주고 원하는 방식과 형태로 자유롭게 목걸이를 만들게 했다. 그러나 다른 일부 아이들은 교사의 지도를 받으며 목걸이 만들기 리추얼을 수행했다(교사도 같은 색의 옷을 입었다). "녹색 끈을 높이 드세요. 그리고 녹색 별을 이마에 대세요. 녹색 별을 끈에 꿰세요. 이제 손뼉을 세 번 치세요." 아이들은 녹색 동그라미와 녹색 네모를 가지고도 같은 과정을 반복했다.

2주간의 수업이 끝난 후, 리추얼을 수행한 아이들은 자신의 팔찌를 다른 색으로 바꿀 기회를 주었을 때 응하는 경우가 상대적으로 적었고, 선물로 받을 모자를 고르게 했을 때도 팔찌와 같은 색의 모자를 고르는 경우가 상대적으로 많았다. 게다가 자신의 색을 좋아하는 데 그치지 않고, 자신과 같은 색의 그룹을 '좋은' 그룹으로 인식했다. 수업에 새로 참여하는 학생이 있다면 그 학생도 녹색 그룹에 들어가고 싶어 할 것이라고 생각했고, 다른 방과 후 프로그램에서 특별 도우미 역할을 맡을 학생으로 녹색 그룹의 학생을 추천하는 경우가 더 많았다.

심지어 생후 16개월 된 영아도 특정한 행위를 리추얼로 인식하고, 같은 리추얼을 수행하는 사람들이 한편일 가능성이 높다고 추론한다.[4] 한 연구에서 아기들은 두 사람이 손이 아닌 머리로 전등을 켜는 이상한 행동을 할 때, 그 둘의 사이가 좋을 것이라고 예상했다.

리추얼과 집단 소속감의 관계는 뿌리가 깊을 뿐 아니라, 그 범위도 넓다. 교실, 군대, 경기장, 직장 등 공동의 목표를 위해 사람들이 모인 곳이라면 어디에나 집단 리추얼은 넘쳐난다. 우승한 팀을 관찰해보면 예외 없이(물론 우승 못 한 팀의 대부분도) 리추얼이 팀원들의 유대감을 지탱하고 있음을 알 수 있다. 뉴질랜드의 막강한 럭비 대표팀 올 블랙스*All Blacks*가 마오리족의 리추얼인 '하카*haka*'를 경기 전에 수행하는 것은 잘 알려져 있다. 허벅지를 손으로 때리고 발을 있는 힘껏 구르며 "사다리를 오르자" "정상에 오르자"라고 외친다.[5]

어떤 프로 스포츠팀이든 경기 시작 전이나 작전 타임 중에 팀원들이 모여 구호를 외치는 모습을 볼 수 있다. 한 예로 미식축구팀 뉴올리언스 세인츠의 쿼터백 드루 브리스*Drew Brees*는 경기 전에 팀원들을 모아 구호 리추얼을 했는데, 이런 식으로 진행됐다(내가 강연에서 사용하는 리추얼도 이런 식의 팀 리추얼과 의도적으로 비슷하게 만든 것이다).

드루: "원*One*."

팀원들: "투*Two*."

드루: "이기자*Win*."

팀원들: "너를 위해*For you*."

드루: "스리*Three*."

팀원들: "포*Four*."

드루: "이기자*Win*."

팀원들: "또다시*Some more*!"**6**

드루 브리스와 함께 경기에 나설 수 있는 사람은 극히 소수다. 대부분의 사람들은 '팀'이라는 단어를 주로 회사에서 쓴다. 직장은 이제 타인들을 하나로 묶기 위한 집단 리추얼을 일반 성인이 경험할 수 있는 가장 대표적인 장소가 되었다.

월마트의 직원들은 근무 교대 때마다 리추얼을 수행한다.

🌿 "다 같이 W! 다 같이 A! 다 같이 L! 다 같이 물결표! 다 같이 M! 다 같이 A! 다 같이 R! 다 같이 T! 누구의 월마트? 나의 월마트."**7**

여기서 '물결표' 부분에서는 직원들이 동시에 엉덩이를 흔들어야 한다고 한다. 그래서인지 이 리추얼은 "군가 두 스푼에 캠프파이어 송 한 스푼을 가미한" 느낌이라는 평을 받기도 한다.**8** 월마트처럼 효율화된 큰 회사에서는 오로지 능률만을 추구할 것 같고 별난 리추얼이 설 자리는 없을 것 같지만, 경영진은 팀워크 구축의 중요성과 방법을 잘 이해하고 있다.

카셰어링 업체 집카*Zipcar*는 모바일 위주 전략으로 전환하면서, 직원들에게 망치로 데스크톱 컴퓨터를 부수는 행사를 진행하

게 했다.[9]

구글의 신입 직원들은 프로펠러가 달리고 구글 로고 색깔로 꾸며진 모자를 쓴다. 모자에는 이 회사의 신참을 뜻하는 '누글러 *noogler*'라는 단어가 새겨져 있다.[10]

2018년 스타벅스 연례 주주총회에서 회사 직원 파비올라 산체스*Fabiola Sanchez*와 세르히오 알바레스*Sergio Alvarez*는 참석자 3000명을 대상으로 커피 시음 행사를 이끌었다. 참석자들에게 주어진 지침은 아주 구체적이었다. 커피 향을 맡고, 고유한 풍미를 느끼고, 소리 내어 마시면서 커피가 혀 전체에 닿게 해 모든 미뢰로 맛을 느끼라고 했다.[11] 왜 그랬을까? 참석자들이 회사의 사명을 더 잘 이해하고 동참할 수 있도록 하기 위해서였다.

하지만 냉정하게 생각해보자. 이런 식의 직장 리추얼이 정말 효과가 있을까? 구호 제창이든 단합 활동이든, 관리자들이 시키는 팀 리추얼의 실제 효과를 열렬히 신봉하는 직원은(영업, 기획, 상담 등 직종을 막론하고) 드물다. 엉덩이 춤이 과연 직원들의 업무 경험을 향상시킬 수 있을까?

한 팀이 된다는 것

일에서 의미와 목적을 찾고자 하는 욕구는 근래에 더 커져만

가고 있다. 이는 미국에서 최근 직장인이 자발적으로 대거 퇴사하는 이른바 '대퇴사Great Resignation' 현상을 부추기는 요인이 되기도 했지만, 그런 경향은 팬데믹 이전부터 이미 시작된 듯하다. 미국 직장인 2000여 명을 대상으로 한 조사에서, 응답자들은 "꾸준히 의미를 찾을 수 있는" 일을 하기 위해 평균적으로 수입의 23%를 포기할 의향이 있다고 답했다.[12] 또한 현재 하는 일이 의미 있다고 여기는 사람은 보수가 더 높은 일을 마다할 가능성이 높다. 《하버드비즈니스리뷰》의 한 기사는 이 같은 현상을 두고 "의미가 곧 돈이 되다"라고 표현했다.[13] 또한 대부분의 사람은 홀로 떨어져 도움 없이 기계적으로 일하는 것보다는 제대로 돌아가는 '팀'의 일원으로 일하는 기분을 느끼고 싶어 한다. 이런 맥락에서 나와 동료 연구자들은 직장 내 리추얼이 직무와 동료에 대한 인식에 어떤 영향을 미치는지 알아보기로 했다. 리추얼은 과연 효과가 있을까, 아니면 다들 한숨 쉬며 마지못해 하는 요식행위에 불과할까?

당신이 직장에서 참여하는 집단 활동을 한번 떠올려보자. 무슨 활동이고 정확히 무엇을 하는가? 언제, 얼마나 자주 하는가? 그 활동을 어떻게 생각하는가?

타미 킴이 주도한 연구에서 우리는 이와 같은 여러 질문을 직장인 275명에게 던졌는데, 흥미롭게도 답변의 양상이 매우 다양했다. 많은 사람이 점심 식사나 퇴근 후 술자리와 관련된 리추얼을 언급했다.[14] 포트럭 파티를 한다는 응답도 많았고, 함께 운동한다는 사람도 많았다. 대부분의 리추얼은 특정 팀이나 특정 회사에 국한된 독특한 형태였다. 예를 들면 다음과 같다.

🌿 우리 팀 사람들은 매일 인근 식당에서 점심을 배달시켜 먹는다. 하루에 한 곳씩 매주 다섯 곳을 돌아가며 이용한다. 팀원이 다섯 명이니 각자 일주일에 한 번씩 원하는 식당을 정한다. 나는 월요일, T는 화요일, D는 수요일 … 하는 식이다. 음식값은 항상 똑같이 나눠 낸다. 식사는 회의실에서 하는데, 늘 찾아오는 점심 시간이지만 색다른 느낌이라 단조로움을 깰 수 있어서 좋다.

인터뷰 대상자 중에는 생각나는 리추얼이 없다는 사람도 몇 명 있었다. 이런 퉁명스러운 응답도 있었다. "그런 활동은 일체 참여하지 않습니다. 나는 내 할 일만 하고 퇴근합니다."

그렇지만 전반적으로 볼 때 응답자들이 밝힌 활동에는 공통된 요소가 거듭하여 나타났다. 일단 일회성이 아니라 반복적인 리추얼이 많았다. 또한 리추얼은 단조롭고 따분한 업무에 활기를 불어넣는 듯했다. 응답자들은 '신난다' '재미있다' 등의 표현을 썼고, 구성원들을 하나로 모아 '함께 나누게' 하고 '결속하게' 한다고 했다. 리추얼을 통해 응답자들은 효율만을 추구하며 돌아가는 기계 부품이 아닌, 공동의 목적 의식으로 살아 움직이는 팀 구성원이 될 수 있었다.

어떻게 이 삶을 사랑할 것인가

우리는 응답자들에게 현재 하고 있는 집단 활동이 얼마나 큰 의미가 있는지도 물었다. 더 나아가 자신의 직무 전반에 대해서도 얼마나 큰 의미를 느끼는지 물었다. 답변에서 2가지 중요한 사실이 드러났다. 첫째, 응답자들은 리추얼에 가깝다고 판단한 활동일수록 그 활동에 큰 의미를 부여했다. 금요일 회식, 월요일 산책 회의, 점심 시간 멘토링, 회사 체육관에서의 오후 요가 등 모든 집단 활동에서 그런 경향이 나타났다. 둘째, 활동이 리추얼에 가까울수록 자신의 업무 자체에도 더 큰 의미를 부여했다. 직장 내에 리추얼이 없다고 응답한 사람은 리추얼적 요소가 있다고 응답한 사람에 비해 일에 마음을 쏟는 정도가 떨어졌다.

그러나 이 조사 결과에는 다양한 해석의 여지가 있었다. 자기 일을 좋아하고 자신의 조직을 좋아하는 사람이 원래 리추얼을 만드는 경향이 있는지도 모른다. 그렇다면 리추얼은 선행지표가 아니라 후행지표일 뿐이다. 우리는 이 문제를 확실히 짚고 넘어가고자 했다. 직장 내 리추얼은 과연 의미를 창출하는가, 아니면 이미 존재하는 의미를 드러낼 뿐인가?

우리는 창의적인 과제를 협력하여 해결하는 실험을 해보았다. 서로 모르는 360명을 실험실로 불러 모아, 몇 그룹으로 나누었다. 참가자들에게 집단 브레인스토밍 과제를 수행할 예정이며, 목표는 주사위의 용도를 최대한 많이 생각해내는 것이라고 알려주었다.

그전에 집단 리추얼을 함께 수행해달라고 요청했다. 리추얼은 직장에서 관찰되는 리추얼 사례와 비슷한 일련의 동작으로 우리가 직접 구성했다.

🌿 1단계: 왼손으로 오른쪽 어깨를 세 번 두드린다.

2단계: 오른손으로 왼쪽 어깨를 세 번 두드린다.

3단계: 무릎을 굽히고 오른발로 한 번, 왼발로 한 번 바닥을 구른다.

4단계: 테이블 위에 놓인 빈 종이를 구겨서 왼손에 든다.

5단계: 오른손으로 주먹을 쥐고 왼쪽 가슴에 7초 동안 가만히 댄다.

모든 참가자가 위의 리추얼을 동일하게 수행했지만, 중요한 차이가 하나 있었다. 일부 그룹은 리추얼을 '서로 마주 보고' 수행했고, 나머지 그룹은 '서로 등지고' 수행했다. 서로 등지고 수행한 그룹은 사실상 '개인' 리추얼에 가까운 행위를 한 셈이다. 반면 서로 마주 보고 수행한 그룹은 '집합적' 리추얼을 한 것으로, 같이 집중하고 남들도 같은 동작을 하는 모습을 보며 서로의 반응을 관찰하는 등 리추얼을 '함께' 치른 셈이다.

리추얼을 마친 후 각 그룹은 브레인스토밍 작업에 들어갔다. 이후의 응답에 따르면 마주 보고 리추얼을 수행한 그룹의 사람들은 서로 간에 더 큰 친밀감을 느꼈을 뿐 아니라, 리추얼과 브레인스토밍 작업 둘 다에 더 큰 의미를 부여했다. 각 그룹의 브레인스토밍 결과를 살펴보니, 리추얼로 인해 생겨난 의미가 과제로도 이어졌다. 같은 '일'도 더 중요하게 여기게 된 것이다. 한번은 집합적 리추얼을 마친 그룹의 참여자들이 실험 후에도 만나고 싶다며 서로 이메일 주소를 교환해도 되냐고 연구진에 묻기도 했다. 우리가 임의로 만든 리추얼이 그룹 구성원 간의 유대를 북돋운 셈이다.

연구자 더글러스 A. 레피스토*Douglas A. Lepisto*는 이 현상을 실제 회사에서 관찰해보고자 했다. 리추얼로 인해 직원들이 업무에 부여하는 의미가 정말로 달라질까?[15] 그는 운동용 의류와 신발을 제조하는 어느 평범한 회사를 대상으로 21개월간 진행한 연구의 결과를 2022년에 발표했다. 회사는 '핏코*Fitco*'라는 가명으로 지칭했다. 연구 기간 동안 핏코에서는 직원들을 위한 운동 프로그램 '라이브*Liven*'을 도입했다. 여기에 참여하기 위해 직원들은 흙길을 걸어 수업 전용으로 지정된 건물로 가야 했다. 수업 시작 시간이 다가오면 음악 소리가 점점 커졌고, 강사는 "셋, 둘, 하나, 시작!"이라고 카운트다운을 하며 분위기를 띄웠다. 수업 내용은 매번 달랐지만 항상 격렬한 운동이었고 최대한 빨리, 짧게는 단 5분 만에 끝내야 했으므로 직원들은 젖 먹던 힘까지 짜내야 했다. 직원들의 전반적인 반응은 좋았다. 어찌나 좋은지 수업 후에는 말문이 막힐 정도였다. 그런가 하면 비속어를 남발하는 사람도 있었다.

"진짜 죽여주게 강력한 변화를 이끌어내는 뭔가를 찾아냈다"라고 핏코의 홍보 과장은 자신했다. 고객 관리 이사는 "다들 그게 어떤 의미인지 이루 말로 표현하지 못한다. 틀림없이 엄청나게 좋은 기분이고, 그 기분을 남들도 느껴봤으면 하는데, 그게 무엇인지 말로는 표현하기 어려워한다"라고 설명했다. 데이터 분석 과장은 이렇게 말했다. "잘 모르겠지만, 조직이 완전히 달라진 것 같다. 그 프로그램 덕분에 회사가 목적을 갖게 됐고, 그 목적이 내 삶에서뿐만 아니라 주변 사람들의 삶에서도 이루어지고 있다고 할까, 그렇게밖에는 설명을 하지 못하겠다."

'라이브' 리추얼은 참여자들에게 근본적인 변화를 일으켰다. 직원들의 주관적 기분뿐만 아니라, 일과 회사에 대해 느끼는 감정, 그리고 공동의 목적 의식까지 바꿔놓았다. 한 직원은 회사가 "신발과 티셔츠를 넘어 더 큰 사명을 위해 존재한다"라는 사실을 깨닫게 되었다고 말했다.

신뢰 게임의 실제 효과는?

모든 팀 리추얼이 이 운동 수업처럼 탁월한 경험을 선사하진 않는다. 억지스럽게 느껴지는 리추얼도 있고, 마지못해 하는 리추얼도 있다. 심지어 더 나쁜 결과를 낳는 경우도 있다. 스페인 발렌시아의 한 번역 업체에서 콘텐츠 매니저로 일했던 크리스티나 콤벤Christina Comben은 《블룸버그뉴스》와의 인터뷰에서 참담했던 단합 활동의 후기를 들려주었다. 상사가 직원들을 데리고 페인트볼을 쏘는 서바이벌 게임을 하러 갔는데, 아니나 다를까 사고가 나고 말았다. "나는 명사수가 아닙니다. 상사를 겨누고 쏜 게 아닌데 페인트볼이 엉뚱하게 날아가지 뭡니까. 별안간 상사가 바닥에 쓰러져 있었습니다. 게임은 중단되고, 구급차가 오고, 간 파열이니 신장 손상이니 하는 얘기가 오갔습니다." 다행히 상사는 별일이 없었지만, 콤벤의 회사 생활은 순탄하지 않았다. 콤벤은 "마음이 많이 힘들었고, 6주 후에 회사를 떠났습니다"라고 회고했다.[16]

이렇듯 누가 봐도 실패한 사례를 떠나, 실제로 효과를 발휘하는 집단 리추얼은 어떤 공통점이 있으며, 그 시사점은 무엇일까? 응원이나 구호나 단합 활동을 통해 타인들이 하나로 뭉칠 때 그들을 묶어주는 힘은 과연 무엇인가? 리추얼의 어떤 요소가 우리가 그토록 바라는 목적 의식과 일체감을 불러일으키는 것인가? 나와 동료들은 집단을 결속시키는 데 필요한 요소가 놀랄 만큼 간단하다는 사실을 발견했다. 심지어 진부하게 느껴지는 '트러스트 폴trust fall(집단 내 신뢰 구축을 위해 한 사람이 일부러 쓰러질 때 다른 사람들이 안전하게 잡아주는 활동─옮긴이)' 같은 리추얼도 은근히 효과적일 수 있다.

콜로라도의 얌파강 같은 곳에 급류 래프팅을 하러 갔다고 상상해보자. 도착하자마자 모르는 사람들과 한 그룹이 되어 모험에 나설 채비를 한다. 노동 강도가 만만치 않다. 동틀 무렵에 일어나, '그루버groover'라는 휴대용 간이 변기로 용무를 보고, 새벽 한기 속에서 고무 보트에 올라 장비를 단단히 묶는다. 오전 내내 노를 젓고, 한낮에도 노를 젓고, 오후에도 노를 젓는다. 그런데 각자 노 하나씩을 든 개인의 무리가 언제 하나의 결속된 팀으로 거듭나는 걸까? 이 질문에 답하기 위해 연구자 에릭 아놀드Eric Arnould와 린다 프라이스Linda Price는 래프팅 투어 업체들이 리추얼을 활용해 집단을 결속시키는 방법을 분석했다.

한 예로, 가이드가 참가자들을 '키스 바위'라는 곳으로 안내해 강의 위험한 구간을 무사히 통과하려면 모든 사람이 그 바위에 키스해야 한다고 알려주기도 한다. 또 어떤 구간에서는 참가자들이 몸으로 물줄기를 막아 폭포를 만든다. 한 응답자는 래프팅 경험에 대해 이렇게 묘사했다. "평소 같았으면 그냥 남남이었을 사람들과 포옹하고 어깨동무를 하고 있었다. 모두가 함께했던 정말 멋진 순간이었다."

참가자들은 래프팅 투어를 통해 서로 모르는 사람들의 무리가 의미 있는 집단으로 거듭났다고 응답했다. 한 참가자는 "서로 너무나 다른 사람들이고 배경도 성향도 제각각이었지만" 내년에도 다시 모이자고 제안했다고 한다.

어떻게 이런 동료애가 생겨날 수 있을까? 우선 첫째로, 앞서

어떻게 이 삶을 사랑할 것인가

소개한 실험에서 보았듯이 집단이 똑같은 행위를 '동시에' 수행하고 그런 통일된 모습을 함께 지켜보는 것만으로도 신뢰가 증진되는 효과가 있다. 둘째, 우리가 살펴본 팀 단합 리추얼의 상당수는 접촉과 신체 동작으로 이루어져 있다. 앞서 수행 리추얼에서 확인했듯이, 신체 동작은 머리를 비우고 상황에 몰입하게 해주는 효과가 있다. 셋째, 아마도 가장 중요한 원인일 듯한데, 동료애의 중심에는 래프팅 참가자들이 새로이 형성한 정체성이 있었다. 이들은 익숙한 환경과 소속, 역할을 떠나 위험이 도사리는 상황에 놓이면서, 생존을 위해 집단적으로 결속해야만 했다.

래프팅 참가자들은 가이드가 제안한 활동에 언제나 열심히 참여했지만, 사람들이 대체로 좋아하지 않는 리추얼이라 할지라도 긍정적인 효과를 낼 수 있다. 끔찍한 단합 활동을 치러야 하는 상황도 서로 간의 유대감을 키우는 좋은 계기가 될 수 있다. 일반적으로 혹평이 자자한 집단 리추얼조차도 래프팅 참가자들에게는 의미가 있었다.

다음 게임은 신뢰 게임이었는데, 둥글게 촘촘히 둘러서고 한 사람이 가운데에 들어가 뻣뻣한 자세로 눈을 감고 서 있으면 나머지 사람들이 그 사람을 이리저리 살살 밀고 받쳐주었다. … 이때가 참가자들 사이에 공동체 의식이 생겨난 하나의 전환점이었던 것 같다.[17]

그렇다. 심지어 그 진부한 '트러스트 폴'조차도 긍정적인 효과를 낼 수 있다. 왜일까? 직장이라는 공간에서는 누구나 싫어하는 리추얼조차 묘하게 회사가 원하는 쪽으로 작용하는 경우가 있다. 직원들이 서로 불평을 늘어놓다보면 관리자가 의도했던 바로 그 효과가 결국 일어난다. '타인들을 한 팀으로 묶는' 효과다. 유달리 민망한 리추얼을 상사가 시켜서 억지로 할 때 직원들이 하나같이 짜증 난다는 듯 짓는 표정은 효과적인 집단 리추얼의 요소를 두루 갖춘 동시적 집단 행동이다.

기우제가 위기 속에서 공동체를 다시 결속시키는 것처럼, 팀 단합 리추얼도 고난 속에서 동료애를 느끼게 해준다(다만 그 과정에서 때로 상사가 희생양이 될 수는 있겠다). 우리가 만든 것이든 남이 시킨 것이든, 집단 리추얼은 우리의 업무와 일과에 의미와 목적을 더해줄 수 있다. 제대로 성과를 내는 조직이라면 개인이 자신의 리추얼과 개성을 업무에 녹여낼 여유도 허락함으로써 2가지 리추얼이 공존할 수 있게 한다. 이를테면 아침 회의처럼 다 함께 하루를 시작하기 위한 집단 리추얼도 있을 수 있지만, 아침 회의를 준비하는 각자의 리추얼도 있을 것이다. 자리에서 커피 한 잔 마시면서 십자말풀이를 푼다거나, 사무실을 한 바퀴 돌며 출근한 사람들과 인사한다거나, 매일 똑같이 7시 15분 열차를 탄다거나, 출근하면서 회사 로고를 부적처럼 한 번 두드린다거나 하는 것들이다. 이런 하나하나의 행동이 다 조직 차원에서도 의미가 있다.

개방형 사무실이 인기가 없는 이유

직원 간 유대감을 지나치게 인위적으로 강화하려 하면 오히려 직원 개인에게도, 효과적인 팀 결속에도 악영향을 미칠 수 있다. 일례로 사무실을 개방형으로 전환할 때 직원들에게서 예외 없이 터져나오는 불만을 들 수 있다. 《가디언》에 실린 한 기사는 〈개방형 사무 공간은 지옥 밑바닥에서 사탄이 고안한 아이디어〉라는 제목을 달았다.[18] 기사는 위워크*WeWork* 등의 공유 사무실을 지적하며 "그런 환경의 확산은 현대 사회가 집중을 방해받지 않는 사적인 공간을 지키고 소중히 다룰 방법을 찾지 못했다는 징표"라고 평했다.[19] 각자의 프라이버시가 보장되지 않는 업무 환경은 하루를 지탱해주는 소소한 리추얼을 하는 데 큰 걸림돌이 될 수 있다. 스트레칭을 하기도, 콧노래를 부르기도, 발을 탁탁 구르기도, 심지어 심호흡을 세 번 하기도 쉽지 않다. 풍자 뉴스 사이트 〈디 어니언*The Onion*〉에 실린 기사의 제목이 이런 실태를 잘 요약해준다. 〈어느 매장 직원의 소소한 일상 리추얼: 창고 구석에서 닥터페퍼 마시며 죽지 않고 버티기〉.[20]

기업에서 사무 공간을 개방형으로 설계하는 이유는 주로 경제성 때문이다. 같은 공간을 더 비용 효율적으로 활용할 수 있다는 것이다. 한편 직원들에게는 자유롭고 즉흥적인 대화를 촉진해 유대를 강화하기 위한 목적이라고 설명하는 경우가 많지만, 실제로는 그 반대 효과를 낳을 수 있다. 즉, 공간이 개방되면 직원 간 소통이 오히려 '줄어드는' 경우가 많다. 이선 번스타인*Ethan Bernstein*과 벤 웨이버*Ben Waber*는 포춘 500대 기업 두 곳의 본사에서 개방형 사무 공간을 도입하기 전후 몇 주간 직원들의 대면 상호작용을 관찰해보았다.

그 결과 개방형으로 전환한 후 대면 상호작용이 70% 줄어든 것으로 나타났다.[21] 번스타인은 프라이버시를 조금 보강하는 것으로도 큰 효과가 있는지 알아보고자, 중국의 한 공장에서 관리자들과 협의해 개방성을 약간 줄이는 실험을 했다. 몇몇 작업팀 주변에 커튼을 쳐서 분리된 공간을 만들어준 것이다. 임시 커튼을 설치해놓고 나니, 한 직원이 이런 말을 하는 게 들렸다. "아예 라인 전체에 이렇게 커튼을 쳐주면 좋겠네. 그러면 생산성이 훨씬 높아질 텐데 말이야." 이에 따라 완전히 개방형이었던 공장 전체를 유닛별로 나누어 각기 커튼으로 구분해주었다. 커튼 설치 후 몇 개월 동안 작업 효과를 관찰한 결과 생산성이 10~15% 향상되었다.[22]

일터의 분위기를 집으로

개인의 공간과 프라이버시를 침해하는 개방형 사무실의 대안 중 하나는 팬데믹 기간에 폭발적으로 늘어난 재택근무다. 그러나

이 방법도 나름의 문제를 안고 있다. 수많은 직장인과 학생들이 거실에서 일하면서 깨달은 사실은, '집에서의 나'에서 '일하는 나'로 아침마다 변신하고 업무 시간이 끝나면 다시 되돌아오는 일이 쉽지 않다는 것이다. 통근, 칸막이 쳐진 개인 책상, 비즈니스 캐주얼 복장 등은 불편하고 귀찮았지만 그 덕분에 매일 역할 전환하는 일은 간단했다. 그런 요소들이 사라지자, 많은 직장인이 삶의 균형을 유지하는 데 어려움을 겪게 되었다.

칼럼니스트 넬리 볼스*Nellie Bowles*는 재택근무를 하게 되면서 업무 리추얼을 유지하기 위해 할 수 있는 모든 차원의 노력을 기울였다.

🌿 나는 리추얼이 절실해요. 매일 옷을 갖춰 입고, 신발을 신고, 커피를 끓여 머그잔에 따르고, 식구 둘에게 "나 출근해, 잘 갔다 올게" 하고 인사하죠. 그런 다음 몇 바퀴를 빙빙 돌다가, 불과 몇 발자국 떨어진 거실 한구석의 책상에 가서 앉습니다. … 그렇게 해야 내 흐릿한 머리가 업무 시간이 시작됐음을 깨닫거든요.[23]

토론토의 카일 애슐리*Kyle Ashley*도 자신에게 맞는 리추얼을 만들었다. 매일 아침 자전거로 출근하다가 역시 재택근무를 하게 되었는데, 뭔가가 영 아닌 느낌이었다. 그러다 문득 깨달음이 왔다. "어느 날 아침 눈을 떴는데, 이대로는 안 되겠다 싶었습니다." 그때

부터 침실에서 거실까지 약 2미터 거리를 자전거로 '통근'하기 시작했다.[24]

그런가 하면 직장인들이 일터로 복귀하면서 새로 생긴 문제도 있다. 집이라는 사적인 공간에서 만들었던 리추얼을 이제 사방이 훤히 뚫린 사무실에서 수행하려면 어떻게 해야 할까? 다음은 누군가가 내게 들려준 경험이다.

🌿 2020년 3월부터 재택근무를 하면서 매일 아침 실내용 슬리퍼를 신고 일과를 시작하는 습관이 들었다. 그 느낌이 너무 편안해서 좋았다. 다시 대부분의 업무 시간을 사무실에서 보내게 된 후로는 슬리퍼를 온라인으로 한 켤레 더 사서 책상 밑에 두고, 출근하자마자 갈아 신는다. 처음에는 회사에서 슬리퍼를 신고 있다는 사실을 숨기려고 했는데, 지금은 아무도 신경 쓰지 않는다는 걸 안다. 사람들도 다 집에서 쓰던 편한 물건들을 회사로 가져와서 쓰고 있다.

기업들이 일과 중 리추얼 도입의 장단점을 저울질하면서, 영적 컨설턴트와 리추얼 설계사의 수도 증가하고 있다. 이들은 종교 공동체의 영적 언어와 사회적 결속력을 현대적 경영 원칙과 접목할 방안을 모색 중이다. 촛불을 든 경영 컨설턴트라고나 할까. 이런 컨설턴트들이 존재한다는 것 자체가 리추얼이 오늘날 기업 문화에서 차지하는 중요성을 방증하지만, 직장 내 리추얼의 증가가 직원이나 회사에 실제로 도움이 될지는 앞으로 지켜봐야 할 것이다.

업무에서 벗어나기

최근 몇 년간 업무 환경에 급격한 변화가 이어지면서 많은 사람이 집과 사무실, 그리고 그 중간 어디에서나 온라인에 접속하며 개인과 직업인으로서의 모습 사이를 오가느라 바쁘다. 그만큼 하루 업무를 마무리하는 리추얼이 더 중요해졌다고 할 수 있다. 노트북을 덮거나 작업실 문을 닫거나 회사 건물을 나서거나 하는 행위와 별개로, 정서적으로 업무에서 확실히 벗어나려면 어떤 방법이 있을까?

여전히 재택근무를 하는 경우, 일할 때만 이용하는 특정한 루틴이나 집 안의 특정 공간 또는 특정 물건(머그잔, 펜, 노트북 등)을 지정해두는 게 좋다. 그렇게 하면 일을 시작할 때 마음을 다잡을 수 있고, 일을 마칠 때는 종지부를 확실하게 찍을 수 있다.

사무실이나 현장에서 퇴근하는 경우는 하루를 마감하는 자신만의 방법을 찾는 게 중요하다. 이를테면 집까지 빠른 걸음으로 걷거나, 건물을 나서기 전 찬물 세수를 하거나, 퇴근길에 잠시 클래식 음악을 듣거나 하는 간단한 행동으로도 충분하다. 어떤 식으로

든 마감 리추얼을 하지 않고 퇴근한다면, 사무실에 남겨둬야 할 스트레스를 그대로 달고 옴으로써 번아웃이나 심리적 고통을 자초할 위험이 있다.

벤 로저스*Ben Rogers*가 이끈 연구에서, 동료들과 나는 노스캐롤라이나주에서 일하는 간호사 약 300명의 퇴근 리추얼을 조사했다. 정신없이 바쁘고 스트레스가 많은 일과를 거의 매일 같이 치르는 가운데, 자신만의 고유한 퇴근 리추얼을 하는 간호사들이 많았다. 한 간호사는 이렇게 응답했다.

🌿 퇴근 체크를 하고 나면 꼭 명찰을 떼어 가방에 넣는다. 그러면서 '이제 끝'이라고 속으로 말한다. 오늘 하루 환자들에 대한 내 책임은 이것으로 끝이라는 생각을 한다.

평범한 샤워가 알코올을 곁들인 복잡한 리추얼로 승화된 경우도 있었다.

🌿 집에 오면 맥주 한 캔을 꺼내 와서 샤워를 시작한다. 집 보일러가 낡아서 온수가 딱 7분밖에 나오지 않는다. 일단 몸을 씻고 나서 스트레칭을 한다. 동작 하나마다 30초씩 유지한 다음 맥주 한 모금을 마신다. 온수가 끊길 때까지 그렇게 반복하며 몸의 긴장을 풀어준다.[25]

의미심장하게도 간호사들이 자신이 수행하는 리추얼의 목적과 효과를 설명할 때 공통적으로 사용한 두 단어는 '이완하다'와 '풀다'였다. 그야말로 누구에게나 필요한 일이다. 만약 그런 여유를 누리지 못하고 있다면, 이들 간호사처럼 단순한 리추얼을 매일 실천해보는 것만으로도 하루 일을 마치고 직장에서의 모습을 벗어나 우리 '본연의' 모습으로 돌아오는 데 도움이 될 수 있다.

매일 몇 시간씩 리추얼을 하면 웰빙에 좋다 한들, 그럴 시간이 누가 있겠는가? 풍자 사이트 〈클릭홀*ClickHole*〉은 건강과 행복을 위해 '이것도 해라 저것도 해라' 하는 조언의 홍수 속에 사는 현대인의 상황을 이런 기사로 꼬집었다. 〈아직도 안 하세요? 번아웃을 막으려면 매일 해야 할 일 41가지〉.[26] 지금 당신의 일터에서 이루어지고 있는 리추얼을 인식하고 거기에 의미를 부여하는 데는 시간이 들지 않는다. 어차피 이미 하고 있는 것이니까. 당장 41가지 리추얼을 일상에 새로 도입할 일이 아니라, 자신에게 맞는 몇 가지 리추얼을 찾으면 된다. 그러려면 이미 실천 중인 유의미한 리추얼에 조금 변화를 주는 것으로 충분할 수도 있고, 때로는 리추얼을 처음부터 만들어야 할 수도 있다.

우리가 만든 것이든 남이 시킨 것이든,
집단 리추얼은 우리의 업무와 일과에
의미와 목적을 더해줄 수 있다.

12장

포용: 편 가르기로부터 벗어나기

🌿 난 자네라는 사람이 하는 모든 게 정말 끔찍이 싫어.

— 마이클 스콧이 토비 플렌더슨에게, 시트콤 〈오피스*The Office*〉

1950년대부터 2000년대까지 무려 반세기 동안 에스터 폴린 레더러*Esther Pauline Lederer*는 미국인들이 의지하는 대표적인 고민 상담 칼럼니스트였다. '앤 랜더스*Ann Landers*'라는 필명으로 활동하며 가족, 친구, 커플 사이에서 빚어지는 다양한 갈등에 조언을 건넸고, 전국의 신문에 실린 그의 지혜로운 충고에 독자들은 고개를 끄덕였다. 그런데 1977년, 그의 의견 하나가 독자들의 공분을 샀다. 논란의 주제는? 지극히 평범한 가정용품, 두루마리 휴지였다.

평소와 다름없는 칼럼에서, 레더러는 휴지 끝이 바깥쪽이 아닌 안쪽으로 내려오게 거는 방식을 선호한다고 밝혔다. 설마 그 글이 그토록 첨예한 논란을 불러올 줄은 꿈에도 몰랐을 것이다. 강한 의견과 신랄한 분노가 담긴 독자들의 편지가 1만 5000통 이상 쏟아져 들어왔다. 수많은 가정에서 이 문제로 열띤 논쟁이 벌어졌다. 수천 명을 대상으로 한 설문조사에서 무려 40%의 응답자가 휴지 거는 방향을 놓고 집에서 다툼이 있었다고 밝혔다. 논쟁은 해결될 기미를 보이지 않았고, 사람 사는 곳이라면 어디든지 구석구석으로 퍼져나갔다. 심지어 남극 아문센-스콧 기지*Amundsen-Scott Research Station*의 비좁은 숙소에서도 연구원들이 '바깥쪽'이냐 '안쪽'이냐를 놓고 빈번히 마찰을 빚었다고 한다.[1] 이후 수십 년 동안 레더러는 자신이 '화장실 휴지 문제'라고 칭한 이 논란에서 벗어나지 못했다.[2] 그가 2002년 세상을 떠날 때까지도, 그 주제가 독자 편지와 상담 칼럼에 잊을 만하면 등장하곤 했다.

그런데 어째서 그 사소한 주제가 사람들을 그렇게까지 극명하게 갈라놓았을까?

우리는 자신의 집단에 충성을 약속하는 서약, 구호, 지지 퍼포먼스 등을 통해 '나는 이 집단의 일원'이라고 세상에 선언한다. 하지만 그렇게 고양된 정체감과 소속감은 양날의 검이 될 수 있다. '우리 집단은 좋다'라는 느낌이 '우리 집단에 속하지 않은 사람들은 나쁘다'라는 생각으로 발전하는 것은 그리 어려운 일이 아니다. 우리는 리추얼을 한 치의 오차 없이 올바르게 수행하고자 하는 집착으로 인해 남들을 배격하고 있는 것은 아닐까? 리추얼은 집단 내결속을 빠르게 다지는 효과가 있지만, 동시에 집단 간 분열과 불신, 앙심을 부추기는 효과도 있다.

가까이는 집 식탁에서부터 멀리는 국제 무대에 이르기까지, 사소한 리추얼 '위반'이 갈등을 빚는 사례는 부지기수다. 1922년 9월, 뉴욕시는 8일간 이어진 폭동과 부상, 체포의 소용돌이에 휩싸였다. 사태가 발발한 원인은? 9월 15일이 지나도 밀짚모자를 쓰고 다닌 남성들이었다(관습적으로 남성들은 이날을 기준으로 계절에 맞는 펠트 모자나 견직 모자로 바꿔 써야 했다). 그로 인해 벌어진 난동 속에서, "10대들의 무리가 끝에 못이 박힌 몽둥이를 들고 거리를 돌아다니며 밀짚모자를 쓴 행인을 위협하고 저항하는 사람은 때리기까지 했다"라고 한다. 체포된 폭도 중 A. 실버먼*A. Silverman*이라는 사람은 구류 3일을 선고받았는데, 선고를 내린 치안판사의 이름이 공교롭게도 모자와 관련이 많아 보이는 피터 해팅*Peter Hatting*이었다고.[3]

지금 보면 이 관습이나 그로 인한 충돌이나 모두 어처구니없게 느껴진다. 하지만 이 모자 리추얼은 전통과 안정을 상징했고, 구성원 각자의 역할과 정체성을 분명히 함으로써 사회 질서를 유지한다는 의미가 있었다. 그 사회 질서가 흔들리는 느낌이 들자 1922년 9월 16일 아침에 누군가가 "세상이 이래서는 안 돼! 가만히 보고만 있을 수는 없어!"라고 외치며 일어난 것이다. 이게 다 모자 하나 잘못 쓰는 바람에 빚어진 사태였다.

　사람들은 보통 자기는 그런 사소한 일로 흥분하지 않는다고 생각한다. 그래서 나는 강연할 때마다 청중에게 이렇게 묻는다. "배우자가 식기세척기에 그릇을 제대로 넣나요?" 그러면 어김없이 반응이 들려 온다. 놀랍게도 상당히 많은 사람이 배우자의 방식은 비효율적이고 기계를 망가뜨릴 위험이 있을 뿐더러, 더 나아가 판단력 부족이나 도덕성의 문제라고 생각한다. "아니 사발을 어떻게 윗칸에 넣는담!" 하는 식이다. 더 심각한 점은 상대방도 정확히 반대 입장에서 마찬가지 감정일 때가 많다는 것이다. "사발을 아랫칸에 넣는다고? 누가 그렇게 해!" 참고로 식기세척기의 사용 설명서를 보면 모델별로 식기를 넣는 최적의 방법이 나와 있지만, 보통 설명서를 잘 읽지 않기에 양쪽 다 잘못 알고 있는 경우가 많다. 하지만 우리는 자기 방식이 옳고 다른 방식은 틀렸다고 확신한다. 갈등이 일어나기 딱 좋은 조건이다.

　우리를 하나로 묶어주는 행동이 때로는 우리를 갈라놓는 갈등 요인이 될 수 있다. 가정에서든 사회에서든 평화를 유지하기 위해서는 리추얼이 언제 그리고 왜 위험을 초래하는지 이해할 필요가 있다. 또한 집단 리추얼의 결속 효과를 유지하면서도 리추얼의 어두운 면에 휘둘리지 않는 방법을 찾아야 할 것이다.

리추얼과 신뢰 또는 불신

앞서 소개했던 "손뼉을 한 번 치세요. 오른발을 한 번 구르세요"로 시작하는 활동을 청중에게 시켜보면 흥미로운 현상이 곧잘 일어난다. 동작이 차츰 맞아가면서 사람들의 얼굴에 미소가 떠오르다가, 누군가 틀린 타이밍에 손뼉을 치면 이내 미소가 찡그림으로 바뀐다. 왜 그러냐고 물으면 "저 사람들이 잘못하고 있잖아요"라는 대답이 돌아온다. '잘못하고 있다'라는 말은, 이 자리에서 처음 해보는 이 즉흥 리추얼에 뭔가 올바른 수행 방법이 있는데 그걸 틀렸다는 뜻이다. 그리고 '저 사람들'은 그저 손뼉을 잘못 쳤을 뿐인 사람들을 가리킨다.

사소한 리추얼 차이가 타인에 대한 감정에 큰 영향을 미치지 않는다면 좋겠지만, 현실은 그리 단순하지 않다. 오히려 작은 차이가 사람들이 중시하는 집단 간 경계의 핵심 지표일 수 있다. 닉 홉슨이 이끈 연구에서 우리는 107명을 임의적인 기준에 따라 나누고 리추얼의 사소한 차이가 서로에 대한 신뢰나 불신에 영향을 미치는지 알아보았다.[4]

연구진은 우선 '최소 집단 패러다임*minimal group paradigm*'이라는 방식을 사용해 참가자들을 그룹으로 나누었다.[5] 최대한 간단하게 집단의 구분을 가능케 하는 요소를 활용하는 방법이다. 이 실험의 경우에는 참가자들에게 작은 점이 가득 찍힌 화면을 보여주고

점의 수를 추정하게 해서, 점의 수를 과대평가한 사람의 그룹과 과소평가한 사람의 그룹으로 나누었다. 최대한 무의미하게 집단을 구분한 것인데(화면의 점을 너무 많게 보는 성향의 사람들과 너무 적게 보는 성향의 사람들), 그런 집단의 정체성도 집단 리추얼로 강화할 수 있을지 궁금했다.

각 그룹은 일주일 동안 매일 함께 동일한 동작으로 이루어진 집단 리추얼을 수행했다.

🌿 먼저 눈을 감은 채 심호흡을 다섯 번 하고, 다음에 이어질 동작에 마음을 집중한다. 고개를 살짝 숙이고 눈을 감은 채 양손을 몸 바깥쪽으로 쓸어내듯 뻗는다. 두 팔을 옆에 편안히 내려놓으며 마무리한다.

마지막 동작은 다음과 같았다.

🌿 두 팔을 등 뒤로 가져가 손을 맞잡는다. 허리를 살짝 숙인 채 다음의 동작을 다섯 번 반복한다. 두 팔을 내리고, 고개를 숙이고 눈을 감은 채 양손을 바깥쪽으로 쓸어내는 동작을 하고, 두 팔을 옆에 편안히 내려놓는다. 심호흡을 다섯 번 하고 끝맺는다.

일주일이 끝나고 참가자들은 모두 실험실에 모여 서로 간의 신뢰도를 실제 돈으로 측정하는 '신뢰 게임Trust Game'을 했다.[6] 일부 참가자는 같은 그룹의 사람끼리 게임을 하게 했고, 나머지는 다른 그룹의 사람끼리 게임을 하게 했다.

리추얼은 충분한 효과를 나타냈다. 즉, 참가자들은 '같은 편' 사람을 신뢰하고 보상하는 반면 '다른 편' 사람을 불신하고 처벌하는 경향을 보였다. 임의로 주어진 집단 정체성에 더 큰 의미를 부여하게 된 것이다. 점의 수를 과소평가한 사람은 같은 과소평가자에게 자신의 돈 10달러 중 평균 6.30달러를 내어준 반면, 과대평가자에게는 평균 5.29달러를 내어주었다. 이번에는 또 다른 참가자들에게 집단 리추얼을 하지 않고 신뢰 게임을 하게 했다. 결과는? 이들은 상대방이 자신과 같은 그룹이든 다른 그룹이든 똑같은 신뢰를 보였다.

비슷한 실험에서 우리는 참가자들에게 다른 사람들이 신뢰 게임을 하는 모습을 지켜보게 하고, 뇌파 검사를 통해 뇌 활동을 측정했다. 우리가 주목한 것은 보상과 처벌에 관련된 사고를 나타내는 '피드백-P300'이라는 뇌파 패턴이었다.[7] 그 결과, 집단 리추얼을 수행한 사람들은 같은 집단의 사람을 관찰할 때 더 긍정적인 반응을 보였고, 다른 집단의 사람을 관찰할 때는 더 부정적인 반응을 보였다. 자신과 같은 집단 사람을 좋아하고, 다른 집단 사람을 처벌할 용의가 있었던 셈이다.

집단 리추얼은 집단 내에서는 신뢰를 높이고 다른 집단에 대해서는 불신을 키우는 효과가 있었다. 마치 리추얼로 인해 구성원들이 똘똘 뭉치면서, "내가 믿을 사람은 이쪽이고 저쪽은 아니다"라고 생각하게 된 듯했다.

우리는 과연 리추얼의 어떤 요소가 이렇게 신뢰와 불신의 감정을 불러일으키는지 알아보고자 했다. 이를 위해 앞의 실험을 약간 변형해 2가지 리추얼을 도입했다. 하나는 더 복잡하고 수고스러운 리추얼이었고, 다른 하나는 더 쉽고 짧은 리추얼이었다. 공들인 결과물을 더 소중히 여긴다는 '이케아 효과'의 연구 결과를 토대로, 우리는 리추얼에 들인 노력의 정도에 따라 틀린 리추얼을 수행하는 사람들을 처벌하고자 하는 정도가 달라지리라는 가설을 세웠다.

실제로 많은 집단 리추얼에서 노력은 중요한 요소다. 한 연구에서는 힌두교 연례 축제인 타이푸삼에서 2가지 종교 의식에 참가한 사람들을 조사했다. 하나는 노래와 집단 기도 등으로 이루어진 '저강도' 의식이었고, 다른 하나는 온몸에 꼬챙이를 여러 개 찌르고 무거운 제단을 어깨에 짊어진 채 걷는 '고강도' 의식이었다. 연구진은 리추얼을 수행한 사람들에게 사원에 기부해달라고 요청해 이들의 종교적 헌신도를 측정해보았다. 고강도 의식을 치른 사람은 저강도 의식을 치른 사람보다 더 많이 기부했다(약 132루피 대 약 80루피). 고통의 강도와 기부액 간에 상관관계가 나타난 것이다. 고통이 클수록 기부도 많아지고, 집단에 대한 헌신도 강해지는 경향이

있었다.[8]

　　우리는 이처럼 극단적인 조건을 실험에 적용할 수는 없었지만, 노력의 효과를 측정하기 위해 마지막 실험을 설계했다. 한 그룹은 노력이 적게 드는(즉 동작과 반복 회수가 적은) 리추얼을 수행하게 했고, 다른 그룹은 노력이 많이 드는(동작과 반복 회수가 많은) 리추얼을 수행하게 했다. 이후 모든 참가자에게 신뢰 게임을 두 번 하게 했다. 한 번은 같은 집단의 사람과, 또 한 번은 다른 집단의 사람과 진행했다. 노력이 덜 드는 리추얼을 수행한 사람은 같은 집단의 사람에게 다른 집단의 사람보다 평균 0.31달러를 더 주는 데 그쳤다. 그러나 노력이 더 드는 리추얼을 수행한 사람은 그 격차가 2배 이상 커져 0.72달러가 되었다.

우리 편에 분개하다

　　내가 청중에게 리추얼 수행을 요청하면 어김없이 꼭 나타나는 반응이 하나 있다. 남들보다 똑똑해 보이고 싶어 하는 남성인 경우가 많은데, 누군가 한 사람이 참여를 거부한다.(이 사람은 내가 "A라고 생각하는 사람 손 들어보세요" "B라고 생각하는 사람 손 들어보세요" 같은 질문을 해도 손을 들지 않는다. 그러다가 "손 들기 싫은 사람 손 들어보세요" 하면 의기양양하게 손을 번쩍 든다.) 또 어김없이 나타나는 현상

하나는, 청중들이 이런 '이탈자'에게 유달리 차가운 경멸감을 품는 것이다. 리추얼에는 방관자가 있을 수 없기 때문이다. 제대로 하고 있으면 우리 편이고, 아니면 뭔가 잘못된 사람이다.

우리가 집단의 리추얼에 깊은 의미를 부여하고 신성하게 여길수록, 이탈은 곧 위반 행위이며 대가를 치러 마땅한 일이 된다. 다른 집단이 우리와 상충되는 리추얼을 하면 자연스레 불신을 품게 된다. 그런데 리추얼이 불러일으키는 적대감에는 이와 반대되는 또 한 가지 양상이 있다. '다른' 집단이 아닌 '우리' 집단 사람이 '우리' 리추얼을 제대로 수행하지 않을 때 그 사람을 향하는 증오다. 이른바 '검은 양 효과*black sheep effect*'라고 하는 현상이다.[9] 우리는 같은 집단의 구성원이 잘못 행동할 때 다른 집단 구성원이 그럴 때보다 더 엄혹한 태도로 대한다. 친동생이 내 결혼식에 오지 않았다면 옛 직장 동료가 오지 않았을 때보다 더 화가 날 것이고, 절친이 내 전 애인과 사귄다면 모르는 사람이 그럴 때보다 더 분개할 것이다. 혹은 어릴 때부터 함께 뉴욕 닉스 팬이었던 절친이 대학 졸업 후 별안간 보스턴 셀틱스를 응원한다면 어떨까 상상해보자. 우리는 그들에게 더 많은 것을 기대했고, 그들이라면 믿을 수 있다고 생각했기 때문에 더 큰 분노를 느끼는 것이다.

나는 다른 종교의 예배에 참석할 때마다 늘 나도 모르게 그쪽의 리추얼을 우리 쪽 리추얼과 비교하게 된다. 비슷한 점도 있지만 다른 점도 눈에 들어온다. 우리는 이 부분에서 일어서고, 저 사람들은 저 부분에서 악수를 한다거나, 우리는 이 구절을 이렇게 말하는데 저 사람들은 저렇게 말한다거나 하는 식이다. 캘리포니아대학교 버클리에서 박사 과정을 밟고 있던 댄 스타인*Dan Stein*이 이끄는 프로젝트에서, 동료들과 나는 자기 집단의 리추얼 위반에 대한 반응을 살펴보고자 했다. 리추얼에 과연 어느 정도 변화를 줄 때 분노가 유발될까? 작은 변화 하나에서 시작해 하나씩 계속 바뀌나갈 때, 어느 시점에서 '위반'이라고 느끼게 될까? 용인할 수 있는 변화는 어느 선이며, 경고 벨이 울리는 것은 언제인가?

이를 알아보기 위해 우리는 유대교 신자들에게 다음과 같은 상황을 제시했다.

🌿 당신이 최근에 어느 지역으로 이사를 가서 새 회당 모임에 참여하게 되었다고 하자. 그 모임에서는 여러 회원의 집에서 유월절 만찬을 연다. 참석을 신청하여 어느 집의 유월절 만찬에 초대받았다. 그 집에 도착하니 만찬을 주관할 집주인이 나와서 맞아주고, 만찬 상으로 당신을 안내한다.

그런데 집주인이 유월절 만찬의 요소 몇 가지를 바꾸겠다고 하면 어떤 기분이 들지 물었다. 한 가지부터 최대 6가지의 요소를 바꾸는 상황을 상상하게 하고, 각각 어떤 품목으로 대체될지 알려주었다. 예를 들면 달걀은 치즈로, 양 정강이뼈는 닭뼈로 대체된다는 식이었다.

참가자들에게 그와 같은 변경 행위에 얼마나 화가 나는지, 그리고 집주인의 도덕성이 어떻게 느껴지는지 물었다. 대조군에는 집주인이 전통 방식에 아무 변경을 가하지 않은 상황을 제시했다.

한 가지 예상 가능한 패턴은 선형적 추세, 즉 변경 사항이 하나 추가될 때마다 평가가 조금씩 더 부정적으로 변하리라는 것이다. 반면 리추얼이 신성불가침하다면, 즉 집단의 전통을 건드리는 행위는 용납 불가라면, 단 하나의 요소만 바꿔도 의식 전체를 바꿔버리는 행위에 못지않은 분노와 도덕적 반감을 불러일으킬 수 있다. 응답 결과는 신성불가침 가설을 뒷받침했다. 첫 번째 변경이 제시되었을 때 분노와 비도덕성의 감정이 가장 크게 치솟았고, 그 이후의 추가적 변경은 더 부정적인 반응을 낳긴 했으나 효과가 크지 않았다. 가장 큰 충격은 이미 첫 변경에서 일어난 상태였다.[10]

리추얼을 어긴 자에 대한 엄혹한 반응은 유대교에만 국한되지 않는다. 우리는 또 다른 실험에서 가톨릭 신자들에게 성호 긋는 영상을 보게 했다. 일부 영상은 올바른 동작으로 성호를 긋는 모습을 보여주었다. 오른손을 이마, 가슴, 왼쪽 어깨, 오른쪽 어깨에 차례로 갖다 대는 동작이다. 반면 다른 영상에는 동작 일부를 빠뜨리고 성호를 긋는 모습이 담겨 있었다. 그런 다음 참가자들에게 대축일 행사를 계획하는 교회 임원으로서 교인들에게 화장실 청소 등일부 꺼림칙한 일을 배정해야 하는 상황을 제시했다. 성호를 잘못

굿는 교인의 영상을 본 참가자는 그 교인에게 화장실 청소를 맡기는 비율이 높았다.

이 같은 연구 결과에는 실제적인 교훈도 있다. 우리가 개인적 용도로 만든 리추얼은 변경하든 하지 않든 우리의 문제다. 하지만 남들이 소중히 여기는 리추얼을 변경하려 한다면, 설령 별문제 없을 것 같다 해도 훨씬 복잡한 문제를 초래하게 된다. 리추얼을 변경하거나 생략하려 하는 사람은 살짝만 바꾼다면 리추얼 원칙주의자의 심기를 건드리지 않겠지 생각하기 쉽다. '올해는 할머니가 해주시던 칠면조 대신 햄을 준비해도 괜찮겠지' 하는 식이다. 하지만 그렇게 한 가지 요소만 바꿔도 리추얼을 완전히 뜯어고치는 것만큼 강한 반감을 불러일으킬 수 있다.

그렇다면 아예 다른 과감한 전략도 있을 수 있다. '기존' 리추얼의 변형이 우리 마음을 불편하게 하는 포인트라면, 차라리 완전히 새로운 리추얼을 만드는 편이 나을지도 모른다. 자녀들이 집을 떠난 뒤의 명절이 더는 예전 같을 수 없다면, 함께했던 리추얼에 매달리지 말고 아예 새 리추얼을 시작해보자. 올해 명절은 어디 따뜻한 곳으로 여행 가서 보내는 것도 좋을지 모른다.

증오의 요소

지금까지 살펴보았듯이, 집단 리추얼은 우리를 하나로 묶어 주는 동시에 갈등의 원천이 되기도 쉽다. 그렇다면 과연 어떤 요소 가 리추얼을 갈등의 진원지로 만드는 것일까? 서로 관련된 두 요 인이 두드러진다. 바로 위협과 신념이다.

우리의 신념과 리추얼을 의문시하거나 위협하는 집단이 있다 면 우리는 그들에게 더 냉혹하게 반응하게 된다.[11] 리추얼의 정체 성 작업 효과 때문에, 우리는 마치 그들이 우리의 집단 정체성 표 현을 옥죄려 한다는 듯 반응한다. 이러한 감정은 '크리스마스 전쟁 *the War on Christmas*'이라는 표현에서도 드러난다. 일부 기독교인들은 자신들의 생활 양식과 리추얼이 위협받는다고 느낀 나머지 "메리 크리스마스" 대신 "해피 홀리데이스*Happy holidays*"라고 인사하는 사 소한 변화에도 분개하며 '우리 대 그들'이라는 갈등 구도를 떠올린 다. 그런가 하면 다른 집단도 저마다 겨울 리추얼이 있으니 "해피 홀리데이스"가 더 포용적이고 다수를 배려하는 인사말이라고 보 는 시각도 있다. 위협과 신념은 서로 얽혀 있어서, 우리는 신념이 있기에 위협을 느끼고, 위협을 느낄 때 우리의 신념이 옳다고 더욱 확신하게 된다.[12]

1922년의 모자 폭동을 떠올려보자. 그날 분노가 표출된 것은 틀림없지만, 돌이켜보면 별 위협이 있었다고 보긴 어렵다. 리추얼

어떻게 이 삶을 사랑할 것인가

효과가 우리의 사고를 왜곡할 수 있음을 명심하자. 리추얼은 우리를 더 단단하게 묶어주고 우리의 정체성을 형성해주지만, 그 결속은 때로 배타적이고 큰 대가가 따른다. 리추얼이 단순한 행위를 넘어 반드시 해야 하는 행위가 될 때, 리추얼은 긍정적 효과를 내는 대신 다른 리추얼을 가진 사람들에 대한 불신과 반감, 처벌을 조장할 수 있다. 우리가 남들에게 우리의 리추얼을 강요하거나 그들도 나름의 리추얼이 있다는 사실을 간과한다면, 갈등은 불가피하다. 그 갈등은 화장실 휴지나 식기세척기를 둘러싼 갑론을박처럼 사소할 수도 있지만, 때로는 엄청난 비극을 초래하기도 한다. 종교 집단 간에 쌓여온 증오는 수백 년에 걸쳐 갈등을 빚었다. 17세기 유럽의 30년 전쟁은 한마디로 리추얼을 둘러싼 갈등이었다고 해도 과언이 아니다. 교회에서 빵과 포도주를 마시는 행위가 실제로 그리스도의 몸을 섭취하는 것인지, 아니면 상징적으로 그리스도의 몸을 섭취하는 것인지가 문제였다. 가톨릭은 실제라고 주장했고, 개신교는 상징이라고 주장했다. 그리하여 유럽은 30년 동안 전쟁을 벌였다.[13]

증오를 풀어내기

사실 우리에게는 '그들'에 대한 분노를 제어할 수 있는 안전

장치가 내재되어 있다. 그것은 바로 우리가 매우 다양한 집단에 속해 있다는 점이다. 그렇기 때문에 '그들'의 정체는 늘 유동적이다. 예를 들어 민주당 지지자와 공화당 지지자가 있다고 하자. 대번에 둘의 차이점이 떠오른다. 가진 신념도 다르고, 수행하는 리추얼도 다르다(가령 아침에 한쪽은 NPR을 듣고 다른 쪽은 폭스 뉴스를 본다거나). 하지만 이 두 사람이 야구 경기장에서 같은 팀을 응원할 때는 서로의 투표 성향을 따지지 않고 파도타기를 하며 한마음이 될 것이다. 연구에 따르면 이와 같은 '교차 소속' 관계는 언뜻 타협이 불가능해 보이는 집단 간의 괴리를 메워줄 수 있다. 아프리카 사하라 이남 18개국에서 2만 8000명 이상의 응답자를 대상으로 한 연구 결과, 축구 경기에서 국가 대표팀이 승리할 때마다 사람들은 자신을 특정 민족으로 생각하기보다는 특정 국민으로 생각하는 쪽으로 인식의 변화를 보였다.[14] 이 효과는 특히 대표팀의 민족 구성이 나라 전체의 민족 구성을 더 잘 반영할 때 두드러졌다. 사람들은 마치 이런 생각을 하는 듯하다. '저 선수들이 서로 화합해서 한 팀으로 잘 경기할 수 있다면, 우리도 할 수 있지 않을까?'[15]

2019년, 라디오 방송인 재드 아붐라드Jad Abumrad는 팟캐스트 〈돌리 파튼의 아메리카Dolly Parton's America〉를 진행했다. 이 프로그램의 전제는 정치와 문화가 극도로 양극화된 우리 시대에도 거의 모든 사람이 함께 지지할 수 있는 한 가지, 아니 한 사람이 있다는 것이었다. 바로 컨트리 음악의 대모, 돌리 파튼Dolly Parton이다. 우리가 정체성의 초점을 '돌리 파튼 팬' 쪽으로 옮긴다면, 우리를 묶어주는 동일한 접착제를 더 많은 사람과 공유할 수 있으며 어쩌면 서로의 불만을 더 깊이 경청할 기회도 될지 모른다고 아붐라드는 주장한다.[16]

리추얼은 긍정적인 면에서든 부정적인 면에서든, 우리의 집단 정체성을 공고히 하는 사회적 접착제로 작용한다. 다행히도 우리는 집단 정체성을 형성하고 조정함으로써 더 다양한 타인과 관습을 포용할 수 있다. 정체성의 초점을 정치와 같은 양극화된 영역에서 스포츠나 음악 등 문화적 방면으로 옮겨 집단의 경계를 넓힌다면, 갈등을 완화하고 생산적인 변화를 이루어가는 동시에 누구에게나 소속의 경험을 넓히는 길이 될 수 있다.

리추얼은 긍정적인 면에서든 부정적인 면에서든,

우리의 집단 정체성을 공고히 하는

사회적 접착제로 작용한다.

13장

치유: 남을 이해하기 위해 노력하기

🌿 위원들이 줄을 지어 홀에 입장하자 피해자들을 위한 성스러운 공간이 만들어진다. 촛불이 밝혀지고 고인을 위한 기도, 추모의 묵념 같은 경건한 의식들이 치러질 공간이다. 이어서 피해자들이 지정된 좌석으로 안내받는다. 자리에 서 있는 피해자들에게 위원장과 위원들 모두가 다가가 인사를 건넨다. 참석해준 것에 감사하며 일일이 악수를 나눈다. 일제히 기립한 가운데 위원장이 촛불을 밝히고 피해자와 희생자들의 이름을 낭독한다. 이어서 묵념의 시간을 갖는다. 그런 뒤 성경 낭독 또는 기도, 찬송가, 묵도 등과 함께 청문회가 시작된다.[1]

남아프리카공화국의 진실화해위원회에서 주관한 청문회의 시작을 알리는 의식을 묘사한 것이다. 청문회는 아파르트헤이트의 고통스러운 역사를 직시하고 매듭짓기 위한 국가적 노력의 일환이었다. 언론인 안치 크로흐*Antjie Krog*는 이 같은 절차를 새로운 '국가적 리추얼'을 만들기 위한 노력이라고 표현했다. 희생자들의 이름을 낭독하는 행위는 아파르트헤이트 정권이 백인 우월주의 정책을 수십 년간 조직적으로 잔혹하게 펼치며 저지른 해악을 인정한다는 의미가 있었다. 넬슨 만델라*Nelson Mandela*를 비롯한 활동가들은 고된 투쟁을 오랫동안 벌인 끝에야 정권의 종식을 이룰 수 있었다. 그런데 그 이후는 어떻게 해야 할까? 그동안 국민들이 흘린 피눈물을 추스르고 나라를 치유하는 길은 무엇일까?

진실화해위원회는 그 시작이 리추얼이어야 한다고 판단했다. 상징적으로라도 재출발의 의미를 담고, 오랜 갈등 끝에 화합을 시연하는 자리가 필요했다. 그 형식화되고 다소 극적인 절차는 평화와 이해가 얼마든지 가능하다는 것을 보여주기 위해 고안된 것이었다. 시에라리온 진실화해위원회의 위원장을 맡은 조지프 험퍼*Joseph Humper* 주교는 국가적 리추얼이 그저 새 출발을 알리는 데 그치지 않고, 과거를 기억하고 진실을 공개적으로 드러내는 자리가 되어야 한다고 분명히 밝혔다. 화해를 위해서는 이해와 기억이 모두 중요하다고 했다. 일각에서는 기억에 초점을 맞추는 데 반대하며 '용서하고 잊자'라는 자세를 옹호했다. 그러나 험퍼 주교는 이렇게 되

물었다. "우리는 왜 상처를 다시 들추어내야 할까? 왜 과거를 다시 떠올려야 할까? 상처가 아직 아물지 않았기 때문이다. 피상적인 치유에 그치면 상처는 다시 터질 것이다. 제대로 치유하기 위해서는 지난 일들을 되짚어봐야 한다."[2]

다시 말해, 치유는 이해가 선행된 사과가 있을 때만 가능하다.

사과의 조건

우리가 뭔가를 잘못해서 친구에게 상처를 주었다면 어떻게 해야 할까? 싸우는 아이들을 다뤄본 부모나 선생님이라면 너무나 잘 알겠지만, 우선 사과를 해야 한다. 사과는 갈등 상황을 푸는 해법의 기본이다.

그러나 사과를 제대로 하기는 생각보다 훨씬 복잡하다. 그저 "미안해"라고만 해서 될 일이 아니다. 정말 제대로 된 사과는 리추얼과도 같은 순서와 패턴을 따른다. 이웃 간 분쟁 해결을 위한 사과의 한 방법에 따르면 사과에는 자그마치 10가지 필수 요소가 있다. 사과의 표현(대부분의 사람들은 여기까지만 하고 만다), 잘못한 내용의 적시, 책임 인정, 잘못한 이유의 설명 시도, 감정 전달, 상대방의 감정과 피해 언급, 잘못 시인, 재발 방지 약속, 보상 제안, 수용 요청(상대방에게 사과를 받아줄 것을 정식으로 부탁하는 것)이다.[3] "내 행동 때문에 혹시 상처받았다면 미안해"로 시작하는 사과는 책임을 인정하는 것도, 잘못을 시인하는 것도 아니다. 그 말은 자기가 잘못 행동했음을 인정하는 것이 아니라, 상대방이 과민 반응을 보이고 있다는 뉘앙스를 풍긴다.

사과가 소기의 성과를 이루기 위해서는 사과받을 사람이 '저 사람이 나를 이해하고 내가 왜 상처받았는지 알아준다'라고 느끼는 게 핵심이다. 갈등 해결 전문가들은 사과를 받을 준비가 된 상태를 가리켜 '무르익었다*ripeness*'라는 단어를 쓴다.[4] 사과의 조건이 무르익으려면 '잘못한 사람이 자기가 끼친 피해가 무엇인지 이해한다'라는 느낌이 있어야 한다. 한 연구에서는 응답자들에게 과거에 잘못을 당했던 경험에 관해 물었는데, 가해자가 사과에 앞서 다른 요건을 먼저 충족시키는 것이 매우 중요했다. 예를 들면 "내 말뜻을 이해하기 위해 질문하기" "내 감정과 입장을 이해하기" 등이었다. 이를 건너뛴 '성급한 사과'는 안타깝게도 현실 속에서나, 대중문화 속에서나 너무 흔하다. 텔레비전 속의 서로 아주 다른 두 아버지 캐릭터도 책임을 제대로 인정하지 않아 한소리를 들었다. 드라마 〈소프라노스*Sopranos*〉의 토니 소프라노*Tony Soprano*는 "당신은 지금 뭘 사과하는지 모르잖아"라는 말을 들었고, 애니메이션 〈심슨 가족*The Simpsons*〉의 호머 심슨*Homer Simpson*은 "당신은 지금 왜 사과하는지도 모르잖아"라는 말을 들었다. 이해 없는 사과는 사과하지 않느니만 못 할 때가 많다. 그만큼 이해가 중요하다.[5]

어떻게 이 삶을 사랑할 것인가

제대로 된 사과는 화해의 길을 열 수 있지만, 사과는 첫걸음에 불과할 때가 많다. 많은 문화권에서 화해의 출발점으로 행동을 강조하는 이유가 거기에 있을 것이다. 이해와 호의를 상징하는 대표적인 행동을 하나 꼽자면 바로 악수다. 진심을 담아 사과하고 악수할 수 있다면, 그 단순한 제스처가 말보다 더 큰 의미를 전달한다.

악수는 전 세계적으로 가장 널리 행해지는 리추얼 중 하나다. 간단한 행위이면서도 강력한 심리적 효과를 내기에, 집안 간 상견례에서 스포츠 경기, 협상의 시작과 종료에 이르기까지 다양한 상황에서 이루어진다. 국제 정치에서도 악수는 극적인 장면을 연출하며, 특히 악수 예절을 어길 때는 큰 논란이 되기도 한다. 2005년 조지 W. 부시*George W. Bush* 대통령은 슬로바키아 관리들과 악수하면서 장갑을 벗지 않아 무례하다는 비판을 받았다. 2013년에 하산 로하니*Hassan Rouhani* 이란 대통령이 버락 오바마 대통령과의 악수를 거부한 일은 '역사적인 비악수' 사건으로 불리며 협상에 돌이킬 수 없는 손상을 입힌 것으로 평가되었다.[6] 반대로 악수 의례가 성공적으로 이루어진 경우는 우호의 증거로 간주되기도 한다. 2014년에는 아베 신조*Shinzo Abe* 일본 총리와 시진핑*Xi Jinping* 중국 주석이 오직 악수를 나눈다는 하나의 목적을 위해 만나기로 했는데, 언론은 이를 두고 "작은 제스처에 큰 의미가 담겨 있다"라고 평했다.[7]

그 단순한 행위가 어떻게 이토록 큰 의미를 지니게 되었을까? 작가 마거릿 애트우드*Margaret Atwood*는 이렇게 말했다. "촉각이 시각이나 언어보다 먼저다. 촉각은 최초의 언어이자 마지막 언어이며, 항상 진실을 말한다."[8] 악수는 대면 상황에서 누구나, 어떤 자리에서든 할 수 있는 동작이다. 악수의 기원은 불분명하지만, 보통 그 단순성과 대등성을 근거로 들어 설명한다. 손을 맞잡는 행위가 엄숙한 약속을 상징한다는 설명도 있고, 좀 더 현실적인 이유에서 손을 흔들어 숨겨진 단검을 떨어뜨리게 하기 위함이라는 설명도 있다.[9]

오늘날 소매에 단검을 감추고 다니는 사람은 찾아보기 힘들 것이다. 그런데 왜 우리는 지금도 악수를 나누는 걸까?

가족이나 부부처럼 가까운 관계에서는 어느 정도의 신뢰가 자연스럽게 존재한다. 나는 상대의 입장을 이해하려 하고, 상대도 내 입장을 이해하려 할 것이라고 믿는다. 그러나 낯선 사람과는 그런 신뢰 관계가 분명하지 않다. 이때 악수를 함으로써 모르는 사람이라 할지라도 대화할 의향이 있음을 확인할 수 있다. 이렇듯 악수는 긴장을 해소함으로써 관계 형성의 발판을 마련해준다.

그렇지만 만나는 모든 사람과 악수를 남발하기 전에 친구와 연습해보는 것이 좋을지 모른다. 흔히 말하는 '힘 있는 악수'가 실제로 중요하기 때문이다. 한 연구에서는 모의 면접에 참가한 학생들이 면접 시작 전에 악수를 나눴는데, "잡는 힘이 약하다" 또는 "악수의 지속 시간이 부적절하다"라고 평가된 학생들이 면접에서 더 부정적인 평가를 받았다. 심지어 해당 직무에 덜 적합하다는 평

가를 받기도 했다.[10]

악수는 우리가 자신의 존재감을 드러내기 위해 행하는 지극히 작은 리추얼이지만, 이해나 화해를 구할 때는 다른 간단한 행위도 많이 이용된다. 그런 행위에는 모두 나름의 의미가 깔려 있다.

한 예로 하이파이브를 들 수 있다. 하이파이브는 널리 퍼져 있지만 비교적 최근에 생겨난 리추얼이다. 1977년에 야구 선수 더스티 베이커*Dusty Baker*가 홈런을 치고 들어오면서 팀 동료가 손을 들어 올리자 즉흥적으로 손바닥으로 때린 것이 그 시작이다. 우연한 동작이 인기리에 퍼져나가면서 의미 있는 리추얼로 자리 잡았다.[11]

가벼운 포옹도 있다. 친구끼리 포옹할 때 일어나는 현상은 과학적으로 살펴보면 심오하고 복잡하다. 처음에는 "근육을 긴장시켰다 이완시켰다 하며 부드럽고 완만한 동작"을 취하다가, 포옹이 너무 길어지면 물러나거나 서로 등을 두드리며 재빨리 마무리한다.[12]

그런가 하면 가벼운 산책도 있다. 왜 세계 지도자들은 함께 산책을 할까? 왜 미국 대통령은 의회 지도자들과 함께 백악관의 로즈 가든을 거닐까? 그저 두 사람이 나란히 걷는 것만으로도 원활한 대화를 이끌고 협력을 촉진하는 효과가 있기 때문이다. 연구에 따르면, 나란히 걸을 때는 자연히 동작이 맞춰지고 같은 곳을 바라보는 '시선의 통일'이 이루어져 서로의 관점을 이해하는 데 도움이

될 수 있다.[13]

사과, 악수, 하이파이브 등은 모두 나름의 역할이 있다. 하지만 그보다 강력한 조치가 필요한 갈등 상황도 많다. 화해의 리추얼은 서로 이해하고 합의에 이르기 위해서뿐만 아니라, 서로 다른 집단을 하나로 묶기 위해서도 중요한 역할을 한다. 서로 전혀 다른 경험을 가진 집단들 사이의 간극을 메우려면 어떻게 해야 할까?

1 더하기 1을 1로 만들기

친구들끼리만 통하는 농담을 떠올려보자. 함께한 시간 속에서 의미가 축적된 줄임말이나 엉뚱한 표현들이 있을 것이다. 절친한 친구끼리는 한 번의 눈짓이나 눈썹을 치켜뜨는 동작만으로도 온갖 의미가 전달된다. 그만큼 잘 통하는 관계가 되기까지 얼마나 많은 시간이 걸렸는가? 언제부터 친구 사이에 작은 공동의 문화가 자리 잡기 시작했는가?

심리학자와 사회학자들은 집단이 형성되고 결속하며 나름의 문화를 만들어가는 과정, 그리고 서로 다른 문화가 충돌할 때 일어나는 현상에 늘 관심을 가져왔다. 2000년대 초에 로베르토 웨버*Roberto Weber*와 콜린 캐머러*Colin Camerer*는 그 주제를 탐구하기 위해 독창적인 게임을 하나 고안했다. 일종의 스피드 퀴즈인데, 라운드를 거듭함에 따라 앞에 풀었던 문제를 더 간단히 전달하기 위한 줄임말과 몸짓이 생겨나면서 점점 재미있어진다.

　한 팀은 단 두 명으로 구성된다. '사장'과 '직원'이다. 두 사람에게 16장의 사무실 사진이 똑같이 주어진다. 사진마다 인물, 가구, 베이지색 색조 등의 요소가 공통적으로 들어 있는데, 그 특징에 차이가 있다. 이를테면 인물의 성별, 인종, 옷차림이 다르거나 인물이 하는 행동이 대화, 전화 통화, 컴퓨터 작업 등 다양하다. 게임이 시작되면 사장에게 사진 8장이 특정 순서로 주어진다. 사장은 직원에게 어떤 식으로든 자기가 가진 사진을 묘사해 어떤 사진들이 어떤 순서로 있는지 맞히게 한다. 두 사람이 이런 식으로 20라운드를 진행하고, 얼마나 빨리 맞혔는지에 따라 상금을 받는다.

　게임이 시작되자마자 각 팀은 독특한 약어를 만들어내며 점점 더 빠르게 맞혀나갔다. 예를 들어, 한 팀은 첫 라운드에서 어떤 사진을 이렇게 설명했다. "사람이 세 명 있어. 남자 둘, 여자 하나. 여자는 왼쪽에 앉아 있어. 다 같이 컴퓨터 화면 두 개를 보고 있는데 화면에 파워포인트 그래프 같은 게 떠 있어. 남자 둘은 넥타이를 매고 있고, 여자는 금색 단발이야. 한 남자가 그래프를 손으로 가리키고 있어."

　그러나 몇 라운드가 지나자 이 팀은 같은 사진을 간단히 "파워포인트"라고 불렀다.

　그런 다음 각 팀은 예상치 못한 상황을 맞게 된다. 2인으로 구성됐던 '회사'가 다른 2인 회사와 합병되어, 새 직원들과 함께 몇 라운드를 더 진행하게 된 것이다. 그러자 문제가 생겼다. 앞에서 특정 사진을 "파워포인트" 한마디로 능숙하게 지칭한 팀이 있다고 했지만, 다른 2인조 팀들도 그 사진을 나름의 짧은 표현으로 지칭했는데 표현이 다 달랐다. 어떤 팀은 "여자가 앉아서 웃고 있어", 또 어떤 팀은 "남자가 수그리고 있어"라는 표현을 썼다. 이제 4인으로 커진 회사는 서로 통하는 표현을 다시 찾느라 진땀을 빼야 했다.[14]

합병 후에 어떤 변화가 일어났을까? 앞서 첫 단계에서 각 팀은 두 멤버 사이에 만들어낸 고유한 언어 덕분에 매우 능률적으로 게임을 진행할 수 있었다. 하지만 두 번째 단계에서는 다른 언어를 사용하는 새 팀원들이 합류하면서 진행 속도가 느려질 수밖에 없었다. "파워포인트!"를 아무리 외쳐도 새로 온 직원들이 도무지 알아듣지 못하고 어리둥절해할 때 상사의 답답한 심정을 상상해보자. 신입 직원들이 잘못한 건 하나도 없지만, 기존의 언어(그리고 문화)를 이해하지 못하는 모습에 사장은 화가 나기 마련이다. 아니나 다를까, '합병'으로 편입된 직원들은 새 사장을 '의사소통 능력이 부족한' 사람으로 판단하면서 이전 사장에 비해 훨씬 부정적으로 평가했다.

여기서 부족했던 것은 집단 정체성을 공유하고 서로를 이해한다는 인식이었다. 자신이 이해받고 있다는 느낌은 정서적 건강뿐 아니라 신체적 건강과도 관련된다. 한 연구에서는 참가자들에

어떻게 이 삶을 사랑할 것인가

게 하루가 끝난 후 "오늘 하루 내 삶에 얼마나 만족하는가?" "오늘 사람들과 대화할 때 남들이 나를 얼마나 잘 이해해준다고 느꼈는가?"와 같은 질문에 답하게 했다. 남들이 나를 잘 이해해준다고 느낀 사람일수록 하루의 만족도가 높았으며 두통, 복통, 어지럼증 등 부정적인 신체 증상도 덜 겪었다고 응답했다.[15]

사진 맞히기 실험은 서로 다른 문화가 섞일 때 갈등이 쉽게 생기는 이유를 보여주는 하나의 축소판 사회였다. 두 회사가 합병하거나 두 가정이 결합할 때, 두 무리의 친구들이 함께 어울릴 때는 각 그룹이 저마다의 농담과 기억, 리추얼을 가지고 합류하기 때문에 충돌이 일어날 수 있다. 그렇다면 두 집단을 하나로 만들기 위해 어떤 노력이 필요할까?

연구자 돈 브레이스웨이트*Dawn Braithwaite*, 레슬리 백스터*Leslie Baxter*, 애널리스 하퍼*Anneliese Harper*는 이 질문의 답을 찾기 위해 재혼 가정의 사례에 주목했다. 가족이 합쳐지는 과정에서 부모는 가족 문화를 새로 만들려고 하는데 자녀는 원래 가족의 전통을 유지하고 싶어 하는 경우가 많다. 이때 어떤 방법이 효과적인지 알아보기 위해, 연구진은 20명의 의붓부모와 33명의 의붓자녀에게 기존 문화와 새 문화의 결합에 따른 갈등에 어떻게 대처했는지 물었다. 때로는 일이 잘 안 풀리기도 한다. 한 의붓딸은 다음과 같이 자신의 경험을 전했다.

🌿 원래 우리 가족은 토요일 저녁마다 같은 식당에 갔어요. 엄마가 제일 좋아하는 식당이었거든요. 늘 같은 테이블에 같은 웨이터였어요. 토요일 저녁마다요. 아빠가 재혼하고 나서도 그 식당에 또 다녔어요. 한동안 그러다가 어느 날 제가 "여긴 우리 엄마가 제일 좋아하는 식당이란 말이에요!"라고 말해버린 거예요. 그랬더니 새엄마가 "그럼 앞으로 여기 오지 말자" 그러더라고요. 그 뒤로는 새 식당을 다니는데, 식당 이름도 생각 안 나요. 그냥 예전 같지가 않았어요. 너무 싫었어요.[16]

명절과 기념일은 충성심 싸움의 장이 되기도 한다. 우리의 리추얼을 함께하면 아군, 저들의 리추얼을 함께하면 적군이라는 식이다. 그러나 두 가족이 각자의 고유한 부분을 어느 정도 유지하면서 함께 어우러지는 형태의 합병이 적대적 인수보다 성공 가능성이 높다.

한 가지 방법은 기존의 리추얼을 계속 존중해주는 것이다. 같은 연구에서 한 새아버지는 아내 가족의 리추얼을 기꺼이 수용한다면서 이렇게 말했다. "새해 전날에는 꼭 돼지고기와 양배추절임을 먹어야 한다네요. 그런데 양배추절임을 생으로 먹는데 도저히 못 먹겠더라고요. 딱 질색이에요! 그래도 먹지요." 자기는 싫지만 '일체감과 유대감'을 위해 리추얼을 지킨다는 말이었다. 그런가 하면 새 가족을 기존 리추얼에 합류시키려고 각별히 노력하기도

어떻게 이 삶을 사랑할 것인가

한다. 한 새아버지는 아들에게 해주는 것과 똑같이 의붓딸에게도 개인 맞춤 크리스마스 선물을 해주었고 의붓딸은 이렇게 말했다. "정말 딸이 된 느낌이에요…. 의붓딸이 아니라 아들하고 똑같은 딸이요."

한편 많은 가족이 세 번째 결합 전략을 선택한다. 새 리추얼을 함께 만드는 것이다. 가장 좋은 형태는 기존 리추얼의 '일부' 요소를 남겨 그 의미를 존중하면서도, 독창성을 충분히 가미해 새 가족만의 고유한 리추얼로 느껴지게 하는 것이다. 예를 들어, 한 새어머니는 해마다 새 가족이 함께 크리스마스 장식을 만들면서, 새 가족으로 함께한 햇수를 기념하는 장식물을 매번 추가한다고 응답했다.

🌿 가족이 한데 뭉쳐 팀워크를 발휘하는 시간이에요. 그럴 때면 다들 옛날 명절이나 크리스마스 추억, 또 지난 명절 때 함께 보냈던 기억을 떠올리곤 하죠. 다 만들고 나면 항상 깜짝 놀라요. "우리가 이걸 만들었다니 멋진데!" 하면서요. 다들 한 부분씩 맡아서 완성한 작품인 거죠.[17]

부모가 이혼한 후 재혼하면 아이들은 두 가족 중 어느 한쪽을 택해야 한다는 부담감에 가족의 결별을 받아들이기가 더 어려워질 수 있다. 이때 아이가 원래 가족에서 하던 리추얼을 계속 할 수 있게 해주거나, 새 부모가 기존 리추얼에 아이를 적극 참여시키거나, 혹은 새 가족만의 리추얼을 같이 만들어 함께 한다면, 아이가 정서적 부담을 덜게 된다. 리추얼은 새 가족의 유대를 다져준다. 다 같이 공유하는 리추얼을 통해 하나의 가족이 되는 것이다.

가족의 결합에 사용되는 이 같은 전략은 기업 합병에도 최선의 방법이다. 가장 성공적인 기업 합병은 리추얼을 활용해 옛것 중 일부는 유지하고 일부는 버리면서 새 조직만의 고유한 공통 상징을 만들어낼 때 이루어진다.

한 연구에서는 미국과 스웨덴의 기업 합병 사례 50건을 조사해 합병의 성공도를 평가했다. 평가 척도는 '성공적인 합병'에서부터 '문화 변용 수준이 매우 낮음(강한 문화적 충돌이 지속되고 통합된 조직 문화가 거의 부재한 상태를 의미)'에 이르는 여러 등급으로 이루어졌다. 성공한 합병과 실패한 합병의 차이는 무엇이었을까? 연구진은 "거의 유일하게 중요한 요인은 소개 프로그램, 교육, 교차 방문, 연수, 축하 행사 및 기타 사회화 리추얼 등의 사회화 활동에 직원들을 참여시키는 것이었다"라고 설명했다. 그렇다. 양쪽을 하나로 아우르기 위해서는 리추얼을 활용하는 것이 중요했다. 그와 같은 리추얼에 직원들을 주인공으로 참여시키는 과정에서 아래로부터 자연스럽게 공감대가 형성되었다. 이 리추얼의 효과는 미국과 스웨덴 기업 간 합병뿐 아니라, 대기업과 소규모 기업 간의 합병 등 다양한 유형의 합병에서 공통적으로 나타났다. 특히 직원들이 주도해서 만든 리추얼이 통합 전담팀 운용이나 인력 순환 근무와 같은 '공식적' 합병 활동보다 더 중요하게 작용했다는 점은 주목할 만하다.[18]

경영 코치 브라이언 고먼*Brian Gorman*은 합병의 의미를 잘 살린 어느 기업의 사례를 소개한다. 비결은 옛 문화와 새 문화를 성공적으로 결합한 것이었다. 직원들에게 종이 쪽지를 나눠주고, 합병 후 버리고 싶은 것과 새 회사로 가져가고 싶은 것을 각각 적게 했다. 그런 다음 직원들은 '버릴 것'을 적은 쪽지를 불에 태웠다. 며칠 후 합병된 회사에 모인 직원들은 회사의 새 정체성을 정의하는 시간을 가졌다. 이 자리에서 직원들은 '유지할 것'을 적은 쪽지를 소리 내어 읽고, 벽에 붙였다. 공동의 정체성을 한번에 빚어내기 위한 방법이었다.

그저 기발한 아이디어에 그친 작업이었을까? 아니면 실제로 효과가 있었을까? 그 답은 직원들이 보인 행동에서 찾을 수 있다. 그날 모임에서 회사 측은 '유지할 것' 쪽지를 붙인 벽의 사진을 찍어 직원들과 공유했다. 몇 년이 지난 후에도 일부 직원들은 그 사진을 컴퓨터 바탕화면으로 설정해두고 있었다.[19]

치유의 과정

두 가족이나 두 기업이 결합하는 단계에서 일촉즉발의 긴장
감이 감돌 수는 있지만, 실제로 뭔가가 터진 것은 아니다. 만약 실
제로 폭발이 일어났고, 불길이 맹렬히 타오른 끝에 짙은 연기가 아
직 자욱한 상태라면 어떻게 해야 할까? 이미 파탄이 난 관계를 어
떻게 회복할 수 있을까? 파경을 맞은 결혼, 수십 년간 이어진 가족
간 불화, 더 나아가 서로 다른 대륙과 문화권에 걸쳐 수백 년 동안
자행된 불의를 만회할 방법이 있을까?

1910년, 에릭 미에베리*Eric Mjöberg*는 끔찍한 범죄를 저질렀다.
호주를 탐험 중이던 그는 원주민 땅에서 훔친 유물을 가지고 고국
스웨덴으로 도주했다. 도난당한 유물은 예술품이나 금덩어리가
아니라, 훨씬 더 심각한 것이었다. 미에베리가 가져간 사람의 두
개골과 기타 뼈 15점은 곧 스톡홀름 민족학 박물관의 소장품이 되
었다. 이 범죄는 한 세기 가까이 묻혀 있었으나, 2004년에 이르러
박물관은 마침내 정의를 요구하는 목소리에 응답했다. 뒤늦게나
마 유골을 돌려보내고 그간 초래된 문화적 피해도 돌아봐야 할 때
였다.

유골만 슬쩍 반환한다고 끝날 일이 아니었다. 상처를 간단히
치유할 방법은 존재하지 않았다. 어떻게 치유가 가능하겠는가? 호
주 원주민 대표단과 박물관 관계자들은 의미 있는 송환을 위한 리

추얼을 공동으로 준비했다. 귀환을 기념하고 그간 초래된 피해를 스웨덴인들이 가늠할 수 있도록 하기 위한 리추얼이었다. 수행된 의식은 호주 원주민들이 영혼의 정화를 위해 흔히 행하는 형태였고, 두 문화 간 유대를 위한 공동 작업으로서 애초의 범죄와 극명한 대비를 이루었다. 한 참관자는 그 장면을 이렇게 묘사했다.

🌿 이내 향기로운 흰 연기가 푸른 초목을 배경으로 피어올랐다. 그 순간, 각기 다른 풍경에서 가져온 식물들의 연기가 섞이는 장면이 의미 있게 느껴졌다. 호주에서 공수해 온 특별한 녹색 가지도 있었다. 누군가가 '체리나무'라고 했다. 박물관의 한 큐레이터가 스톡홀름 군도의 어느 섬에서 가져온 나뭇가지들도 있었다. 흰 수염을 기른 호주 원주민 대표단의 리더가 조상들을 비로소 고향에 모실 수 있게 되어 감격스럽다며 짤막한 인사를 따뜻하게 건넸다. 한 남자가 전통 악기 디저리두를 불기 시작했다. 이제 다들 연기 속을 걸을 시간이었다.

　호주 원주민 대표단에게는 자신들의 정체성을 고스란히 드러내 상대측에게 이해시키고, 아울러 그 정체성을 무시하고 저질렀던 과거의 잘못을 납득시키는 것이 중요했다. 그리고 범죄의 중대성을 인정하고자 그 자리에 참석한 중요 인물이 한 명 더 있었다. 에릭 미에베리의 후손, 로테 미에베리*Lotte Mjöberg*였다. 로테는 운송

상자의 뚜껑을 손수 조여서 고정했다. 선조가 저지른 행위를 최대한 되돌린다는 의미였다. 워낙 중한 가해였기에 물리적 차원에서 되돌림이 이루어져야 심리적 차원에서도 되돌림이 가능했던 것이다.[20]

호주 원주민들이 자신들의 전통 리추얼에 스웨덴 측을 참여시키고 수정을 가해 스웨덴적 요소를 아우른 사실은 놀랍다고 생각할 수도 있다. 그러나 이는 치유 리추얼의 공통된 특징으로, 가족 간의 결합이나 회사 간의 합병을 위한 리추얼과도 여러 면에서 통하는 부분이다. 목표는 모든 당사자가 관여하고 동참하게 하는 것이다. 애초의 잘못에 대한 책임을 함께 지는 것도 중요하지만, 양측 사이에 놓인 장벽을 허물어 관계 회복의 길을 여는 것도 그 못지않게 중요하다. 남아공의 탈아파르트헤이트 리추얼을 떠올려 보자. 진실을 명확히 마주하는 것도 필요했지만, 새 나라 국민들이 공유할 수 있는 새 리추얼을 만듦으로써 과거의 고통을 딛고 미래로 나아갈 가능성을 열어줄 필요도 있었다.

이상의 모든 맥락에서, '상대 집단이 우리를 이해한다'라는 느낌을 받지 못한다면 우리는 치유될 수도, 그들과 같은 공동체의 일원이라는 의식을 가질 수도 없다. 스코틀랜드인 5000명 이상을 대상으로 스코틀랜드 독립에 대한 찬반 의견을 조사한 결과, 응답자들의 답변은 잉글랜드인들이 스코틀랜드의 관점과 가치를 얼마나 이해한다고 느끼는지에 따라 크게 달라졌다. 스코틀랜드인들이 독립을 찬성하거나 반대하는 데 가장 많이 영향을 미친 요인은 잉글랜드인을 얼마나 좋아하느냐가 아니라, 잉글랜드인들이 자신들을 얼마나 잘 이해한다고 생각하느냐였다. 상대 집단이 자신의 집단을 이해한다고 느끼는 사람일수록 연합을 유지하고 더 큰 국가의 일원으로 남길 원하는 경향이 강했다.[21]

집단 간 갈등을 치유하는 리추얼은 보통 공동의 정체성을 빚어내는 데 초점을 두지만, 그 목적을 이루기 위해 먼저 각 집단의 개별 정체성을 인정하는 과정을 거친다.《Yes를 이끌어내는 협상법》의 저자이자 이스라엘과 팔레스타인 간 다수의 중재 작업에 참여했던 갈등 협상 전문가 윌리엄 유리*William Ury*는, 특히 까다로운 협상에서 흔히 결여된 요소가 바로 각 당사자에 대한 존중이라고 지적한다. "그건 협상가가 해줄 수 있는 가장 값싼 양보다. 아무 비용이 들지 않는다. 그런데도 우리는 그걸 해주지 않을 때가 너무나 많다."[22]

리추얼이라는 일정한 행위를 모두 함께 수행함으로써 바로 그 존중과 이해의 마음을 전하는 동시에 새 출발의 토대를 마련할 수 있다. 비단 국가나 기업 등 집단 간의 갈등뿐 아니라 가족 내의 오랜 균열을 치유하려 할 때도 마찬가지다.

톰 루이스*Tom Lewis*와 세이건 루이스*Sagan Lewis*는 이혼 22년 만에 재혼했다. 재혼식은 첫 결혼식 후 정확히 35년하고 하루가 지난 날에 열렸다.(둘은 원래 리추얼을 선호하는 편이었다. 1993년에 이혼할 때는 '마지막 결혼기념일 파티'를 열고 손님들에게 "혹시 선물을 가져오려면 두 개를 준비해달라"라고 부탁하기도 했다.) 이렇게 이혼한 부부가 다시 재결합하는 일은 흔치 않지만, 결혼 상담사 미셸 와이너-데이비스 *Michele Weiner-Davis*에 따르면 재결합이 이루어지는 경우는 대개 양쪽 모두 "더 성숙해진 마음가짐으로 둘의 관계를 되돌아보며 처음에 무엇이 잘못되었는지 배울 준비가 되었을 때"라고 한다. 그런 커플은 "이전의 상황을 되풀이하지 않으려면 각자 어떻게 행동을 바꿔야 하는지 고민해보려는 의지를 보인다"라는 것이다. 톰과 세이건은 이혼 후 20여 년 동안 서로를 그리워했지만, 두 사람이 재혼할 수 있었던 것은 첫 결혼 생활에서 협력적이기보다는 대립적이었던 서로의 모습을 인정했기 때문이다. 두 사람은 서로의 관계를 가로막았던 요인이 무엇인지, 또 '오래오래 행복하게' 살기 위해서는 어떤 요건을 충족해야 하는지 깨닫는 과정이 필요했다. 두 사람은 서로를 더 이해하겠다는 다짐과 함께 재혼식 초대장에 이렇게 적었다. "22년 간의 불행했던 이혼 생활을 결국 접고자 합니다."[23]

리추얼은 공동의 노력 속에서 의미를 만들어 우리를 하나로 묶어줄 수 있다. 그러나 리추얼은 자신과 다른 리추얼을 가진 이들에 대한 불신을 심어주어 사람들을 갈라놓을 수도 있다. 다행히도, 갈등이 어느 정도 가라앉고 나면 리추얼이 화해의 도구가 될 수 있다. 리추얼은 이해를 촉진하며, 그 목적을 위해 리추얼 자체가 당사자들 간에 진심을 나누고 서로의 이야기를 경청하는 과정을 포함하기도 한다. 결혼과 재혼, 일반 가정과 재혼 가정, 기업 간 인수 합병, 국가 간 평화 구축의 과정에서, 화해의 리추얼은 새로운 장을 열고 다시 시작할 수 있는 발판이 되어준다.

결혼과 재혼, 일반 가정과 재혼 가정,

기업 간 인수 합병, 국가 간 평화 구축의 과정에서,

화해의 리추얼은 새로운 장을 열고

다시 시작할 수 있는 발판이 되어준다.

리추얼이 깃든 삶

월요일 아침이다. 해 뜨기 전, 플래너리 오코너는 아침 기도를 올리고 보온병에 든 커피를 마시며 하루를 시작한다. 마야 안젤루는 벽에서 그림을 모두 뗀 모텔 방의 문을 연다. 한편 미국 반대편에 사는 한 여성은 침대 옆에 둔 스마트폰에 눈길을 주지 않은 채 커튼을 활짝 걷고, 숨을 깊게 들이마시며 아침 햇살을 만끽한다. 같은 시각, 한 남성은 화장실에 들어가 수돗물을 가장 차가운 온도로 튼다. 얼음같이 찬 물을 꼭 세 번 손으로 얼굴에 끼얹으며 짜릿한 생동감으로 하루를 시작한다.

아침 9시경, 빅토르 위고가 옷을 모두 벗고 그날 목표한 분량의 원고를 다 쓸 때까지 옷을 감춰놓으라고 하인에게 지시할 무렵, 한 마케팅 임원은 팀원들과 월요일 아침 미팅을 하며 주말에 있었던 특별한 일을 서로 이야기하는 시간을 갖는다. 그런 다음, 어머니가 어릴 적에 쓰던 머그잔을 책상 서랍에서 꺼내 그날의 두 번째 커피를 사무실에서 마신다. 커피 향을 음미하며 머그잔에 새겨진 무늬를 손끝으로 어루만지면, 늘 어머니 손의 감촉이 떠오른다.

오후 3시 30분 정각, 이마누엘 칸트가 스페인산 지팡이를 들고 산책하러 문밖을 나서는 순간, 한 펀드 매니저는 이번 회계연도의 가장 중요한 프레젠테이션에 나설 채비를 한다. 사무실에 들어와 늘 하던 대로 태양 경배 자세 요가를 하며 긴장을 풀고 자신감을 다진다. 사무실을 나설 때는 항상 오른발부터 내딛고, 사무실 문에 붙어 있는 명패를 세 번 두드린다. 이제 동료들과 고객들이 기다리는 회의실로 들어갈 준비가 되었다.

하루가 저물 무렵, 애거사 크리스티가 욕조에 몸을 담그고 사과 하나를 먹을 즈음에 한 초등학교 3학년 교사는 집에 돌아와 종일 입었던 옷을 벗어 던지고 긴 샤워로 하루의 스트레스를 씻어낸다. 골치 아픈 학생으로 인한 걱정이 물에 씻겨 내려가 배수구로 사라지는 모습을 상상한다. 저녁 식사 자리에서는 아들의 주도로 가족이 함께 '장미, 가시, 새싹' 게임을 한다. 한 사람씩 돌아가며 그날 있었던 좋은 일 하나와 힘들었던 일 하나, 그리고 내일 기대되는 일 하나를 이야기한다. 그는 깊이 숨을 들이마시고, 오늘 자기의 장미는 이렇게 가족과 소박한 저녁 식사를 함께할 수 있다는 데 대한 감사함이라고 말한다.

월요일이 끝나가는 시간, 찰스 디킨스는 늘 지니고 다니는 나침반을 꺼내 침대가 북쪽을 향하고 있는지 확인한다. 한 젊은 어머니는 늘 같은 책 두 권을 읽어주고 자장가 네 곡을 불러주며 아이를 재운다. 지구 반대편에 사는 한 할머니는 촛불을 켜고 건강함에 감사하는 기도를 올린다. 축구 경기를 치르고 녹초가 된 한 10대 소년은 그래도 힘을 내어 잠옷을 늘 입는 순서로 입는다. 상의를 입은 다음 하의를 입는데, 왼발 먼저, 오른발을 나중에 바지에 넣어야 마음이 차분하고 편안하다. 세계 곳곳에서 모든 사람이 저마다의 '딱 맞는' 방식으로 하루를 마무리한다.

이 같은 단순한 행위들은 외부 세계를 변화시키지는 못할지라도, 우리 모두의 내면에 깊은 영향을 미친다. 리추얼은 소유감을 안겨주고, 정체성과 소속감을 확인시켜주며, 삶의 의미를 풍부하게 해주는 등 우리에게 꼭 필요한 순간에 꼭 필요한 정서적, 심리적 효과를 제공하는 인류 최고의 도구 중 하나다. 리추얼은 우리 삶 곳곳에서 평범한 행위에 비범한 힘을 불어넣는다. 우리 모두는 리추얼이 깃든 삶을 살고 있다.

최고의 공연가, 과학자, 예술가, 운동선수들처럼 중요한 활동을 앞두고 자신만의 의식을 실천할 때도, 직장과 가정에서 유대와 헌신을 이어가려 할 때도, 사별의 아픔을 극복하려 애쓸 때도, 리추얼 효과는 한 가지 변함없는 사실을 일깨워준다. 리추얼이라는 이름의 이 독특한 반복적 행동 패턴이 존재하는 이유는, 인류가 늘 거기에 의지해왔기 때문이라는 것. 리추얼은 언제 어디에서나, 누구에게나 열려 있다. 약간의 노력을 기울이고 가능하다면 자신만의 개성을 한 스푼 가미함으로써 리추얼의 소박한 마법을 이끌어 낼 수 있다.

21세기의 리추얼이 지닌 커다란 가능성은 바로 여기에 있다. 리추얼은 우리 모두의 삶을 한층 더 풍요롭게 만드는 길을 제시한다. 직접 시도해보자. 날이면 날마다 하는 평범한 행동이 비범한 무언가로 바뀔 수 있다. 오늘 당신은 조금 더 사랑하고, 감사하고, 웃고, 애도하고, 음미하고, 경험하기 위해 무엇을 했는가? 내일은 무엇을 더 할 수 있을까?

감사의 글

이 책을 완성할 수 있게 도와준 훌륭한 분들께 감사의 마음을 전하고자 한다.

리추얼이라는 독특한 주제를 함께 탐구해준 동료 연구자들에게, 각자의 소중한 이력서에 이 주제를 기꺼이 포함시켜준 데 감사드린다.

이 책의 아이디어를 믿고 집필을 독려해준 에이전트 앨리슨 매킨*Alison MacKeen*과 설레스트 파인*Celeste Fine* 덕분에 책을 쓸 수 있었다. 깊이 감사드린다.

책이 독자들에게 더 설득력 있고 유익하게 다가갈 수 있도록 방향을 잡아준 편집자 릭 호건*Rick Horgan*과 낸 그레이엄*Nan Graham*에게도 감사를 전한다.

책의 아이디어를 다듬고 발전시키는 데 도움을 준 앨리슨 매킨, 캠벨 슈네블리*Campbell Schnebly*, 존 콕스*Jon Cox*, 앤 마리 힐리*Ann Marie Healy*에게도 고마움을 전한다(도와준 순서).

전문적인 교정을 맡아준 노마 헬스타인*Norma Hellstein*, 주석을 능숙하게 정리해준 케이티 볼랜드*Katie Boland*, 책의 틀을 잡는 데 유익한 피드백을 준 코리 파월*Corey Powell*과 피터 구자르디*Peter Guzzardi*, 그리고 적절한 사례들을 찾아준 크리스 맥그로리*Chris McGrory*에게도 감사드린다.

하버드에서 내가 강의했던 세 차례 신입생 세미나에 참여해준 학생들에게도 감사드린다. 덕분에 리추얼이 우리 삶에서 나타나는 양상에 대해 흥미로운 논의를 나눌 수 있었다(그리고 학생들이 아니었더라면 21세기의 문화적 레퍼런스는 이 책에 하나도 실리지 못할 뻔했다).

그리고 무엇보다도 내게 리추얼을 선사해준 어머니, 아버지, 형제자매, 그리고 아일랜드계 가톨릭 일가친척 모두에게 감사드린다. 또한 나와 함께 새로운 리추얼을 만들어가고 있는 딜스*Deals*와 투치*Tootch*에게도 고마움을 전한다.

참고문헌

프롤로그: 다시 마법에 빠지다

1 Howard Thompson, "Quiet Murders Suit Miss Christie; Visiting Writer Still Prefers to Keep Crime in Family," *New York Times*, October 27, 1966, https://www.nytimes.com/1966/10/27/archives/quiet-murders-suit-miss-christie-visiting-writer-still-prefers-to.html; James Surowiecki, "Later," *New Yorker*, October 4, 2010, https://www.newyorker.com/magazine/2010/10/11/later; Emmie Martin, "14 Bizarre Sleeping Habits of Super-Successful People," *Independent*, April 26, 2016, https://www.independent.co.uk/news/people/14-bizarre-sleeping-habits-of-supersuccessful-people-a7002076.html; Mason Currey, *Daily Rituals: How Artists Work* (New York: Alfred A. Knopf, 2013).

2 David Sanderson, "Keith Richards Finds Satisfaction in Pre-concert Shepherd's Pie," *Times*, June 8, 2018, https://www.thetimes.co.uk/article/stones-find-satisfaction-in-pre-concert-shepherds-pie-qn80glfmh; "Chris Martin Gig Ritual," *Clash Magazine*, March 10, 2009, https://www.clashmusic.com/news/chris-martin-gig-ritual/; Nanny Fröman, "Marie and Pierre Curie and the Discovery of Polonium and Radium," Nobel Prize, https://www.nobelprize.org/prizes/themes/marie-and-pierre-curie-and-the-discovery-of-polonium-and-radium/; Julie Hirschfeld Davis, "Obama's Election Day Ritual: Dribbling and Jump Shots," *New York Times*, November 8, 2016, https://www.nytimes.

com/2016/11/09/us/politics/obama-election-day.html.

1장 인생의 의미를 찾아서

1 Charles Taylor, *A Secular Age* (Cambridge, MA: Belknap Press of Harvard University Press, 2018).

2 Reem Nadeem, "How U.S. Religious Composition Has Changed in Recent Decades," Pew Research Center's Religion & Public Life Project, September 13, 2022, https://www.pewresearch.org/religion/2022/09/13/how-u-s-religious-composition-has-changed-in-recent-decades/.

3 Jeffrey M. Jones, "Confidence in U.S. Institutions Down; Average at New Low," Gallup, July 5, 2022, https://news.gallup.com/poll/394283/confidence-institutions-down-average-new-low.aspx.

4 Max Weber, *Economy and Society* (1922; repr., New York: Bedminster, 1968).

5 Jeffrey M. Jones, "Belief in God in U.S. Drops to 81%, a New Low," Gallup, July 17, 2022, https://news.gallup.com/poll/393737/belief-god-dips-new-low.aspx.

6 "Religiously Unaffiliated," Pew Research Center, December 18, 2012, https://www.pewforum.org/2012/12/18/global-religious-landscape-unaffiliated/.

7 Penelope Green, "How Much Hip Can the Desert Absorb?," New York Times, April 12, 2019, https://www.nytimes.com/2019/04/12/style/coachella-desert-hipsters-salton-sea.html.

8 Melissa Fiorenza, "Project: Hell Week—Preview & Expert Tips," Orangetheory Fitness, https://www.orangetheory.com/en-us/articles/project-hell-week.

9 Julie Hirschfeld Davis, "A Beat and a Bike: The First Lady's Candlelit Habit," *New York Times*, January 10, 2016, https://www.nytimes.com/2016/01/11/us/politics/a-beat-and-a-bike-michelle-obamas-candlelit-habit.html.

10 Rachel Strugatz, "How SoulCycle Got Stuck Spinning Its Wheels," *New York Times*, May 27, 2020, https://www.nytimes.com/2020/05/19/style/soulcycle-peloton-home-exercise-bikes-coronavirus.html.

11 Mark Oppenheimer, "When Some Turn to Church, Others Go to CrossFit," *New York Times*, November 27, 2015, https://www.nytimes.com/2015/11/28/us/some-turn-to-church-others-to-crossfit.html.

12 Anand Giridharadas, "Exploring New York, Unplugged and on Foot," *New*

York Times, January 24, 2013, https://www.nytimes.com/2013/01/25/nyregion/exploring-red-hook-brooklyn-unplugged-and-with-friends.html; Kostadin Kushlev, Ryan Dwyer, and Elizabeth Dunn, "The Social Price of Constant Connectivity: Smartphones Impose Subtle Costs on Well-Being," Current Directions in Psychological Science 28, no. 4 (2019):347-52.

13 Alex Vadukul, "'Luddite' Teens Don't Want Your Likes," New York Times, December 15, 2022, https://www.nytimes.com/2022/12/15/style/teens-social-media.html.

14 "Home," Seattle Atheist Church, https://seattleatheist.church/.

15 Nellie Bowles, "God Is Dead. So Is the Office. These People Want to Save Both," New York Times, August 28, 2020, https://www.nytimes.com/2020/08/28/business/remote-work-spiritual-consultants.html.

16 Elizabeth Dunn and Michael I. Norton, Happy Money: The Science of Happier Spending (New York: Simon & Schuster, 2014).

17 Michael I. Norton and George R. Goethals, "Spin (and Pitch) Doctors: Campaign Strategies in Televised Political Debates," Political Behavior 26, no. 3 (2004): 227-48.

18 Malia F. Mason et al., "Wandering Minds: The Default Network and Stimulus-Independent Thought," Science 315, no. 5810 (2007): 393-95.

19 Sheryl Gay Stolberg, Benjamin Mueller, and Carl Zimmer, "The Origins of the COVID Pandemic: What We Know and Don't Know," New York Times, March 17, 2023, https://www.nytimes.com/article/covid-origin-lab-leak-china.html.

20 Lisa Guernsey, "M.I.T. Media Lab at 15: Big Ideas, Big Money," New York Times, November 9, 2000, https://www.nytimes.com/2000/11/09/technology/mit-media-lab-at-15-big-ideas-big-money.html.

21 Ann Swidler, Talk of Love: How Culture Matters (Chicago: University of Chicago Press, 2013).

22 Lynn Hirschberg, "Strange Love: The Story of Kurt Cobain and Courtney Love," Vanity Fair, September 1, 1992, https://www.vanityfair.com/hollywood/2016/03/love-story-of-kurt-cobain-courtney-love.

23 Nicholas M. Hobson et al., "When Novel Rituals Lead to Intergroup Bias: Evidence from Economic Games and Neurophysiology," Psychological Science 28, no. 6 (2017): 733-50.

24 B. F. Skinner, "Operant Behavior," American Psychologist 18, no. 8 (1963): 503.

25 Charles Duhigg, *The Power of Habit: Why We Do What We Do in Life and Business* (New York: Random House, 2012).

26 Richard H. Thaler and Cass R. Sun- stein, *Nudge: Improving Decisions about Health, Wealth, and Happiness* (New York: Penguin, 2009).

27 Tom Ellison, "I've Optimized My Health to Make My Life as Long and Unpleasant as Possible," *McSweeney's*, March 3, 2023, https://www.mcsweeneys.net/articles/ive-optimized-my-health-to-make-my-life-as-long-and-unpleasant-as-possible.

28 Aaron C. Weidman and Ethan Kross, "Examining Emotional Tool Use in Daily Life," *Journal of Personality and Social Psychology* 120, no. 5 (2021): 1344.

29 Jordi Quoidbach et al., "Emodiversity and the Emotional Ecosystem," *Journal of Experimental Psychology: General* 143, no. 6 (2014): 2057.

30 "Pablo Picasso's Blue Period—1901 to 1904," Pablo Picasso, https://www.pablopicasso.org/blue-period.jsp.

31 Nicole Laporte, "How Hollywood Is Embracing the World's Blackest Black Paint," *Fast Company*, September 21, 2021, https://www.fastcompany.com/90677635/blackest-black-vantablack-hollywood.

32 Paul Ekman, "Basic Emotions," *Handbook of Cognition and Emotion* 98, no. 45-60 (1999): 16.

33 Alan S. Cowen and Dacher Keltner, "Self-Report Captures 27 Distinct Categories of Emotion Bridged by Continuous Gradients," *Proceedings of the National Academy of Sciences* 114, no. 38 (2017): E7900-E7909; Carroll E. Izard, Human Emotions (New York: Springer Science & Business Media, 2013).

34 Ximena Garcia-Rada, Övül Sezer, and Michael I. Norton, "Rituals and Nuptials: The Emotional and Relational Consequences of Relationship Rituals," *Journal of the Association for Consumer Research* 4, no. 2 (2019): 185-97; Övül Sezer et al., "Family Rituals Improve the Holidays," *Journal of the Association for Consumer Research* 1, no. 4 (2016): 509-26; Tami Kim et al., "Work Group Rituals Enhance the Meaning of Work," *Organizational Behavior and Human Decision Processes* 165 (2021): 197-212; Benjamin A. Rogers et al., "After-Work Rituals and Well-Being," working paper.

35 Somini Sengupta, "To Celebrate Diwali Is to Celebrate the Light," *New York Times*, November 14, 2020, https://www.nytimes.com/2020/11/14/us/diwali-celebration.html; Oscar Lopez, "What Is the Day of the Dead, the Mexican

Holiday?," *New York Times*, October 27, 2022, https://www.nytimes.com/article/day-of-the-dead-mexico.html; Elizabeth Dias, "'This Is What We Do': The Power of Passover and Tradition across Generations," *New York Times*, April 9, 2020, https://www.nytimes.com/2020/04/08/us/passover-seder-plagues-coronavirus.html.

36 Andrew D. Brown, "Identity Work and Organizational Identification," *International Journal of Management Reviews* 19, no. 3 (2017): 296-317.

2장 애쓴 만큼 풍요로워진다

1   Daniel Kahneman, Jack L. Knetsch, and Richard H. Thaler, "Anomalies: The Endowment Effect, Loss Aversion, and Status Quo Bias," *Journal of Economic Perspectives* 5, no. 1 (1991): 193-206.

2   *Living* (New York: Street & Smith, 1956).

3   Laura Shapiro, *Something from the Oven: Reinventing Dinner in 1950s America* (London: Penguin Books, 2005); *Emma Dill, "Betty Crocker Cake Mix," Mnopedia, January 23, 2019, http://www.mnopedia.org/thing/betty-crocker-cake-mix.*

4   Mark Tadajewski, "Focus Groups: History, Epistemology and Non-individualistic Consumer Research," *Consumption Markets & Culture* 19, no. 4 (2016): 319-45.

5   Liza Featherstone, "Talk Is Cheap: The Myth of the Focus Group," *Guardian*, February 6, 2018, https://www.theguardian.com/news/2018/feb/06/talk-is-cheap-the-myth-of-the-focus-group.

6   Ximena Garcia-Rada et al., "Consumers Value Effort over Ease When Caring for Close Others," *Journal of Consumer Research* 48, no. 6 (2022): 970-90.

7   Michael I. Norton et al., "The IKEA Effect: When Labor Leads to Love," *Journal of Consumer Psychology* 22, no. 3 (July 2012): 453-60.

8   Andy Saunders, "Today's Final Jeopardy—Wednesday, March 24, 2021," Jeopardy! *Fan*, March 24, 2021, https://thejeopardyfan.com/2021/03/final-jeopardy-3-24-2021.html.

9   Lauren Marsh, Patricia Kanngiesser, and Bruce Hood, "When and How Does Labour Lead to Love? The Ontogeny and Mechanisms of the IKEA Effect,"

Cognition 170 (2018): 245-53.

3장 왜 리추얼인가

1   Kurt Streeter, "GOATs Are Everywhere in Sports. So, What Really
    Defines Greatness?," *New York Times*, July 3, 2023, https://www.nytimes.
    com/2023/07/03/sports/tennis/greatest-athlete-of-all-time.html.

2   Ashley Fetters, "Catching Up with Noted Underwear Model (and Tennis Player)
    Rafael Nadal," GQ, September 20, 2016, https://www.gq.com/story/rafael-
    nadal-underwear-model-interview#:~:text=Not%20only%20is%20Nadal%20
    a,chronic%20underwear%20ad juster%20in%20history.

3   Rafael Nadal, *Rafa* (Paris: JC Lattès, 2012).

4   B. F. Skinner, "Operant Conditioning," *Encyclopedia of Education* 7 (1971):
    29-33.

5   B. F. Skinner, "'Superstition' in the Pigeon," *Journal of Experimental Psychology*
    38, no. 2 (1948): 168-72.

6   Bronislaw Malinowski, *Magic, Science and Religion* (Redditch, England: Read
    Books, 2014).

7   W. Norton Jones Jr., "Thousands Gather to Entreat Their Gods for Water to
    Bring a Good Harvest to the Dry Mesas," *New York Times*, July 26, 1942,
    https://timesmachine.nytimes.com/timesmachine/1942/07/26/223791632.
    html?pageNumber=72; "'Cat People' Parade in Uttaradit in Prayer for Rains,"
    Nation, May 7, 2019, https://www.nationthailand.com/in-focus/30368970.

8   George Gmelch, "Baseball Magic," *Transaction* 8 (1971): 39-41.

9   Eric Hamerman and Gita Johar, "Conditioned Superstition: Desire for Control
    and Consumer Brand Preferences," *Journal of Consumer Research* 40, no. 3
    (2013): 428-43.

10 Robin Vallacher and Daniel Wegner, "What Do People Think They're Doing?
    Action Identification and Human Behavior," *Psychological Review* 94, no. 1
    (1987): 3-15.

11 Derek E. Lyons, Andrew G. Young, and Frank C. Keil, "The Hidden Structure of
    Overimitation," *Proceedings of the National Academy of Sciences* 104, no. 50
    (2007): 19751-56.

12 Rohan Kapitány and Mark Nielsen, "Adopting the Ritual Stance: The Role of Opacity and Context in Ritual and Everyday Actions," *Cognition* 145 (2015): 13-29.

13 Vanessa Friedman, "Ruth Bader Ginsburg's Lace Collar Wasn't an Accessory, It Was a Gauntlet," *New York Times*, September 20, 2020, https://www.nytimes.com/2020/09/20/style/rbg-style.html; Marleide da Mota Gomes and Antonio E. Nardi, "Charles Dickens' Hypnagogia, Dreams, and Creativity," *Frontiers in Psychology* 12 (2021): 700882.

4장 수행: 할 수 있다는 믿음을 가지기

1 Errol Morris, "The Pianist and the Lobster," *New York Times*, June 21, 2019, https://www.nytimes.com/interactive/2019/06/21/opinion/editorials/errol-morris-lobster-sviatoslav-richter.html.

2 Serena Williams, "Mastering the Serve," MasterClass, https://www.masterclass.com/classes/serena-williams-teaches-tennis/chapters/the-serveclass-info; Jon Boon, "Very Superstitious Ronaldo, Messi, Bale and Their Bizarre Superstitions Including Sitting in Same Bus Seat and Drinking Port," *U.S. Sun*, November 25, 2022, https://www.the-sun.com/sport/349126/football-superstitions-messi-ronaldo/; Martin Miller, "Batter Up! Not So Fast . . . ," *Los Angeles Times*, September 20, 2006, https://www.latimes.com/archives/la-xpm-2006-sep-30-et-nomar30-story.html.

3 T. Ciborowski, "'Superstition' in the Collegiate Baseball Player," *Sport Psychologist* 11 (1997): 305-17.

4 Suzanne Farrell and Toni Bentley, *Holding On to the Air* (New York: Penguin Books, 1990).

5 Paul Sehgal, "Joan Didion Chronicled American Disorder with Her Own Unmistakable Style," *New York Times*, December 23, 2021, https://www.nytimes.com/2021/12/23/books/death-of-joan-didion.html.

6 Walter Isaacson, "Grace Hopper, Computing Pioneer," *Harvard Gazette*, December 3, 2014, https://news.harvard.edu/gazette/story/2014/12/grace-hopper-computing-pioneer/.

7 Martin Lang et al., "Effects of Anxiety on Spontaneous Ritualized Behavior,"

Current Biology 25 (2015): 1-6.

8   Stephanie Clifford, "Calming Sign of Troubled Past Appears in Modern Offices," *New York Times*, November 22, 2009, https://www.nytimes.com/2009/11/23/business/media/23slogan.html.

9   Daniel M. Wegner et al., "Paradoxical Effects of Thought Suppression," *Journal of Personality and Social Psychology* 53, no. 1 (1987): 5

10 C. D. Spielberger and R. L. Rickman, "Assessment of State and Trait Anxiety," *Anxiety: Psychobiological and Clinical Perspectives* (1990): 69-83.

11 Alison Wood Brooks, "Get Excited: Reappraising Pre-performance Anxiety as Excitement," *Journal of Experimental Psychology: General* 143, no. 3 (2014): 1144-58.

12 Marlou Nadine Perquin et al., "Inability to Improve Performance with Control Shows Limited Access to Inner States," *Journal of Experimental Psychology: General* 149, no. 2 (2020): 249-74.

13 Jules Opplert and Nicolas Babault, "Acute Effects of Dynamic Stretching on Muscle Flexibility and Performance: An Analysis of the Current Literature," Sports Medicine 48, no. 2 (2018): 299-325.

14 Samantha Stewart, "The Effects of Benzodiazepines on Cognition," *Journal of Clinical Psychiatry* 66, no. 2 (2005): 9-13.

15 Peter L. Broadhurst, "Emotionality and the Yerkes-Dodson Law," *Journal of Experimental Psychology* 54, no. 5 (1957): 345.

16 Jeff Benedict, "To Bill Belichick, Tom Brady Beat Out Drew Bledsoe for QB Job in Summer 2001," *Athletic*, September 2 2020, https://theathletic.com/2034943/2020/09/02/tom-brady-drew-bledsoe-the-dynasty-excerpt/.

17 Nick Hobson, Devin Bonk, and Mickey Inzlicht, "Rituals Decrease the Neural Response to Performance Failure," *PeerJ* 5 (2017): e3363.

18 Arthur R. Jensen and William D. Rohwer Jr., "The Stroop Color-Word Test: A Review," *Acta Psychologica* 25 (1966): 36-93.

19 Jim Bouton, *Ball Four* (New York: Rosetta Books, 2012).

20 Joe Posnanski, "The Baseball 100: No. 47, Wade Boggs," *Athletic*, February 9, 2020, https://theathletic.com/1578298/2020/02/09/the-baseball-100-no-47-wade-boggs/.

21 Joe Posnanski, "60 Moments: No. 43, Jim Palmer Outduels Sandy Koufax in the 1966 World Series," *Athletic*, May 17, 2020, https://theathletic.

com/1818540/2020/05/17/60-moments-no-43-jim-palmer-outduels-sandy-koufax-in-the-1966-world-series/.

22 Eric Longenhagen and Kiley McDaniel, "Top 42 Prospects: Minnesota Twins," *FanGraphs*, December 16, 2019, https://blogs.fangraphs.com/top-43-prospects-minnesota-twins/.

5장 음미: 현재를 온전히 경험하기

1 "How to Pour Perfection," Stella Artois, https://www.stellaartois.com/en/the-ritual.html.

2 David Nikel, "Swedish *Fika*: Sweden's 'Premium Coffee Break' Explained," *Forbes*, January 3, 2023, https://www.forbes.com/sites/davidnikel/2023/01/03/swedish-fika-swedens-premium-coffee-break-explained/?sh=556cb6be5ec1.

3 Rajyasree Sen, "How to Make the Perfect Chai," *Wall Street Journal*, June 17, 2013, https://www.wsj.com/articles/BL-IRTB-19020.

4 Elisabetta Povoledo, "Italians Celebrate Their Coffee and Want the World to Do So, Too," *New York Times*, December 3, 2019, https://www.nytimes.com/2019/12/03/world/europe/italy-coffee-world-heritage.html.

5 Tom Parker, "Milk and Graham Crackers Being Served to Nursery School Children in a Block Recreation Hall," UC Berkeley, Bancroft Library, December 11, 1942, https://oac.cdlib.org/ark:/13030/ft2k4003np/?order=2&brand=oac4.

6 Patricia Wells, "Food: Time for Snacks," *New York Times*, September 25, 1988, https://www.nytimes.com/1988/09/25/magazine/food-time-for-snacks.html.

7 Claude Fischler, "Food, Self and Identity," *Social Science Information* 27, no. 2 (1988): 275-92.

8 Lizzie Widdicombe, "The End of Food," *New Yorker*, May 5, 2014, https://www.newyorker.com/magazine/2014/05/12/the-end-of-food.

9 Bruce Schoenfeld, "The Wrath of Grapes," *New York Times*, May 28, 2015, https://www.nytimes.com/2015/05/31/magazine/the-wrath-of-grapes.html.

10 Sideways, directed by Alexander Payne (Searchlight Pictures, Michael London Productions, 2004).

11 Kathryn Latour and John Deighton, "Learning to Become a Taste Expert," *Journal of Consumer Research* 46, no. 1 (2019): 1-19.

12 Ryan Buell, Tami Kim, and Chia-Jung Tsay, "Creating Reciprocal Value through Operational Transparency," *Management Science* 63, no. 6 (2017): 1673-95.

13 Clotilde Dusoulier, "Dinner at El Bulli," *Chocolate & Zucchini*, August 18, 2006, https://cnz.to/travels/dinner-at-el-bulli/.

14 Sue Ellen Cooper, *The Red Hat Society: Fun and Friendship after Fifty* (New York: Grand Central Publishing, 2004); Careen Yarnal, Julie Son, and Toni Liechty, "'She Was Buried in Her Purple Dress and Her Red Hat and All of Our Members Wore Full "Red Hat Regalia" to Celebrate her Life': Dress, Embodiment and Older Women's Leisure: Reconfiguring the Ageing Process," *Journal of Aging Studies* 25, no. 1 (2011): 52-61; "The Red Hat Society," https://redhatsociety.com/; Associated Press, "Marketers Flocking to Network for Older Women," *Deseret News*, February 20, 2005.

15 Emily Moscato and Julie Ozanne, "Rebellious Eating: Older Women Misbehaving through Indulgence," *Qualitative Market Research: An International Journal* (2019).

16 Setareh Baig, "The Radical Act of Eating with Strangers," *New York Times*, March 11, 2023, https://www.nytimes.com/2023/03/11/style/optimism-friendship-dinner.html.

17 Balazs Kovacs et al., "Social Networks and Loneliness during the COVID-19 Pandemic," *Socius* 7 (2021).

18 Francine Maroukian, "An Ode to a Classic Grandma-Style Chicken Noodle Soup," *Oprah Daily*, April 15, 2022, https://www.oprahdaily.com/life/food/a39587412/chicken-soup-recipe-essay/.

19 Jordi Quoidbach et al., "Positive Emotion Regulation and Well-Being: Comparing the Impact of Eight Savoring and Dampening Strategies," *Personality and Individual Differences* 49, no. 5 (2010): 368-73.

20 Ting Zhang et al., "A 'Present' for the Future: The Unexpected Value of Rediscovery," *Psychological Science* 25, no. 10 (2014): 1851-60.

21 Tim Wildschut et al., "Nostalgia: Content, Triggers, Functions," *Journal of Personality and Social Psychology* 91, no. 5 (2006): 975.

22 Ronda Kaysen, "How to Discover the Life-Affirming Comforts of 'Death Cleaning,'" *New York Times*, February 25, 2022, https://www.nytimes.com/2022/02/25/realestate/how-to-discover-the-life-affirming-com-forts-of-death-cleaning.html.

23 Tina Lovgreen, "Celebrating Renewal at Nowruz," CBS News, March 20, 2021, https://newsinteractives.cbc.ca/longform/nowruz-rebirth-and-regrowth/.

24 Margareta Magnusson, *The Gentle Art of Swedish Death Cleaning: How to Free Yourself and Your Family from a Lifetime of Clutter* (New York: Simon & Schuster, 2018).

25 Jayne Merkel, "When Less Was More," *New York Times*, July 1, 2010, https://archive.nytimes.com/opinionator.blogs.nytimes.com/2010/07/01/when-less-was-more/.

26 J.K., "Spring Cleaning Is Based on Practices from Generations Ago," *Washington Post*, March 25, 2010, https://www.washingtonpost.com/wp-dyn/content/article/2010/03/23/AR2010032303492.html.

27 Derrick Bryson Tyler, "Spring Cleaning Was Once Backbreaking Work. For Many, It Still Is," *New York Times*, April 11, 2023, https://www.nytimes.com/2023/04/11/realestate/spring-cleaning-tradition.html#:~:text=The%20number%20of%20Americans%20who,from%2069%20percent%20in%202021.

28 Joanna Moorhead, "Marie Kondo: How to Clear Out Sentimental Clutter," *Guardian*, January 14, 2017, https://www.theguardian.com/lifeandstyle/2017/jan/14/how-to-declutter-your-life-marie-kondo-spark-joy.

29 Mondelez International, "OREO Puts New Spin on Iconic Dunking Ritual with Launch of OREO Dunk Challenge," Cision PR Newswire, February 8, 2017, https://www.prnewswire.com/news-releases/oreo-puts-new-spin-on-iconic-dunking-ritual-with-launch-of-oreo-dunk-challenge-300404389.html.

30 "Ujji—a Liquid Ritual," ujji, https://www.ujji.co/.

31 Joe Posnanski, "What the Constitution Means to Me," *Joe-Blogs*, June 24, 2019, https://joeposnanski.substack.com/p/what-the-constitution-means-to-me.

6장 절제: 인내심을 키우고 악순환을 끊어내기

1 Gillian Welch, "Look at Miss Ohio," Genius, https://genius.com/Gillian-welch-look-at-miss-ohio-lyrics.

2 Wilhelm Hofmann et al., "Everyday Temptations: An Experience Sampling Study of Desire, Conflict, and Self-Control," *Journal of Personality and Social*

Psychology 102, no. 6 (2012): 1318.

3   David Neal et al., "The Pull of the Past: When Do Habits Persist despite Conflict with Motives?," *Personality and Social Psychology Bulletin* 37, no. 11 (2011): 1428-37.

4   Michael Walzer, *The Revolution of the Saints: A Study in the Origins of Radical Politics* (Cambridge, MA: Harvard University Press, 1982).

5   Zeve Marcus and Michael McCullough, "Does Religion Make People More Self-Controlled? A Review of Research from the Lab and Life," *Current Opinion in Psychology* 40 (2021): 167-70.

6   *The Self-Mummified Monks of Yamagata, Japan* (Jefferson, NC: McFarland, 2010).

7   Simon Critchley, "Athens in Pieces: The Happiest Man I've Ever Met," *New York Times*, April 3, 2019, https://www.nytimes.com/2019/04/03/opinion/mount-athos-monks.html.

8   Sander Koole et al., "Why Religion's Burdens Are Light: From Religiosity to Implicit Self-Regulation," *Personality and Social Psychology Review* 14, no. 1 (2010): 95-107.

9   Walter Mischel, *The Marshmallow Test: Understanding Self-Control and How to Master It* (London: Bantam, 2014).

10 Veronika Rybanska et al., "Rituals Improve Children's Ability to Delay Gratification," *Child Development* 89, no. 2 (2018): 349-59.

11 Shauna Tominey and Megan McClelland, "Red Light, Purple Light: Findings from a Randomized Trial Using Circle Time Games to Improve Behavioral Self-Regulation in Preschool," *Early Education & Development* 22, no. 3 (2011): 489-519.

12 David Sedaris, "A Plague of Tics," *This American Life*, January 31, 1997, https://www.thisamericanlife.org/52/edge-of-sanity/act-three-0.

13 Orna Reuven-Magril, Reuven Dar, and Nira Liberman, "Illusion of Control and Behavioral Control Attempts in Obsessive-Compulsive Disorder," *Journal of Abnormal Psychology* 117, no. 2 (2008): 334; American Psychiatric Association, *Diagnostic and Statistical Manual of Mental Disorders*, 5th ed. (Washington, DC: American Psychiatric Association Publishing, 2013), 591-643.

14 Richard Moulding et al., "Desire for Control, Sense of Control and Obsessive-Compulsive Checking: An Extension to Clinical Samples," *Journal of Anxiety Disorders* 22, no. 8 (2008): 1472-79.

15 Kara Gavin, "Stuck in a Loop of 'Wrongness': Brain Study Shows Roots of OCD," University of Michigan Health Lab, November 29, 2018, https://labblog. uofmhealth.org/lab-report/stuck-a-loop-of-wrongness-brain-study-shows-roots-of-ocd.

16 Siri Dulaney and Alan Page Fiske, "Cultural Rituals and Obsessive-Compulsive Disorder: Is There a Common Psychological Mechanism?," *Ethos* 22, no. 3 (1994): 243-83.

17 Catherine Francis Brooks, "Social Performance and Secret Ritual: Battling against Obsessive-Compulsive Disorder," *Qualitative Health Research* 21, no. 2 (2011): 249-61.

18 Deborah Glasofer and Joanna Steinglass, "Disrupting the Habits of Anorexia: How a Patient Learned to Escape the Rigid Routines of an Eating Disorder," *Scientific American*, September 1, 2016, https://www.scientifi-camerican.com/article/disrupting-the-habits-of-anorexia/.

19 Edward Selby and Kathryn A. Coniglio, "Positive Emotion and Motivational Dynamics in Anorexia Nervosa: A Positive Emotion Amplification Model (PE-AMP)," *Psychological Review* 127, no. 5 (2020): 853.

20 N. H. Azrin and R. G. Nunn, "Habit-Reversal: A Method of Eliminating Nervous Habits and Tics," *Behaviour Research and Therapy* 11, no. 4 (1973): 619-28.

21 Michael Winkelman, "Complementary Therapy for Addiction: 'Drumming Out Drugs,'" *American Journal of Public Health* 93, no. 4 (2003): 647-51.

7장 변화: 새로운 정체성을 찾고 받아들이기

1 Andrew Juniper, *Wabi Sabi: The Japanese Art of Impermanence* (North Clarendon, VT: Tuttle Publishing, 2011).

2 Arnold van Gennep, *Les rites de passage* (Paris: Nourry, 1909).

3 Tom Shachtman, *Rumspringa: To Be or Not to Be Amish* (New York: Macmillan, 2006).

4 Rachel Nuwer, "When Becoming a Man Means Sticking Your Hand into a Glove of Ants," *Smithsonian Magazine*, October 27, 2014, https://www.smithsonianmag.com/smart-news/brazilian-tribe-becoming-man-requires-

sticking-your-hand-glove-full-angry-ants-180953156/.

5 Michael Hilton, *Bar Mitzvah: A History* (Lincoln: University of Nebraska Press, 2014).

6 William A. Corsaro and Berit O. Johannesen, "Collective Identity, Intergenerational Relations, and Civic Society: Transition Rituals among Norwegian Russ," *Journal of Contemporary Ethnography* 43, no. 3 (2014): 331-60.

7 Patrick Olivelle, *Dharmasutras: The Law Codes of Apastamba, Gautama, Baudhayana and Vasistha* (New Delhi: Motilal Banarsidass, 2000).

8 Victor Turner, "Betwixt and Between: The Liminal Period in *Rites de Passage*," in *The Forest of Symbols: Aspects of Ndembu Ritual* (Ithaca, NY: Cornell University Press, 1970).

9 Jeffrey Kluger, "Here's the Russian Ritual That Ensures a Safe Space Flight," *Time*, February 26, 2016, https://time.com/4238910/gagarin-red-square-ritual/.

10 Nissan Rubin, Carmella Shmilovitz, and Meira Weiss, "From Fat to Thin: Informal Rites Affirming Identity Change," *Symbolic Interaction* 16, no. 1 (1993): 1-17.

11 Associated Press, "Norwegian Church Holds Name Change Ceremony for a Transgender Woman," NBC News, July 20, 2021, https://www.nbcnews.com/nbc-out/out-news/norwegian-church-holds-name-change-ceremony-transgender-woman-rcna1466.

12 Tim Fitzsimons, "News Sites Backtrack after 'Deadnaming' Transgender Woman in Obituary," NBC News, May 15, 2020, https://www.nbcnews.com/feature/nbc-out/news-sites-backtrack-after-deadnaming-transgender-woman-obituary-n1207851.

13 Ari Kristan, "Opening Up the Mikvah," *Tikkun* 21, no. 3 (2006): 55-57.

14 Amy Oringel, "Why 83 Is the New 13 for Bar Mitzvahs," *Forward*, October 19, 2017, https://forward.com/culture/jewishness/384977/why-83-is-the-new-13-for-bar-mitzvahs/.

15 Elodie Gentina, Kay Palan, and Marie-Hélène Fosse-Gomez, "The Practice of Using Makeup: A Consumption Ritual of Adolescent Girls," *Journal of Consumer Behaviour* 11, no. 2 (2012): 115-23.

16 Sara Lawrence-Lightfoot, *Exit: The Endings That Set Us Free* (New York:

Macmillan, 2012).

17 Suzanne Garfinkle-Crowell, "Taylor Swift Has Rocked My Psychiatric Practice," *New York Times*, June 17, 2023, https://www.nytimes.com/2023/06/17/opinion/taylor-swift-mental-health.html.

18 Bret Stetka, "Extended Adolescence: When 25 Is the New 18," *Scientific American*, September 19, 2017, https://www.scientificamerican.com/article/extended-adolescence-when-25-is-the-new-181/.

19 Michael I. Norton et al., "The IKEA Effect: When Labor Leads to Love," *Journal of Consumer Psychology* 22, no. 3 (July 2012): 453-60.

20 Ronald Grimes, *Deeply into the Bone: Re-inventing Rites of Passage* (Berkeley: University of California Press, 2000).

21 Samuel P. Jacobs, "After Fumbled Oath, Roberts and Obama Leave Little to Chance," Reuters, January 18, 2013, https://www.reuters.com/article/us-usa-inauguration-roberts/after-fumbled-oath-roberts-and-obama-leave-little-to-chance-idUSBRE90H16L20130118.

22 Arnold van Gennep in a 1914 article on *The Golden Bough*, quoted in Nicole Belmont, *Arnold van Gennep: The Creator of French Ethnography* (Chicago: University of Chicago Press, 1979), 58.

8장 화합: 시간과 감정을 공유하기

1 This Is Us, season 1, episode 14, "I Call Marriage," directed by George Tillman Jr., written by Dan Fogelman, Kay Oyegun, and Aurin Squire, featuring Milo Ventimiglia et al., aired February 7, 2017.

2 Ximena Garcia-Rada, Michael I. Norton, and Rebecca K. Ratner, "A Desire to Create Shared Memories Increases Consumers' Willingness to Sacrifice Experience Quality for Togetherness," *Journal of Consumer Psychology* (April 2023).

3 Ximena Garcia-Rada, Övül Sezer, and Michael Norton, "Rituals and Nuptials: The Emotional and Relational Consequences of Relationship Rituals," *Journal of the Association for Consumer Research* 4, no. 2 (2019): 185-97.

4 Kaitlin Woolley and Ayelet Fishbach, "Shared Plates, Shared Minds: Consuming from a Shared Plate Promotes Cooperation," *Psychological Science* 30, no. 4

(2019): 541-52.

5 Kaitlin Woolley, Ayelet Fishbach, and Ronghan Michelle Wang, "Food Restriction and the Experience of Social Isolation," *Journal of Personality and Social Psychology* 119, no. 3 (2020): 657.

6 Lisa Diamond, Angela Hicks, and Kimberly Otter-Henderson, "Every Time You Go Away: Changes in Affect, Behavior, and Physiology Associated with Travel-Related Separations from Romantic Partners," *Journal of Personality and Social Psychology* 95, no. 2 (2008): 385.

7 Arlie Russell Hochschild, *The Outsourced Self: What Happens When We Pay Others to Live Our Lives for Us* (New York: Metropolitan Books, 2012).

8 Tami Kim, Ting Zhang, and Michael I. Norton, "Pettiness in Social Exchange," *Journal of Experimental Psychology: General* 148, no. 2 (2019): 361.

9 Maya Rossignac-Milon et al., "Merged Minds: Generalized Shared Reality in Dyadic Relationships," *Journal of Personality and Social Psychology* 120, no. 4 (2021): 882.

10 Drew Magary, " 'We Treat Our Stuffed Animal like a Real Child. Is That Whackadoodle Stuff?,' " *Vice*, March 3, 2020, https://www.vice.com/en_us/article/wxe499/we-treat-our-stuffed-animal-like-a-real-child-is-that-whackadoodle-stuff-drew-magary-funbag.

11 Joshua Pashman, "Norman Rush, the Art of Fiction no. 205," *Paris Review* 194 (Fall 2010), https://www.theparisreview.org/interviews/6039/the-art-of-fiction-no-205-norman-rush.

12 David Bramwell, "The Bittersweet Story of Marina Abramović's Epic Walk on the Great Wall of China," *Guardian*, April 25, 2020, https://www.theguardian.com/travel/2020/apr/25/marina-abramovic-ulay-walk-the-great-wall-of-china; Marina Abramović, Walk through Walls (New York: Crown, 2018).

13 "Stand By Your Man," New Yorker, September 18, 2005, https://www.newyorker.com/magazine/2005/09/26/stand-by-your-man.

14 Carolyn Twersky, "Olivia Wilde Gives the People What They Want: Her Salad Dressing Recipe," W, October 19, 2022, https://www.wmagazine.com/culture/olivia-wilde-special-salad-dressing-recipe-jason-sudeikis-nanny.

15 Lalin Anik and Ryan Hauser, "One of a Kind: The Strong and Complex Preference for Unique Treatment from Romantic Partners," *Journal of Experimental Social Psychology* 86 (2020): 103899.

16 Kennon M. Sheldon and Sonja Lyubomirsky, "The Challenge of Staying Happier: Testing the Hedonic Adaptation Prevention Model," *Personality and Social Psychology Bulletin* 38, no. 5 (2012): 670-80.

17 Ximena Garcia-Rada and Tami Kim, "Shared Time Scarcity and the Pursuit of Extraordinary Experiences," *Psychological Science* 32, no. 12 (2021): 1871-83.

18 Charity Yoro, "Why I Had a Closing Ceremony Ritual instead of a Breakup," *Huffington Post*, September 28, 2018, https://www.huffpost.com/entry/closing-ceremony-breakup_n_5b9bef57e4b046313fbad43f.

19 Paul Simon, "Hearts and Bones," Genius, November 4, 1983, https://genius.com/Paul-simon-hearts-and-bones-lyrics.

20 Colleen Leahy Johnson, "Socially Controlled Civility: The Functioning of Rituals in the Divorce Process," *American Behavioral Scientist* 31, no. 6 (1988): 685-701.

21 Ardean Goertzen, "Falling Rings: Group and Ritual Process in a Divorce," *Journal of Religion and Health* 26, no. 3 (1987): 219-39.

22 Rachel Aviv, "Agnes Callard's Marriage of the Minds," *New Yorker*, March 6, 2023, https://www.newyorker.com/magazine/2023/03/13/agnes-callard-profile-marriage-philosophy.

23 "Happy Annivorcery! The New Singles Parties," *Evening Standard*, July 19, 2010, https://www.standard.co.uk/lifestyle/happy-annivorcery-the-new-singles-parties-6493345.html.

9장 계승: 가족만의 고유한 전통을 이어가기

1 Övül Sezer et al., "Family Rituals Improve the Holidays," Special Issue on the Science of Hedonistic Consumption, *Journal of the Association for Consumer Research* 1, no. 4 (2016): 509-26.

2 Jeremy Frimer and Linda Skitka, "Political Diversity Reduces Thanksgiving Dinners by 4-11 Minutes, not 30-50," letter to the editor, *Science* 360, no. 6392 (2019).

3 Michelle Slatalla, "The Art of Cramming People around Your Thanksgiving Table," *Wall Street Journal*, November 12, 2019, https://www.wsj.com/articles/the-art-of-cramming-people-around-your-thanksgiving-table-11573579298.

4   Harriet Lerner, *The Dance of Anger* (Pune, India: Mehta Publishing House, 2017).

5   Barbara Fiese et al., "A Review of 50 Years of Research on Naturally Occurring Family Routines and Rituals: Cause for Celebration?," *Journal of Family Psychology* 16, no. 4 (2002): 381.

6   Jenny Rosenstrach, *How to Celebrate Everything: Recipes and Rituals for Birthdays, Holidays, Family Dinners, and Every Day in Between: A Cookbook* (New York: Ballantine, 2016).

7   Carolyn Rosenthal, "Kinkeeping in the Familial Division of Labor," *Journal of Marriage and the Family* 47, no. 4 (1985): 965-74.

8   Carolyn Rosenthal and Victor Marshall, "Generational Transmission of Family Ritual," *American Behavioral Scientist* 31, no. 6 (1988): 669-84.

9   Rembert Brown, "Thank You God, for Black Thanksgiving," *Bon Appétit*, November 1, 2017, https://www.bonappetit.com/story/rembert-browne-thanksgiving.

10 Julie Beck, Saahil Desai, and Natalie Escobar, "Families' Weird Holiday Traditions, Illustrated," *Atlantic*, December 24, 2018, https://www.theatlantic.com/family/archive/2018/12/families-weird-holiday-traditions-illustrated/578731/.

11 Rosenthal and Marshall, "Generational Transmission," 669-84.

12 Tara Parker-Pope, "How to Have Better Family Meals," *New York Times*, August 3, 2018, https://www.nytimes.com/guides/well/make-most-of-family-table.

13 Jill Anderson, "The Benefit of Family Mealtime," *Harvard Graduate School of Education*, April 1, 2020, https://www.gse.harvard.edu/ideas/edcast/20/04/benefit-family-mealtime.

14 Mary Spagnola and Barbara H. Fiese, "Family Routines and Rituals: A Context for Development in the Lives of Young Children," *Infants & Young Children* 20, no. 4 (2007): 284-99; "The Importance of Family Dinners VII," Columbia University Report, September 2011.

15 Yesel Yoon, Katie Newkirk, and Maureen Perry-Jenkins, "Parenting Stress, Dinnertime Rituals, and Child Well-Being in Working- Class Families," *Family Relations* 64, no. 1 (2015): 93-107.

16 Family Dinner Project, https://thefamily dinnerproject.org/.

10장 애도: 상실의 아픔을 견뎌내기

1   Willie Nelson, "Something You Get Through," Genius, April 6, 2018, https://genius.com/Willie-nelson-something-you-get-through-lyrics.

2   Drew Gilpin Faust, *This Republic of Suffering: Death and the American Civil War* (New York: Vintage, 2009).

3   Irwin W. Kidorf, "The Shiva: A Form of Group Psychotherapy," *Journal of Religion and Health* 5, no. 1 (1966): 43-46.

4   Andrew George, *The Epic of Gilgamesh: A New Translation* (London: Allen Lane, Penguin Press, 1999).

5   "Colours in Culture," Information Is Beautiful, https://informationisbeautiful.net/visualizations/colours-in-cultures/.

6   Corina Sas and Alina Coman, "Designing Personal Grief Rituals: An Analysis of Symbolic Objects and Actions," *Death Studies* 40, no. 9 (2016): 558-69.

7   William L. Hamilton, "A Consolation of Voices: At the Park Avenue Armory, Mourning the World Over," *New York Times*, September 11, 2016, https://www.nytimes.com/2016/09/12/arts/music/mourning-installation-taryn-simon-park-avenue-armory.html; Sarah Hucal, "Professional Mourners Still Exist in Greece," *DW*, November 15, 2020, https://www.dw.com/en/professional-mourners-keep-an-ancient-tradition-alive-in-greece/a-55572864.

8   Evan V. Symon, "I'm Paid to Mourn at Funerals (and It's a Growing Industry)," *Cracked*, March 21, 2016, https://www.cracked.com/personal-experiences-1994-i-am-professional-mourner-6-realities-my-job.html.

9   John Ismay, "Edward Gallagher, the SEALs and Why the Trident Pin Matters," *New York Times*, November 21, 2019, https://www.nytimes.com/2019/11/21/us/navy-seal-trident-insignia.html.

10 Tim Lahey, "Rituals of Honor in Hospital Hallways," *New York Times*, April 2, 2019, https://www.nytimes.com/2019/04/02/well/live/rituals-of-honor-in-hospital-hallways.html.

11 Philippe Ariès, *Western Attitudes toward Death: From the Middle Ages to the Present* (Baltimore: John Hopkins University Press, 1975).

12 Michel de Montaigne, *The Essays* (London: Penguin UK, 2019).

13 Dane Schiller, "Michael Brick, Songwriter and Journalist, Remembered," *Chron*, February 9, 2016, https://www.chron.com/news/houston-texas/texas/article/

Michael-Brick-6815603.php; Bob Tedeschi, "A Beloved Songwriter Wanted a Wake. He Got One Before He Was Gone," Stat, July 25, 2016, https://www.statenews.com/2016/07/25/michael-brick-author-living-wake/.

14　Richard Harris, "Discussing Death Over Dinner," Atlantic, April 16, 2016, https://www.theatlantic.com/health/archive/2016/04/discussing-death-over-dinner/478452/.

15　Paul Clements et al., "Cultural Perspectives of Death, Grief, and Bereavement," Journal of Psychosocial Nursing and Mental Health Services 41, no. 7 (2003): 18-26; Charles Kemp and Sonal Bhungalia, "Culture and the End of Life: A Review of Major World Religions," Journal of Hospice N Palliative Nursing 4, no. 4 (2002): 235-42.

16　Mary Fristad et al., "The Role of Ritual in Children's Bereavement," Omega—Journal of Death and Dying 42, no. 4 (2001): 321-39.

17　Kirsty Ryninks et al., "Mothers' Experience of Their Contact with Their Stillborn Infant: An Interpretative Phenomenological Analysis," BMC Pregnancy and Childbirth 14, no. 1 (2014): 1-10.

18　Anne Allison, Being Dead Otherwise (Durham, NC: Duke University Press, 2023).

19　Lisa Belkin, "A Time to Grieve, and to Forge a Bond," New York Times, January 14, 2007, https://www.nytimes.com/2007/01/14/jobs/14wcol.html.

20　Paul Maciejewski et al., "An Empirical Examination of the Stage Theory of Grief," JAMA 297, no. 7 (2007): 716-23.

21　Elisabeth Kübler-Ross, Living with Death and Dying (New York: Simon & Schuster, 2011).

22　Jason Castle and William Phillips, "Grief Rituals: Aspects That Facilitate Adjustment to Bereavement," Journal of Loss & Trauma 8, no. 1 (2003): 41-71.

23　Maciejewski et al., "Empirical Examination," 716-23.

24　Nancy Hogan, Daryl Greenfield, and Lee Schmidt, "Development and Validation of the Hogan Grief Reaction Checklist," Death Studies 25, no. 1 (2001): 1-32.

25　Joan Didion, The Year of Magical Thinking (New York: Vintage, 2007).

26　Jenée Desmond-Harris, "Help! I Never Got to Properly Mourn My Father's Death," Slate, March 3, 2023, https://slate.com/human-interest/2023/03/pandemic-mourning-dear-prudence-advice.html.

27　Elizabeth Diaz, "The Last Anointing," New York Times, June 6, 2020, https://

www.nytimes.com/interactive/2020/06/06/us/coronavirus-priests-last-rites. html; Rachel Wolfe, "One Way to Say Good Riddance to 2020? Light Your Planner on Fire," *Wall Street Journal*, December 18, 2020, https://www.wsj.com/ articles/one-way-to-say-good-riddance-to-2020-light-your-planner-on-fire- 11608306802?mod=mhp.

28 Alix, "About," Dinner Party, https://www.thedinnerparty.org/about.

29 Healthy Grieving Isn't about Forgetting, It's about Remembering. Traditions Help Kids Maintain a Healthy Connection with the Parent Who Died," Family Lives On Foundation, https://www.familyliveson.org/tradition_stories/.

30 Greta Rybus, "Cold-Plunging with Maine's 'Ice Mermaids,'" *New York Times*, August 1, 2022, https://www.nytimes.com/2022/08/01/travel/cold-plunge- maine.html.

31 David Brooks, "What's Ripping Apart American Families?," *New York Times*, July 29, 2021, https://www.nytimes.com/2021/07/29/opinion/estranged- american-families.html#commentsContainer.

32 Holly Prigerson et al., "Inventory of Complicated Grief: A Scale to Measure Maladaptive Symptoms of Loss," *Psychiatry Research* 59, no. 1-2 (1995): 65-79.

33 Learning to Live with *Unresolved Grief* (Cambridge, MA: Harvard University Press, 2009).

34 Rikke Madsen and Regner Birkelund, "'The Path through the Unknown': The Experience of Being a Relative of a Dementia-Suffering Spouse or Parent," *Journal of Clinical Nursing* 22, no. 21-22 (2013): 3024-31.

35 Anna Sale, *Let's Talk about Hard Things* (New York: Simon & Schuster, 2021).

36 Ruth La Ferla, "Outing Death," *New York Times*, January 10, 2018, https://www. nytimes.com/2018/01/10/style/death-app-we-croak.html.

37 Bethan Bell, "Taken from Life: The Unsettling Art of Death Photography," BBC News, June 5, 2016, https://www.bbc.com/news/uk-england-36389581.

38 Terry Gross, "Maurice Sendak: On Life, Death, and Children's Lit," NPR, December 29, 2011, https://www.npr.org/transcripts/144077273.

11장 소속: 일터에서 의미를 찾기

1 Tim Olaveson, "Collective Effervescence and Communitas: Processual Models of Ritual and Society in Émile Durkheim and Victor Turner," *Dialectical Anthropology* 26 (2001): 89-124.

2   Émile Durkheim, *The Elementary Forms of Religious Life* (1912; repr., Oxford: Oxford University Press, 2001).

3   Nicole Wen, Patricia Herrmann, and Cristine Legare, "Ritual Increases Children's Affiliation with In-Group Members," *Evolution and Human Behavior* 37, no. 1 (2016): 54-60.

4   Zoe Liberman, Katherine Kinzler, and Amanda Woodward, "The Early Social Significance of Shared Ritual Actions," *Cognition* 171 (2018): 42-51.

5   Master the Fearsome Maori Dance in 11 Steps (with Pictures)," *Telegraph*, November 6, 2014, https://www.telegraph.co.uk/sport/rugbyunion/international/ newzealand/11214585/How-to-do-the-Haka-Master-the-fearsome-Maori-dance-in-11-Steps-with-pictures.html.

6   Gregg Rosenthal, "Brees Reveals Text of Pregame Chant," NBC Sports, February 10, 2010, https://www.nbcsports.com/nfl/profootballtalk/rumor-mill/news/brees-reveals-text-of-pre-game-chant.

7   Richard Metzger, "America circa 2013 in a Nutshell: The 'WalMart Cheer' Is the Most Depressing Thing You'll Ever See," *Dangerous Minds*, July 3, 2013, https://dangerousminds.net/comments/america_circa_2013_in_a_nutshell_the_ wal_mart_cheer_is_the_most_depressing.

8   Stephanie Rosenbloom, "My Initiation at Store 5476," *New York Times*, December 19, 2009, https://www.nytimes.com/2009/12/20/ business/20walmart.html.

9   Soren Kaplan, "Zipcar Doesn't Just Ask Employees to Innovate—It Shows Them How," *Harvard Business Review*, February 1, 2017, https://hbr.org/2017/02/ zipcar-doesnt-just-ask-employees-to-innovate-it-shows-them-how.

10 Rachel Emma Silverman, "Companies Try to Make the First Day for New Hires More Fun," *Wall Street Journal*, May 28, 2013, https://www.wsj.com/articles/SB1 0001424127887323336104578501631475934850.

11 "Complete Coverage of Starbucks 2018 Annual Meeting of Shareholders," *Starbucks Stories & News*, March 21, 2018, https://stories.starbucks.com/ stories/2018/annual-meeting-of-shareholders-2018/.

12 Jing Hu and Jacob Hirsh, "Accepting Lower Salaries for Meaningful Work," *Frontiers in Psychology* 8 (2017): 1649.

13 Tammy Erickson, "Meaning Is the New Money," *Harvard Business Review*, March 23, 2011, https://hbr.org/2011/03/challenging-our-deeply-held-as.

14 Tami Kim et al., "Work Group Rituals Enhance the Meaning of Work," *Organizational Behavior and Human Decision Processes* 165 (2021): 197-212.

15 Douglas A. Lepisto, "Ritual Work and the Formation of a Shared Sense of Meaningfulness," *Academy of Management Journal* 65, no. 4 (2022): 1327-52.

16 Katie Morell, "CEOs Explain Their Most Awkward Team-Building Experiences," Bloomberg, April 5, 2017, https://www.bloomberg.com/news/articles/2017-04-05/what-s-your-most-awkward-team-building-experience.

17 Eric Arnould and Linda Price, "River Magic: Extraordinary Experience and the Extended Service Encounter," *Journal of Consumer Research* 20, no. 1 (1993): 24-45.

18 Oliver Burkeman, "Open-Plan Offices Were Devised by Satan in the Deepest Caverns of Hell," *Guardian*, November 18, 2013, https://www.theguardian.com/news/2013/nov/18/open-plan-offices-bad-harvard-business-review.

19 Farhad Manjoo, "Open Offices Are a Capitalist Dead End," *New York Times*, September 25, 2019, https://www.nytimes.com/2019/09/25/opinion/wework-adam-neumann.html.

20 "Retail Employee Has Little Daily Ritual Where He Drinks Dr Pepper in Quiet Corner of Stock Room and Doesn't Kill Himself," *Onion*, September 19, 2019, https://www.theonion.com/retail-employee-has-little-daily-ritual-where-he-drinks-1838234948.

21 Ethan Bernstein and Ben Waber, "The Truth about Open Offices," *Harvard Business Review*, November-December 2019, https://hbr.org/2019/11/the-truth-about-open-offices.

22 Ethan Bernstein, "Privacy and Productivity," *Harvard Business School Newsroom*, March 25, 2014, https://www.hbs.edu/news/articles/Pages/privacy-and-productivity-ethan-bernstein.aspx.

23 Nellie Bowles, "God Is Dead. So Is the Office. These People Want to Save Both," *New York Times*, August 28, 2020, https://www.nytimes.com/2020/08/28/business/remote-work-spiritual-consultants.html.

24 Jennifer Levitz, "Welcome to the Fake Office Commute (Turns Out People Miss the Routine)," *Wall Street Journal*, January 11, 2021, https://www.wsj.com/articles/welcome-to-the-fake-office-commute-turns-out-people-miss-the-

routine-11610383617.

25 Benjamin A. Rogers et al., "After-Work Rituals and Well-Being," working paper.

26 "Why Are You Not Already Doing This: 41 Things You Need to Be Doing Every Day to Avoid Burnout," ClickHole, September 1, 2021, https://clickhole.com/why-are-you-not-already-doing-this-41-things-you-need-to-be-doing-every-day-to-avoid-burnout/.

12장 포용: 편 가르기로부터 벗어나기

1 Karl Smallwood, "What Is the Correct Way to Hang Toilet Paper?," *Today I Found Out*, April 25, 2020, http://www.todayifoundout.com/index.php/2020/04/what-is-the-correct-way-to-hang-toilet-paper/.

2 David Rambo, *The Lady with All the Answers* (New York: Dramatists Play Service, 2006).

3 "The Straw Hat Riot of 1922," B Unique Millinery, https://www.buniquemillinery.com/pages/the-straw-hat-riot-of-1922.

4 Nicholas M. Hobson et al., "When Novel Rituals Lead to Intergroup Bias: Evidence from Economic Games and Neurophysiology," *Psychological Science* 28, no. 6 (2017): 733-50.

5 Henri Tajfel, "Social Identity and Intergroup Behaviour," *Social Science Information* 13, no. 2 (1974): 65-93.

6 Joyce Berg, John Dickhaut, and Kevin McCabe, "Trust, Reciprocity, and Social History," *Games and Economic Behavior* 10, no. 1 (1995): 122-42.

7 Yuan Zhang et al., "Brain Responses in Evaluating Feedback Stimuli with a Social Dimension," *Frontiers in Human Neuroscience* 6 (2012): 29.

8 Dimitris Xygalatas et al., "Extreme Rituals Promote Prosociality," *Psychological Science* 24, no. 8 (2013): 1602-5.

9 José Marques, Vincent Yzerbyt, and Jacques-Philippe Leyens, "The 'Black Sheep Effect': Extremity of Judgments towards Ingroup Members as a Function of Group Identification," *European Journal of Social Psychology* 18, no. 1 (1988): 1-16.

10 Daniel Stein et al., "When Alterations Are Violations: Moral Outrage and Punishment in Response to (Even Minor) Alterations to Rituals," *Journal of*

Personality and Social Psychology 123, no. 1 (2021).

11 Frank Kachanoff et al., "Determining Our Destiny: Do Restrictions to Collective Autonomy Fuel Collective Action?," *Journal of Personality and Social Psychology* 119, no. 3 (2020): 600.

12 Liam Stack, "How the 'War on Christmas' Controversy Was Created," *New York Times*, December 19, 2016, https://www.nytimes.com/2016/12/19/us/war-on-christmas-controversy.html.

13 "Thirty Years' War," History, August 21, 2018, https://www.history.com/topics/european-history/thirty-years-war.

14 Marilynn Brewer, "The Psychology of Prejudice: Ingroup Love or Outgroup Hate?," *Journal of Social Issues* 55 (1999): 429-44.

15 Emilio Depetris-Chauvin, Ruben Durante, and Filipe Campante, "Building Nations through Shared Experiences: Evidence from African Football," *American Economic Review* 110, no. 5 (2020): 1572-1602.

16 Lindsay Zoladz, "Is There Anything We Can All Agree On? Yes: Dolly Parton," *New York Times*, November 21, 2019, https://www.nytimes.com/2019/11/21/arts/music/dolly-parton.html.

13장 치유: 남을 이해하기 위해 노력하기

1 Antjie Krog, "The Truth and Reconciliation Commission: A National Ritual?," *Missionalia: Southern African Journal of Mission Studies* 26, no. 1 (1998): 5-16.

2 Rosalind Shaw, "Memory Frictions: Localizing the Truth and Reconciliation Commission in Sierra Leone," *International Journal of Transitional Justice* 1, no. 2 (2007): 183-207.

3 Johanna Kirchhoff, Ulrich Wagner, and Micha Strack, "Apologies: Words of Magic? The Role of Verbal Components, Anger Reduction, and Offence Severity," *Peace and Conflict: Journal of Peace Psychology* 18, no. 2 (2012): 109.

4 Peter Coleman, "Redefining Ripeness: A Social-Psychological Perspective," *Peace and Conflict* 3, no. 1 (1997): 81-103.

5 Cynthia McPherson Frantz and Courtney Bennigson, "Better Late than Early: The Influence of Timing on Apology Effectiveness," *Journal of Experimental Social Psychology* 41, no. 2 (2005): 201-7.

6   Mark Landler, "Obama and Iranian Leader Miss Each Other, Diplomatically," *New York Times*, September 25, 2013, https://www.nytimes.com/2013/09/25/world/middleeast/obama-and-iranian-leader-miss-each-other-diplomatically.html.

7   Martin Fackler, "For Japan, Small Gesture Holds Great Importance," *New York Times*, October 18, 2014, https://www.nytimes.com/2014/10/19/world/asia/for-japan-and-china-small-gesture-holds-great-importance.html.

8   Margaret Atwood, *The Blind Assassin* (Toronto: McClelland and Stewart, 2000).

9   Evan Andrews, "The History of the Handshake," History, August 9, 2016, https://www.history.com/news/what-is-the-origin-of-the-handshake.

10   Greg Stewart et al., "Exploring the Handshake in Employment Interviews," *Journal of Applied Psychology* 93, no. 5 (2008): 1139.

11   Kelly Cohen, "Has the Coronavirus Ruined the High-Five?," ESPN, May 22, 2020, https://www.espn.com/mlb/story/_/id/29200202/has-coronavirus-ruined-high-five.

12   Sabine Koch and Helena Rautner, "Psychology of the Embrace: How Body Rhythms Communicate the Need to Indulge or Separate," *Behavioral Sciences* 7, no. 4 (2017): 80.

13   Christine Webb, Maya Rossignac-Milon, and E. Tory Higgins, "Stepping Forward Together: Could Walking Facilitate Interpersonal Conflict Resolution?," *American Psychologist* 72, no. 4 (2017): 374.

14   Roberto Weber and Colin Camerer, "Cultural Conflict and Merger Failure: An Experimental Approach," *Management Science* 49, no. 4 (2003): 400-415.

15   Janetta Lun, Selin Kesebir, and Shigehiro Oishi, "On Feeling Understood and Feeling Well: The Role of Interdependence," *Journal of Research in Personality* 42, no. 6 (2008): 1623-28.

16   Dawn Braithwaite, Leslie Baxter, and Anneliese Harper, "The Role of Rituals in the Management of the Dialectical Tension of 'Old' and 'New' in Blended Families," *Communication Studies* 49, no. 2 (1998): 101-20.

17   Rikard Larsson and Michael Lubatkin, "Achieving Acculturation in Mergers and Acquisitions: An International Case Survey," *Human Relations* 54, no. 12 (2001): 1573-1607.

18   Ibid.

19   Brian Gorman, "Ritual and Celebration in the Workplace," *Forbes*, January 14,

2020, https://www.forbes.com/sites/forbescoachescouncil/2020/01/14/ritual-and-celebration-in-the-workplace.

20 Lotten Gustafsson Reinius, "The Ritual Labor of Reconciliation: An Autoethnography of a Return of Human Remains," *Museum Worlds: Advances in Research* 5, no. 1 (2017): 74-87.

21 Andrew Livingstone, Lucía Fernández Rodríguez, and Adrian Rothers, "'They Just Don't Understand Us': The Role of Felt Understanding in Intergroup Relations," *Journal of Personality and Social Psychology* 119, no. 3 (2020): 633.

22 Roger Fisher, William L. Ury, and Bruce Patton, *Getting to Yes: Negotiating Agreement without Giving In* (New York: Penguin, 2011).

23 Abby Ellin, "You Married Them Once, but What about Twice?," *New York Times*, March 3, 2016, https://www.nytimes.com/2016/03/06/fashion/weddings/remarriage-divorce.html.

The Art of Loving This Life
: The Ritual Effect